本书受到"云南省哲学社会科学学术著作出版专项经费""云南大学职业与继续教育学院一流大学建设项目经费"出版资助

学校发展中的教师领导研究

娄元元 著

XUEXIAO
FAZHAN ZHONG DE
JIAOSHI LINGDAO
YANJIU

中国社会科学出版社

图书在版编目（CIP）数据

学校发展中的教师领导研究/娄元元著.—北京：中国社会科学出版社，2019.8
ISBN 978-7-5203-4830-0

Ⅰ.①学… Ⅱ.①娄… Ⅲ.①中小学—教师—管理—研究 Ⅳ.①G635.1

中国版本图书馆 CIP 数据核字（2019）第 171453 号

出 版 人	赵剑英
责任编辑	周晓慧
责任校对	无 介
责任印制	戴 宽

出　　版	中国社会科学出版社
社　　址	北京鼓楼西大街甲 158 号
邮　　编	100720
网　　址	http://www.csspw.cn
发 行 部	010-84083685
门 市 部	010-84029450
经　　销	新华书店及其他书店

印　　刷	北京明恒达印务有限公司
装　　订	廊坊市广阳区广增装订厂
版　　次	2019 年 8 月第 1 版
印　　次	2019 年 8 月第 1 次印刷

开　　本	710×1000　1/16
印　　张	16.25
插　　页	2
字　　数	246 千字
定　　价	76.00 元

凡购买中国社会科学出版社图书，如有质量问题请与本社营销中心联系调换
电话：010-84083683
版权所有　侵权必究

摘　　要

　　学校发展与变革是时代的主题，教师是学校变革的关键。近年来，教师领导研究成为国外研究的前沿问题，人们呼吁教师承担起领导变革的责任，教师不能仅仅实施自上而下的变革，应该成为变革的发起者和领导者，领导学校发展。教师的领导潜能被视为学校尚未开发的资源，教师领导成为促进学校发展与变革的重要策略。教师领导的研究肇始于美国20世纪80年代的第二次教育改革，经过近30年的发展，教师领导的内涵不断演变，从为教师提供正式的职位，让教师成为管理者，如部门主任、生涯阶梯者等，发展到为教师提供以教学为中心的职位，发挥教师的专长，让教师承担课程开发者、员工专业发展者等角色。近年来，随着学习共同体理念的出现，人们认识到教师是重建学校文化的关键，每一个教师都应该在学校中发挥领导作用。

　　教师领导的研究在我国处于初步阶段，本书旨在了解我国学校发展与变革的背景下，中小学教师领导的现状、存在的问题及其原因，并在此基础上提出教师领导的未来发展走向和促进教师领导发展的策略。本书以超越传统科层制的框架思考教师领导，将教师领导置于学习共同体的框架下来认识，认为教师领导是指教师无论是否具有职位，都能超越课堂界限，在专业学习共同体内影响其他教师改进教育教学实践，促进教学改善和学校发展。每一位教师都具有领导的潜能，都可以成为教师领导者。通过研究，本书得出如下结论：

　　结论一，教师领导具有集体性、探究性、合作性、情境性、自觉性的特征。教师领导是一种集体领导现象，不是少数教师个体分享领导，教师根据情境、兴趣和专长等动态地承担领导角色，联合其他教师对教育教学实践进行专业探究。教师领导的构成维度包括三个方面，即参与决策、教学领导以及教师发展领导。发展教师领导对于当代学校具有重要的价值。首先，教师领导的最大获益者是学生，教师领导有利于学生学习的改善；其次，教师领导使教学成为真正的专业，使教师成为专业从业者；最后，当教师承担起领导变革的责任时，有利于促进学校的持续发展。

结论二，我国教师领导相关政策呈现出以下特点：第一，教师领导相关政策是基于传统领导观的假设，将领导等同于职位和权力，以角色为本，为教师个体赋权，具有精英主义的思想，挑选少数的教师承担领导角色。第二，发展教师领导的途径主要是在行政部门的主导下，为教师提供具有等级的职位，对于教师领导者的区分是以等级的高低作为标识，而不是以教师专长的不同来区分，内涵窄化。第三，对教师领导的性质认识不清，缺乏将领导视为一种学习的观点，教师领导与教师学习相互割裂。领导是共同体成员互惠的、有目的的学习，教师领导者应该既是领导者也是学习者。第四，在教师领导的功能定位上过于强调管理，缺乏对领导的强调，领导与管理具有差异，领导倾向于变革，管理倾向于维持现状，教师领导的功能应该是领导教育教学实践的变革。

结论三，对我国中小学教师领导的现状进行调研发现，中小学教师领导总体表现较低。在教师领导的三维构成中，教学领导较强，教师发展领导次之，教师参与决策最弱。教师个体特征对教师领导具有显著影响。中小学发展教师领导所存在的主要问题表现在这些方面：过于重视发展正式的教师领导者，忽视了对非正式教师领导者的培育，没有将广大教师作为领导的资源；教师领导的作用范围主要局限于课堂层面，教师缺乏对学校事务的领导；教师在观念上缺乏自觉的领导意识；教师领导渠道不畅，学校缺乏各类专业学习共同体为教师领导提供机会；教师领导发挥作用的方式方法有待改进。传统文化及观念、行政化的教育管理体制、学校组织结构和文化以及教师的个人观念和技能等是影响教师领导发展的因素。

结论四，我国未来教师领导的发展方向要从注重发展教师领导个体转向发展教师领导集体，建立以发挥教师专长为主的正式教师领导职位，重点发展非正式的教师领导，促使领导成为每个教师的专业角色之一。发展教师领导需要建构一个四位一体的系统，从教师个体、政策保障、学校环境支持、教师教育四个层面形成合力，共同促进教师领导的发展。

关键词：学校发展；中小学；教师领导；专业学习共同体

ABSTRACT

　　The development and change of school is the theme of the era, and teachers are the keys of school change. The studies of teacher leadership has been a hot topic of foreign studies in recent years, and people are appealing to teachers to take the responsibility of school change. Teachers are regarded as the ones who not only implement the top-down change, but also become the initiators and leaders of change, leading the school development. The potential of teachers' leadership is treated as undeveloped resources of school, and teacher leadership becomes an important strategy of promoting school development and change. It was during the second educational reform of America that the studies of teacher leadership began, and after three decades of development, the connotation of teacher leadership is evolving from providing teachers with official position, and making them become administrator—such as head of department and career ladders, to offering teachers teaching-centered position, playing to their talents, and making them become curriculum developers and professional developer of the faculty, etc. With the emergence of the idea of learning community in recent years, teachers have been seen as the keys of reconstructing the school culture, and the ones who should play important part in the leadership of school.

　　Studies on teacher leadership are still in its infancy in China. This study is aimed at understanding the status quo, problems and their causes under the background of school development and change in China. On the basis of these, the study tries to prospect the development trends of teacher leadership and propose some suggestion on how to promote the development of teacher leadership in Chinese schools. Breaking the framework of traditional hierarchical system, this study recognizes teacher leadership under the framework of learning community, and the meaning of teacher leadership refers to, within and beyond the classroom, it is a process in which a teacher could affect and help other teachers to improve their educational and teaching practice in the professional learning community, regardless of whether he holds a position or not, and promote teaching and school development in the end. Every teacher has the potential of becoming a leader, and he can be a teacher leader. The conclusions of the study are as followed as below:

Conclusion I: The characteristics of teacher leadership are collective, inquiry, cooperative, situational, and self-conscious. Teacher leadership is not a kind of a few individual teachers who share the leadership, but a group leadership phenomenon in which teachers take the role of leaders and inquiry into the educational teaching practice together with other teachers according to their situation, interests and expertise, etc. Teacher leadership consists of three aspects: taking part in decision-making, instructional leadership and teacher development leadership. The great implications of promoting teacher leadership are as follows: first, as for one of the biggest beneficiaries are students, the improvement of teacher leadership can be beneficial to the improvement of students' academic achievement; second, it makes teaching into a real profession, and makes teachers become real professionals; third, it will contribute to the sustainable development when teachers take the responsibility of leading reform.

Conclusion II: The characteristics of the policies on teacher leadership in China are as follows: First, teacher leadership policies are based on the theoretical assumptions of the traditional conception of leadership which equates leaders to the position and power, and empowers teachers based on their roles. The traditional conception of leadership is a representative of elitism, which elects a few teachers to take the role of leadership; second, predominated by administrative department, the development of teacher leadership provides teachers with hierarchical positions and differentiates the

ABSTRACT

teacher leaders by using the standard of their grades, but not their expertise, which narrows the connotation of teacher leadership; third, teacher leadership is isolated to teacher learning as the result of the vague understanding of the nature of teacher leadership and the lack of the view which regards leadership as a kind of learning. Actually, leading is a kind of learning that is reciprocal and goal-oriented in a community, and the teacher leader should not only be a leader, but also be a learner; fourth, the functional orientation of teacher leadership emphasizes more on management, but less on leading. In fact, the leadership is different with management, and the former tends to change, but the latter tends to maintain the status quo. The function of teacher leadership should be leading the change of education practice.

Conclusion III: It is found that the overall performance of teacher leadership is low according to the status survey of teacher leadership in primary and secondary schools in China. In the three-dimensional construction of teacher leadership, the strongest is the instructional leadership, then the teacher development leadership, and the weakest is the teacher's participation in decision-making. With careful analysis, teacher's individual characteristic has significant effect on teacher leadership. The following problems exist in the development of teacher leadership in primary and secondary schools: first, it did not consider the most teachers as leadership resources, instead, it attached too much importance to the development of formal teacher leaders, rather than the cultivation of the informal; second, since the scope of teacher leading is mainly confined to the classroom, teachers lack the leadership of school affairs; third, teachers lacked the consciousness of leadership; fourth, teacher leadership channels are not smooth, what's worse, it is lack of professional learning community to provide opportunities for teacher leadership in schools; last but not the least, it is useful to improve the manners and ways of teacher leadership. Additionally, the analysis showed that the traditional culture, administrative management system of education, the school's organizational structure and culture, and teacher's personal ideas and skills are the influential factors of teacher leadership, too.

Conclusion IV: The future development direction of teacher leadership in China is as follows. On the one hand, it should turn the emphasis of the development of individual teacher leadership to that of collective teacher leadership; on the other hand, establish formal teacher leadership positions given priority to teacher's specialty, and focus more on the development of informal teacher leadership. Totally speaking, it aims to let leadership become one of the professional roles of each teacher. Furthermore, it is necessary to establish a quaternary system with individual teacher, policy guarantees, school supports and teacher education, etc., to promote the development of teacher leadership together.

Keywords: School Development; Primary and Secondary Schools; Teacher Leadership; Professional Learning Community

目　录

绪　论 …………………………………………………………（1）

第一章　教师领导的概念解析 …………………………………（35）
　第一节　领导的概念解析 ……………………………………（35）
　　一　概念的基本含义 ………………………………………（35）
　　二　概念变化的趋向 ………………………………………（37）
　第二节　教师领导的概念界定 ………………………………（40）
　　一　教师领导 ………………………………………………（40）
　　二　教师领导力 ……………………………………………（46）
　　三　教师领导者 ……………………………………………（47）
　第三节　教师领导的理论基础 ………………………………（52）
　　一　分布式领导理论 ………………………………………（52）
　　二　建构式领导理论 ………………………………………（55）
　　三　专业学习共同体 ………………………………………（59）

第二章　教师领导的特征、维度与价值探析 …………………（63）
　第一节　教师领导的特征与类型 ……………………………（63）
　　一　教师领导的基本特征 …………………………………（63）
　　二　教师领导的主要类型 …………………………………（69）
　第二节　教师领导的构成维度 ………………………………（74）
　　一　划分依据 ………………………………………………（74）

二　维度之一：参与决策 …………………………………（76）
三　维度之二：教学领导 …………………………………（77）
四　维度之三：教师发展领导 ……………………………（79）
第三节　教师领导的价值分析 …………………………………（81）
一　价值之一：促进学生学习的改善 ……………………（81）
二　价值之二：提升教师专业特性 ………………………（85）
三　价值之三：促进学校持续发展 ………………………（88）

第三章　教师领导视角下的我国教师政策分析 …………………（91）
第一节　体现教师领导的国家教师政策 ………………………（92）
一　教师领导在学校管理中的角色 ………………………（92）
二　体现教师领导的教师职称体系 ………………………（94）
三　凸显教师领导的教师荣誉性制度 ……………………（96）
第二节　展现教师领导的实践创新举措 ………………………（100）
一　名师工作室 ……………………………………………（100）
二　首席教师制 ……………………………………………（102）
三　教师执行校长 …………………………………………（103）
四　其他形式 ………………………………………………（106）
第三节　基于教师领导视角下的政策缺陷 ……………………（107）
一　基于"领导者"角色的思维 …………………………（108）
二　行政主导下具有等级的特征 …………………………（113）
三　缺乏将领导视为学习的视野 …………………………（117）
四　教师领导局限于事务性管理 …………………………（122）

第四章　中小学教师领导的现状调查及分析 ………………………（126）
第一节　调查结果与分析 ………………………………………（126）
一　总体特征 ………………………………………………（126）
二　分维度状况 ……………………………………………（128）

三　个体差异 …………………………………………（134）
　　四　基本结果 …………………………………………（139）
第二节　调查发现的问题 ……………………………………（140）
　　一　忽视多数教师担当领导的角色 …………………（141）
　　二　教师领导较多局限在课堂层面 …………………（144）
　　三　教师缺乏主动自觉的领导意愿 …………………（148）
　　四　教师领导的方式方法有待改进 …………………（151）
　　五　缺乏教师专业学习共同体的支持 ………………（154）
第三节　影响教师领导的因素 ………………………………（157）
　　一　传统文化及观念的影响 …………………………（157）
　　二　行政化管理体制的束缚 …………………………（162）
　　三　学校组织结构与文化的约束 ……………………（166）
　　四　教师个人观念和技能的局限 ……………………（171）

第五章　发展教师领导的方向与策略建构 …………………（177）
第一节　发展方向：促进每个教师发挥领导的潜能 ………（177）
　　一　倡导批判性反思教学实践 ………………………（178）
　　二　建构教师个人的变革愿景 ………………………（180）
　　三　实施基于证据的决策制定 ………………………（182）
　　四　联合其他教师的实践行动 ………………………（183）
　　五　乐于与他人分享变革成果 ………………………（185）
第二节　条件保障：制定促进教师领导发展的政策 ………（186）
　　一　确立基于教师领导的学校自主发展 ……………（187）
　　二　将教师领导内化到教师生涯发展规划中 ………（189）
　　三　将教师领导体现到教师评价制度体系中 ………（192）
　　四　开发教师领导专业标准与认证制度 ……………（195）
第三节　实践要求：创造有利于教师领导的学校环境 ……（198）
　　一　以共同愿景激发教师参与 ………………………（198）

二　改变校长传统角色的定位 …………………………（200）
　　三　建立教师专业学习共同体 …………………………（203）
　　四　创建教师领导的学校文化 …………………………（208）
第四节　配套措施：强化促进教师领导的教师教育………（213）
　　一　将教师领导理念融入教师教育之中 ………………（214）
　　二　大学和中小学合作促进教师领导 …………………（216）
　　三　开设教师领导的相关课程或专业 …………………（219）
　　四　建立聚焦于教师领导的教育项目 …………………（220）

结　语 ………………………………………………………（223）

参考文献 ……………………………………………………（227）

附　录 ………………………………………………………（246）

后　记 ………………………………………………………（249）

绪　　论

学校发展与变革是当今时代的主题。20世纪80年代以来，大规模的教育变革很少获得成功，人们逐渐认识到教师是学校变革成功的核心。在西方，教师领导成为学校变革的重要策略，如果学校变革想取得成功，教师必须承担起领导学校发展与变革的责任。但是，在我国学校发展与变革中，教师领导尚未受到重视和开发。因此，本书选择教师领导作为研究主题，探讨在学校发展中的教师领导问题。在内容安排上，绪论首先交代了研究的缘起以及研究的问题，并对已有研究现状进行梳理和述评，介绍本书所采用的研究方法，最后对研究思路及框架予以阐述。

一　研究问题的来源与界定

（一）学校发展与学校领导关系之反思

有效的领导是促进学校发展的关键，对领导在学校改革中的重要性人们已达成共识。在当前学校发展与变革中，校长面临着越来越多的压力和挑战，校长的任务日益增多，但是学校内部的领导观念仍未改变，在对学校领导的认识上存在着误区，人们通常将学校领导等同于校长。学校中奉行的是"英雄领导"："一个好校长就是一所好学校""校长是学校的灵魂"。"我们当代的领导观与英雄主义观念紧紧地纠缠在一起，以致'领导者'与'英雄'（或者'名人'）之间的差别往往变得模糊了。"[①]

在学校的发展与变革中，校长在学校层级结构中占据着优势地位的

---

①　[美]沃伦·本尼斯：《领导的轨迹》，姜文波译，中国人民大学出版社2007年版。

事实一直没有发生改变，校长被视为领导的唯一来源，是解决学校发展问题的"灵丹妙药"，过分夸大了校长对学校组织的重要性，忽视了来自其他渠道的领导，并且不能充分解释领导是如何促进学校改进的。在社会日益发展的今天，校长"英雄式的领导"已经不能满足学校发展的要求，有研究者认为，如果我们仍然相信校长是改善学校的唯一领导，就是愚蠢的。[1] 校长不可能具有领导学校发展所需要的全部知识和技能。

巴斯（Barth）认为，校长不应该是英雄，而应是英雄的制造者。[2] 兰伯特（Lambert）指出，我们不应该将教学领导看作校长独有的任务，而应该开发学校共同体所有成员的领导能力；不应将学校领导看作正式的、一个人的领导模式，而使教师的能力难以得到开发。在这种模式下学校改进是不可持续的，校长的离职就可能会使学校改进项目中断。基于此种原因，将学校领导等同于校长的领导模式，难以满足为所有学生提供高质量学习的要求。他认为，领导必须是共享的，是由共同体所有成员承担的。领导是每个人的专业工作。[3]

我们需要重新思考学校领导的内涵，质疑将学校发展的领导责任仅仅交给校长来承担的做法，单一个体无法提供学校发展所需的领导力，学校的发展与变革是一个持续的过程，在此过程中，不是某个人承担变革的负责，而应该是许多人共同发挥变革的领导功能。[4] 因此，我们需要重新界定学校领导的内涵，扩大学校的领导源，寻求让学校共同体中的更多人参与学校领导的途径。

（二）学校发展中教师主体作用之追问

20世纪以来，世界各国都进行了教育改革。美国在20世纪80年

---

[1] 冯大鸣：《沟通与分享：中西教育管理领衔学者世纪会谈》，上海教育出版社2002年版。

[2] R. S. Barth, "School: Community of Leaders," In A. Lieberman (ed.), *Building Successful Cultures in Schools*, New York: Teachers College Press, 1988: 129–131.

[3] L. A. Lambert, "Framework for Shared Leadership," *Educational Leadership*, 2002, 59 (8): 37–40.

[4] M. F. Heller, & W. A. Firestone, "Heroes, Teams, and Teachers: A Study of Leadership for Change," In F. B. Hilty (ed.), *Teacher Leadership: The "New" Foundations of Teacher Education*, New York: Peter Lang, 2011: 61–81.

代进行了三次教育改革。第一次改革的重点是集权、推广考试和提高教师素质；第二次改革强调分权、教师的赋权增能、校本管理和择校；第三次改革关注系统化的学校结构重整。① 中国从20世纪80年代中期以来，启动了各项教育改革措施，2001年教育部出台《基础教育课程改革指导纲要（试行）》，启动了大规模的以基础教育新课程改革为主的教育改革。从各国的教育发展情况来看，改革成为世界教育的趋势和潮流。

尽管各国在学校改革方面进行了大量的努力和投入，但是大规模的自上而下的改革取得成功的例子很少。新的改革方案不断出台，新的教改试验不断探索与创新，新的教育理念不断地被宣讲与传播，然而，整个基础教育的改革行动似乎仍十分迟缓。② 这是因为在政府主导型的改革中，教师被动地卷入其中，改革的理念来自政府和专家，是以教育政策或行政命令的方式要求教师进行改革的。由专家、政府确定改革的焦点问题，承担改革的责任，告诉教师应该如何教学，如何设计课程等。

自上而下的学校改革对教师的角色做了技术理性的假设，将教师作为改革的执行者，实施已经设计好的改革方案，教师只需要按照改革的理念将改革者制定好的目标计划完成就行了，教师在改革中扮演的是中介人的角色，是设计好的改革方案和目标知识的传递者。革新理论家设计的改革方案是强加于教师身上的，而不是和教师共同提出的，造成教师对改革的抵制。③ 在学校改革中，教师的角色通常是改革的顺从者、实施者、阻碍者、抗拒者甚至是作为变革的对象。教师成为改革问题的一部分，而不是将教师作为问题的解决者。

学校改革应该立足于学校自身的改革需要。古德莱得认为，如果将改革从外部施加于学校，那么改革的进程将是缓慢的，最有希望的

---

① 张兆芹、卢乃桂、彭新强：《学习型学校的创建——教师组织学习力新视角》，教育科学出版社2011年版。
② 王有升：《理想的限度：学校教育的现实建构》，北京大学出版社2003年版。
③ 联合国教科文组织国际教育发展委员会编著：《学会生存——教育世界的今天和明天》，教育科学出版社1996年版。

改革方法是寻求开发学校内部的能力来解决自己的问题，使学校能够自我更新。① 真正的教育改革应该是产生于学校内部的，而不是来自政府部门的要求，学校改革需要提升学校的改革能量，将学校发展成学习型组织，适应改革并且善于改革。要设法将自上而下的改革转变为教师自己的需求，让教师发动并维持改革。②

学校改革要想获得成功，必须重视教师的主体作用，教师是改革成功的关键，学校改革需要向内寻求支持，使一线教师积极参与到改革中来。教师作为一线工作者，最了解学校中的问题以及学生的学习需要，他们是学校发展与改革的宝贵资源。然而，我们极少注意到教师的主体作用，教师们发现"除了上级强制他们进行的改革之外，很难做出自主的决定——到底应该把哪些适合他们需要，并且与学校已在开展的改革相吻合的新改革引进学校"③。在学校改革中，我们应该激发教师的积极性、创造性，使教师投身于改革中，贡献自己的智慧和专长。为了使学校成为改革的主阵地，我们需要深入思考以下问题：教师在改革中应该承担什么样的角色？教师要以什么样的方式与途径来发挥他们的主体作用？

（三）教师领导促进学校发展之探寻

教师领导近年来成为美国、英国等西方国家学校改革的重要策略。教师是学校改革成败的关键，教师在改革中处于中心地位，任何改革没有教师的参与和领导，都难以成功。④ 富兰（Fullan）认为，使教师领导成为常态是教育改革的必要条件。⑤ 兰伯特（Lambert）等

---

① [美]约翰·I. 古德莱得：《一个称作学校的地方》，苏智欣译，华东师范大学出版社2006年版。

② 卢乃桂、操太圣：《伙伴协作与教师赋权——教师专业发展新视角》，教育科学出版社2007年版。

③ [美]吉纳·E. 霍尔、雪莱·M. 霍德：《实施改革：模式、原则与困境》，浙江教育出版社2004年版。

④ H. J. Thornton, "Excellent Teachers Leading the Way: How to Cultivate Teacher Leadership," *Middle School Journal*, 2010, 41 (4): 36–43.

⑤ M. Fullan, "Broadening the Concept of Teacher Leadership," In S. Caldwell (ed.), *Professional Development in Learning-Centred Schools*, Oxford, OH: National Staff Development Council, 1997: 34–39.

人认为，教师作为领导者能够拯救我们的学校。① 凯特恩和毛勒（Katzenmeyer & Moller）在其著作《唤醒沉睡的巨人——帮助教师发展成为领导者》中认为，在每一所学校里，都有一群沉睡的巨人——教师领导者，他们可以成为推动改革的催化剂。如果能够善于利用这些学校改革代理人的能力，我们的公共教育改革将会获得较好的发展。② 教师不应该仅仅实施由政府或者校长发起的改革，应该鼓励教师发起改革，领导他们的同事来进行卓有成效的改革。③ 让教师承担领导角色，是教师参与学校改革的重要途径，教师领导已经成为世界学校发展与改革的新趋势。

在我国的学校发展与改革中，如何借鉴和吸收西方教师领导的研究成果，从而推动学校发展与改革成为一个新的研究问题。对领导的内涵是在文化和环境脉络下讨论的。④ 在不同的文化和环境脉络下，对领导的认识不同，关于领导的实践各异。我国的社会环境、学校组织性质、教师工作情况与国外有较大的差异。在中国的情境中研究教师领导，不能完全依靠西方的研究成果，在深层次的文化现象方面，西方的理论不一定适应中国的教育情境，必须对其加以转化。如何立足于中国文化和政策背景、学校环境等来探讨教师领导成为我们需要深入思考的问题。

我国中小学年级组长、教研组长、部室主任等都属于教师领导，这些传统的教师领导角色是否体现了教师领导的核心理念？如何使其进一步深化、发展，以与国际教师领导的新发展接轨？我国在发展教师领导方面存在哪些经验与不足？未来我国的教师领导应该形成什么

---

① L. Lambert, M. Collay, M. E. Dietz, K. Kent, & A. E. Richert, *Who Will Save Our Schools? —Teachers as Constructivist Leaders*, Thousand Oaks, CA: Crowin Press, 1996.

② M. Katzenmeyer, & G. Moller, *Awakening The Sleeping Giant: Helping Teachers Develop as Leaders*, Thousand Oaks, CA: Corwin Press, 2009: 2.

③ L. N. K. Lo, Teachers as Foot-soldiers Cultural Duties: A Reflection on Teacher Leadership and Learning Community in Chinese Schools, Paper Presented at the Second International Education Conference "Leadership in a Learning Society", Beijing, 2008.

④ A. Alexandrou, & S. Swaffield, "Teacher Leadership and Professional Development: Perspectives, Connections and Prospects," *Professional Development in Education*, 38 (2): 159 - 167.

样的发展趋势？一系列的问题亟待我们思考与解答。

（四）本书研究问题之界定与阐释

基于对以上问题的思考，本书聚焦于我国学校发展中的教师领导问题。由于教师领导是个复杂并充满歧义的概念，为了进一步明确所研究的问题，这里要对本书研究的内容属于哪一个研究层面的问题进行重点阐释。

表0-1　　　　　　　　　发展教师领导的途径

领域	以角色为本的		以共同体为本的	
	教师生涯策略	拓宽行政结构和角色	分享领导	实践共同体
建构	结构的/等级的/制度的		有机的/共有的/文化的	
领导观	以个体为本的		组织的品质/专业现象	
焦点	管理/行政		教学与学习	
基础	行政特权		共同体产物	
影响基础	合法性/控制		专长/社会资本	
范围	目标性的工作/受限的		分配的/普遍的	
工作本质	具有正式角色的人从事的活动		所有教师工作的一部分	
问责制	针对管理者的（官僚的）		针对同事的（专业的）	
性质	正式/竞争		非正式/根深蒂固/合作	
动力	有计划的		突现的	
表达	出自组织中的点		出自组织中的关系网络	
持续时间	有限的		持续的	
关系	浅/与同伴隔离		深/合作	
影响	最小的		未知的	

墨菲（Murphy）将教师领导的发展趋向概括为两种：一种是个人赋权的、以角色为本的教师领导，另一种是以共同体为本的教师领导。以角色为本的教师领导指的是为教师提供职位或头衔，让教师承担领导角色；以共同体为本的教师领导认为，在学校共同体中所有的教师都具有知识和能力发挥领导作用，为学校发展做出贡献

(见表0-1)。①

以角色为本的教师领导和以共同体为本的教师领导代表了在不同的组织框架下对教师领导的认识,以角色为本的教师领导是在科层制的框架下发展教师领导,将教师领导看作与职位、权力相关的,只有少数教师承担领导角色;而以共同体为本的教师领导则将学校看作学习共同体,在学习共同体的框架下发展教师领导,每一个教师都具有领导的潜能,都可以成为教师领导者。以共同体为本的教师领导超越了对传统教师领导的理解,扩大了教师领导的内涵和研究论域。因此,本书核心问题的第一层面是如何使每一个教师发挥领导作用?即本书是在共同体的框架下研究教师领导的,认为每一个教师都可以发挥领导作用,教师无论是否具有职位,在学习共同体里,都可以承担领导角色。

本书核心问题的第二个层面是教师如何超越课堂发挥领导作用?即本书对教师领导的研究主要聚焦学校层面的教师领导。教师领导具有不同的层次,包括课堂层面的教师领导、学校层面的教师领导、社区层面的教师领导等。研究学校层面的教师领导,并不是说教师在班级层面对学生的领导不重要,课堂层面的教师领导是其他层面教师领导的基础,而是说课堂层面以外的教师领导较少受到重视。

综上所述,本书的核心问题可以界定为:如何使每一位教师超越课堂,在学校层面发挥领导作用?对这一核心问题的探讨主要围绕以下几个具体问题来展开:

1. 教师领导是什么?
2. 我国中小学教师领导的现状如何?
3. 我国中小学教师领导存在什么问题及其原因?
4. 如何发展和促进教师领导?

二 关于教师领导研究的文献综述

教师领导研究在国外是较为前沿的领域,尤以美国研究文献最为

---

① J. Murphy, *Connecting Teacher Leadership to School Improvement*, Thousand Oaks, CA: Corwin Press, 2005: 82.

丰富。梳理国外关于教师领导的已有研究成果，可以丰富我们对教师领导研究的认识，全面了解教师领导研究的动态。

（一）国外研究现状

国外关于教师领导的文献近30年来逐渐丰富，出现了一些具有影响力的著作和论文，对国外教师领导的研究情况从以下几个方面进行概括。

1. 教师领导的缘起

教师领导的说法出现在20世纪80年代，缘于20世纪80年代的教育改革以及两个具有影响力的报告。1983年美国发布《国家处于危机中》，推动了美国80年代的教育改革浪潮。美国在80年代经历了三次教育改革浪潮，教师领导缘于第二次教育改革。

第一次教育改革试图通过标准化课程、严格的学业表现要求、教师评估等促进教学质量和效能的提高。简而言之，这次教育改革试图通过外部的权威来替代地方的自主和专长，规定了教师在课堂上应该如何做，并且对教师进行问责。这次改革的假设是，学校是理性的官僚组织，类似于工厂的模式，如果提供详细的要求和规定，就会提高教学水平，促进学生学业成就的改进。然而，第一次教育改革遭到人们的批评，认为这次改革是不成功的。这种观点促使第二次教育改革朝向不同的方面，人们转而认识到学校是复杂的、有机的、松散的组织，改革要将教师作为参与者而不是对象，要提高教师的知识、技能和能力，并且能够应用到教学实践中。第二次教育改革试图重建学校，重新定义教师和管理者的角色及责任，制定去中心化的决策，提高地方自主权以及实行问责制。[①]

在第二次教育改革中有两个极具影响力的教育改革报告，呼吁教师承担领导责任。《准备就绪的国家：21世纪的教师》(Teachers for the 21st Century) 指出，学校要建立专业化的环境，发挥教师的专业自主性，建立领袖教师职位，为教师专业发展提供时间，鼓励教师参与学校决策。《明天的教师》(Tomorrow's Teachers) 强调在教师培训

---

① M. A. Smylie, & J. W. Denny, "Teacher Leadership: Tensions and Ambiguities in Organizational Perspective," *Educational Administration Quarterly*, 1990, 26 (3): 235-236.

和教师教育中要加强中小学和大学的合作,发展教师生涯阶梯,包括初任教师、专业教师和生涯专业人员。这些报告使国家重视教学,为教师提供多样化的角色和更多的专业成长机会。报告提出要为教师提供差异化的角色,这些新的教师领导角色会为教师加入或留在教学专业提供激励,减少教师之间的隔离,建立更好的教师培训和教师专业成长模式。①

2. 教师领导的发展

30多年来,教师领导的内涵得到不断拓展,对教师领导发展阶段的认识较有代表性的观点是西尔维亚(Silva)等人的三阶段论和墨菲(Murphy)的四阶段论。

西尔维亚等将教师领导的发展划分为三个阶段。② 第一阶段是80年代早期,教师担任学校的管理者,教师领导主要是指教师承担正式的领导角色,如部门主任、工会代表,这一阶段的教师领导通常是承担某些由原来高层担任的领导角色,确保学校的效率和效能。第二阶段是从80年代晚期到90年代中期,这一阶段认识到教师作为教学领导者的重要性,为教师提供旨在发挥教师教学专长的职位,让教师承担诸如团队领导者、课程开发者、员工开发者等职位。第三阶段是90年代晚期。这一阶段扩展了教师领导的含义,要求重建学校体系,将教师作为学校文化的重建者,与第二次教师领导浪潮不同的是,第三次教师领导浪潮将教师领导作为教师日常工作的一部分,教师领导者能够"帮助重新设计学校、辅导同事、参与学校层面的问题解决,为同事提供专业成长活动"(见表0-2)。

墨菲认为,教师领导经历了四个叠合的发展阶段,每个阶段都具有相对不同的特征。第一阶段教师领导发生在20世纪80年代中期。这一阶段学校组织结构和教学专业文化处于重建中,要求改变教师的单一角色,赋予教师差异化的任务。尤其是从20世纪80年代早期到晚期,生涯阶梯者(career ladders)、差异化教学(differentiated teach-

---

① P. Wasley, *Teachers Who Lead: The Rhetoric and the Realities of Practice*, New York: Teachers College Press, 1991: 20 - 21.

② D. Y. Silva, B. Gimbert, & J. Nolan, "Sliding the Doors: Locking and Unlocking Possibilities of Teacher Leadership," *Teacher College Record*, 2000, 102 (4): 779 - 804.

ing)、导师教学计划（mentor teacher plans）、基于表现的补偿系统（performance-based compensation systems）相继出现。此阶段对教师领导的研究是在集中化的改革背景下展开的，对教师领导的探讨是在等级制组织结构中进行的。

表0-2　　　　　　　　　　教师领导发展概要

阶段	特性	典型教师领导者的工作
第一阶段 （20世纪80年代早期）	1. 注重学校系统的效能和效率 2. 强调控制和自上而下的命令 3. 将教师视为正式的、任命的、准领导职位的经营者	1. 系、科等部门主任 2. 领导教师 3. 精熟教师 4. 教学辅导教师 5. 团队代表
第二阶段 （20世纪80年代晚期到90年代中期）	1. 接受教师的角色为教学领导者 2. 强调自主性、专业主义以及由下而上的工作参与	1. 课程专家 2. 团队领导者 3. 教职员专业发展之专家
第三阶段 （20世纪90年代晚期）	1. 参与管理取代权威本位的管理（分享权力、强化学校为学习型组织） 2. 运用专业学习社群再造校园文化 3. 非正式教师领导角色	1. 学校再造团队 2. 行动研究计划、执行与结果分享 3. 对新进教师和有经验教师的非正式教学辅导

资料来源：转引自吴百禄《教师领导研究》，高雄复文图书出版社2010年版，第8页。

第二阶段是指20世纪80年代中期至80年代末期教师领导的发展。赋权的思想、去中心化的理念开始挑战集中化的改革策略，这一阶段的教师领导主要是分享决策和参与学校管理。第三阶段教师领导的主要特征是创造出新的角色，为教师提供发挥教师教学专长的职位。这一阶段的重要特点是教师领导从管理转向发挥教师的教学专长。最后一个阶段是随着以共同体为本的学校教育观的发展（例如，学校是学习型组织），教师领导不再强调教师在组织中的角色或者参与决策制定的责任，"实践共同体"的概念受到关注。领导是学校改进中每个教师工作的核心要素。领导不能局限于"层级制的观念层面，将教师置于'不同的、有限的功能上，使教师之间处于上下级的关系中'",而是要"推动所有教师的教学专业化,培育广泛的合作"①。

综上所述,教师领导缘起于20世纪80年代,经历了不同的发展阶段,对教师领导的认识逐渐深化,教师领导的内涵不断拓展。近30年来教师领导的角色从正式的、任命的管理者发展到为教师提供以教学为中心的职位;再发展到非正式的教师领导者。教师领导的任务从管理发展到推动专业学习共同体的运作,并进而推动学校文化的重建。

3. 教师领导的阻碍因素

国外研究者对教师领导的阻碍因素进行了研究,认为教师领导的阻碍因素包括很多方面,例如学校文化、学校组织结构、人际关系、校长支持、时间和资源等。

(1) 学校文化的因素

巴斯(Barth)认为,学校文化是阻碍教师领导的因素。② 传统的学校文化是消极被动的,教师缺乏主人翁感,教师之间是隔离的,缺乏交流与合作。此外,平等主义的文化限制了教师之间分享专长和经验。③ 哈特(Hart)对一个地区两所高中的"教师生涯阶梯项目"进行调查后认为,教师领导受到学校文化的影响。④

(2) 学校组织结构的因素

传统的学校组织结构是等级制的,影响教师领导的发展。在自上而下的管理中教师缺乏权力和地位,影响了他们发挥领导作用。⑤ 学校组织结构的改变不仅对教师领导产生作用,对教师领导的性质和范

---

① J. Murphy, *Connecting Teacher Leadership to School Improvement*, Thousand Oaks, CA: Corwin Press, 2005: 17-18.

② R. S. Barth, "Teacher Leader," *Phi Delta Kappan*, 2001, 82 (6): 443-449.

③ M. E. Krisko, Teacher Leadership: A Profile to Identify the Potential, Paper Presented at the Biennial Convocation of Kappa Delta Pi, Orlanda, FL, 2001.

④ A. W. Hart, "Reconceiving School Leadership: Emergent View," *The Elementary School Journal*, 1995, 96 (1): 9-28.

⑤ K. C. Boles, School Restructuring by Teachers: A Study of the Teaching Project at the Edward Devotion School, Paper Prensented at the Annual Meeting of the American Educational Reasearch Associaton, San Francisco, CA, April, 1992.

围也有所影响，而且可以增进组织效能。[1]

(3) 人际关系的因素

校长在教师领导的发展中是重要的影响因素。校长是学校的主要负责人，由于他们要对学校的发展负总责，他们会反对与教师分享领导。[2] 科克（Kirk）认为，教师领导与校长之间的交互影响关系有缓冲模式、交互作用模式、竞争模式。在缓冲模式下，校长和教师领导者关系紧密，但是和其他教师的关系则相对疏离。教师领导者在校长和其他教师之间形成了一个缓冲地带。在规模大一些的学校里表现为委员会、主席、系主任。在规模小点的学校里表现为有几个核心的教师领导者。这种模式下的教师领导局限于以权力为中心的正式教师领导。在交互作用模式下，校长让所有教师广泛参与决策制定。这是一种典型的转型领导，可以激发教师领导。这一模式下的教师领导者无论是否拥有正式职位，都会参与自己感兴趣的学校事务。在竞争模式下，教师领导者试图成为学校决策制定的核心，否认校长具有决策的权力。[3] 此外，教师领导可能会遭到同事的反对。[4]

4. 教师领导的促进因素

墨菲认为，教师领导的支持因素包括：（1）价值观和期望；（2）结构；（3）培训；（4）资源；（5）激励和认可；（6）角色澄清。[5]

缪伊斯和哈里斯（Muijs & Harris）认为，发展教师领导的方式包括：为教师领导提供时间；让教师有时间共同规划和讨论教学、课程等；为教师提供专业发展的机会；增加教师的领导自信；为教师领导

---

[1] C. Rutherford, "Teacher Leadership and Organizational Structure: The Implications of Restructured Leadership in an Edison School," *Journal of Educational Change*, 2006, 7 (1-2): 59-76.

[2] R. Lindahl, "Shared Leadership: Can It Work in Schools?" *Educational Forum*, 2008, 72 (4): 298-307.

[3] K. D. Anderson, "The Nature of Teacher Leadership in School as Reciprocal Influences between Teacher Leaders and Principals," *School Effectiveness and School Improvement: An International Journal of Research, Policy and Practice*, 2004, 15 (1): 97-113.

[4] R. S. Barth, "Teacher Leader," *The Phi Delta Kappan*, 2001, 82 (6): 443-449.

[5] J. Murphy, *Connecting Teacher Leadership and School Improvement*, Thousand Oaks, CA: Corwin Press, 2005: 105.

提供报酬。[1]

福斯特和哈里斯（Forst & Harris）认为，决定教师领导范围和本质的因素包括教师专业角色的建构、组织环境、个人能力。其中组织环境包括组织结构、组织文化、社会资本；个人能力包括权威、知识、情境理解、人际技能。[2]

蔡尔兹·鲍恩（Childs-Bowen）等认为，要为教师创造机会去领导：建立专业学习共同体；提供有质量的、结果驱动的专业发展；庆祝革新和教师的专长。[3]

兰伯特（Lambert）认为，校长需要为教师领导提供支持：（1）建构合作，做好行动计划的监控；（2）协商关系；（3）可供使用的领导力；（4）提供人力和物力资源；（5）以教学领导为重点；（6）帮助保持平衡，避免工作负担；（7）保护教师领导者与其他教师的关系；（8）提供领导力发展机会。[4]

兰伯特提出了校长和其他人在支持教师领导上可以使用的策略，以及教师应该如何回应这些策略（见表0-3）。[5]

5. 发展教师领导的模型

（1）凯特恩和毛勒（Katzenmeyer & Moller）的教师领导发展模型

凯特恩和毛勒提出了教师领导的发展模型。该模型包括四个部分：第一是个人的评估，回答我是谁；第二是改变的学校，思考我在哪里；第三是影响的策略，探究我如何领导，第四是行动的规划，考虑我能做什么。首先，个人的评估，要求教师审视自己的价值观，回答我是谁。个人评估可以帮助教师识别自己的价值观、行

---

[1] D. Muijs, & A. Harris, "Teacher Leadership-Improvement through Empowerment? An Overview of the Literature," *Educational Management & Administration*, 2003, 31 (4): 437–448.

[2] D. Forst, & A. Harris, "Teacher Leadership: Towards a Research Agenda," *Cambridge Journal of Education*, 2003, 33 (3): 479–497.

[3] D. Childs-Bowen, G. Moller, & J. Scrivner, "Principals: Leaders of Leaders," *NASSP Bulletin*, 2000, 84 (616): 27–34.

[4] P. Anita, & M. Gayle, "What the Teacher Leader Needs from the Principal," *Journal of Staff Development*, 28 (1): 32–34.

[5] L. Lambert, *Leadership Capacity for Lasting School Improvement*, Alexandria, VA: Association for Supervision and Curriculum Development, 2003: 37.

为和哲学观。其次，教师领导者需要理解处于变革情景下的学校，思考我在哪里的问题，反思和分析学校文化。教师要形成他们对"教师领导"内涵的认识，理解教师领导是变革学校的重要策略，弄清学校中哪些因素会支持或者阻碍教师领导。再次，教师需要发展能够影响他人的技能。"如何领导他人"是教师领导者需要思考的问题，同时教师还需要获得领导技能。最后，教师领导的发展还需要回答我应该怎么做的问题，识别哪些方面需要变革，制定行动规划。值得强调的是，教师领导发展的过程不是线性过程。[1]

表0-3　　　　　　　建构领导能量：新的基准和策略

教师领导发展的基准	校长支持教师领导的策略
采取新的行动，建议以新的方式完成任务或者目标	为对话创造机会，加深对问题的理解
解决问题而不是寻求允许，抱怨	从给予许可或抑制转为解决问题
主动承担解决问题或承担任务的责任	在不知道答案的情况下提出问题
邀请其他教师共同工作，分享资料，参观课堂	为教师分享课堂工作提供时间，要求教职工结对参加专业发展活动，让小组对话成为教职工大会的固定组成部分
互相倾听，尤其是听取新教师的意见	示范尊重性地倾听，不要急于沟通
允许错误和未解决的教学问题，向其他教师寻求帮助	做同样的事情
以一种方式讨论学生，相信所有的学生都能学习	示范同样的行为，询问探究式问题（包括不容易解决的问题），在教职工会议上运用反思性策略，鼓励教师承担风险
有技巧地参与谈话，促进、提出探究性问题并且从事教学	擅长促进对话、反思和设计教职工互动时间

---

[1] M. Katzenmeyer, & G. Moller, *Awakening the Sleeping Giant: Helping Teachers Develop as Leaders*, Thousand Oaks, CA: Corwin Press, 2009: 58-61.

绪 论

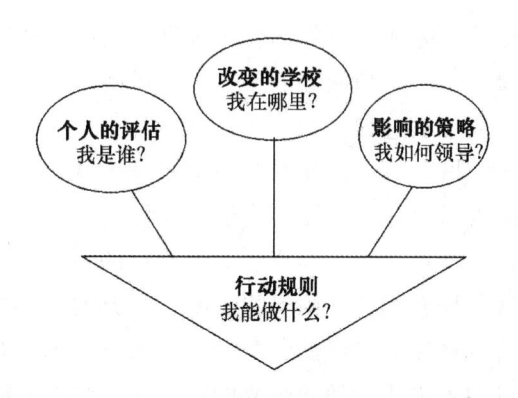

图 0-1 凯特恩和毛勒的教师领导发展模型

（2）福斯特和达兰特（Frost & Durrant）的教师领导发展工作框架

福斯特和达兰特认为，教师领导是建立在以学校为基础的探究上的，他们提出了教师领导学校发展的框架。这个框架包括七个部分，批判性反思和记录贯穿整个过程。教师领导的步骤包括澄清价值观—个人发展规划—策略行动规划—领导发展工作—知识的转化。其中领

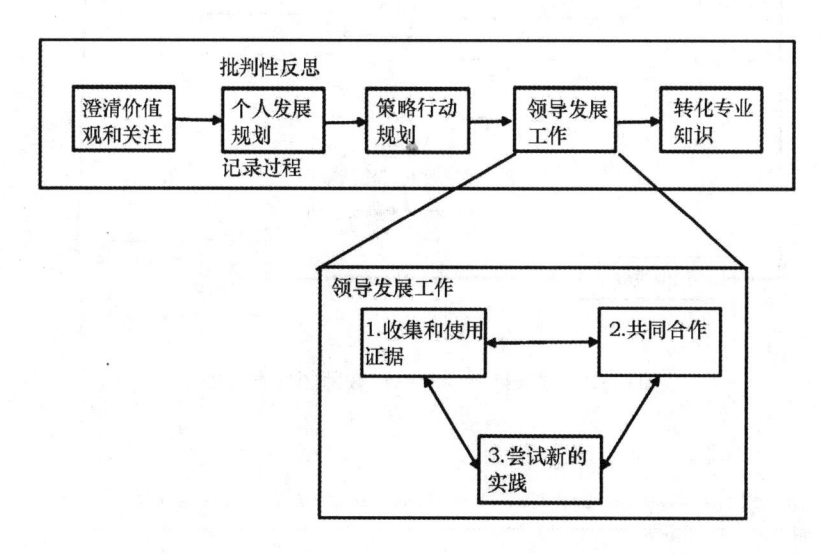

图 0-2 福斯特和达兰特的教师领导发展工作框架

导发展工作包括三个方面：收集和使用证据；共同合作；尝试新的实践。尽管该框架提出了教师领导的步骤，但是他们同时也指出教师领导是非线性的、复杂的过程。[1]

（3）里夫斯（Reeves）教师领导发展框架

里夫斯也提出了教师领导发展框架，以促进有效的领导和教学实践。这个框架没有终点，而是阐释了一个持续的过程。这个过程以识别挑战，教师和学校管理者共同研究开始，研究的结果可以促进反思和强化，继而将行动建立在证据的基础上或者对证据进行讨论，从而产生对主观信息的否定或者朝向研究的深入或者弹性的结果。[2]

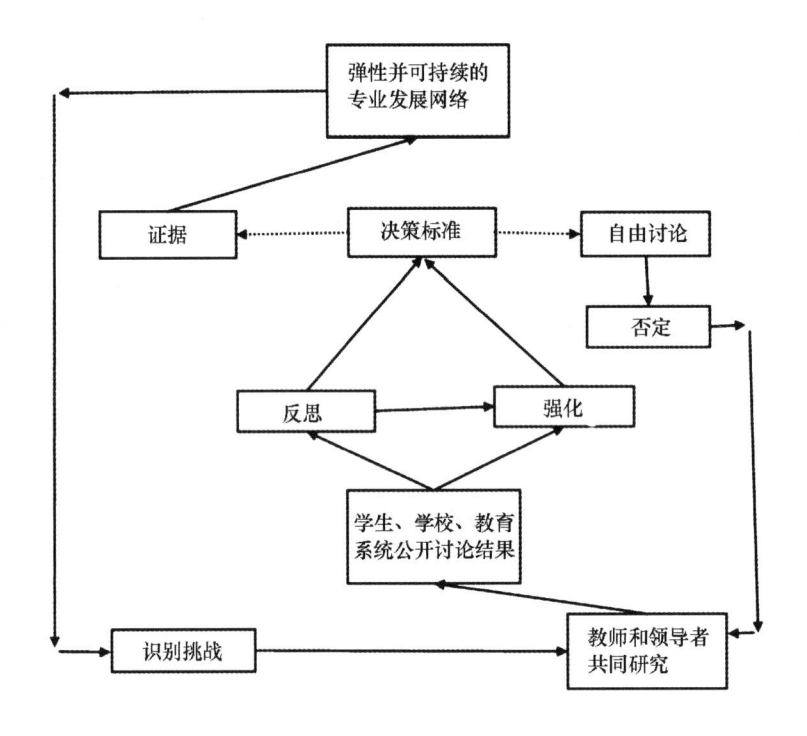

图0-3 里夫斯（Reeves）教师领导发展框架

---

[1] D. Frost, & J. Durrant, *Teacher-Led Development Work: Guidance and Support*, London: David Fulton Publishers, 2003: 23-26.

[2] D. Reeves, *Reframing Teacher Leadership to Improve Your School*, Alexandria, VA: Association for Supervision of Curriculum Development, 2009: 27-43.

（4）麦里德斯（Merideth）"关心发展阶段"视角下教师领导发展阶段

表0-4　　　　麦里德斯教师领导发展阶段

关心阶段	个体面对变革	领导变革
阶段0：意识	• 不关心或者不参与和个人无关的事情 • 意识到变革的信息	• 建立对信息的敏感 • 通过分享变革如何能积极影响学生学习信息，建立相关性
阶段1：信息	• 意识到革新 • 有兴趣了解革新的详细信息 • 不关心他或她在革新中的角色	• 提供关于革新的信息和详情 • 安排当前参与类似革新的教师，分享他们的观点
阶段2：个人化	• 意识到变革的可能 • 关注个人在变革中的作用	• 提供关于实施革新的专业发展 • 概述组织的奖励结构如何对革新的实施做出回应 • 培养对变革的反思
阶段3：操作	• 关注实施变革的过程和任务 • 对组织、日程安排和时间等问题十分重视	• 承认任何变革都是困难的 • 为新的路径提供支持 • 为指导和咨询安排时间
阶段4：结果	• 关注变革对学生学业成就和态度的影响	• 为数据收集提供帮助 • 鼓励运用质性方法分析学生对革新措施的态度
阶段5：合作	• 准备共享关注 • 准备与他人合作实施变革	• 建立研究/学习小组，以有效规划与实施 • 让有经验的教师参与专业发展
阶段6：重新聚焦	• 探究变革所带来的广泛的益处 • 考虑重大改变的可能性或用一个更强有力的方案来代替目前的方案	• 强化来自变革的积极教学 • 广泛传播变革实施的信息 • 保障所有相关人员的意见表达 • 为变革提供适当的资源

在学校变革中每个人对变革的态度都不一样，关注点也不一样。真正的变革不是被动地服从指令，而是要思考应该从哪里改进，为什么改进。霍尔提出的"基于关心的变革采纳模式"，描述了教师个体在变革中的关心发展阶段。麦里德斯（Merideth）在霍尔的基础上描

述了教师领导者在领导变革中的关心发展阶段,这里教师领导者指的是作为导师、同伴指导者、专业发展者、课程或者项目领导者等。教师领导者在领导变革中关心发展阶段的变化,需要受到管理者的重视,并且给予他们鼓励和支持。①

对于教师领导者来说,所有阶段的关心都很重要,但是阶段2——个人化,是教师领导者必须思考的,它关系到个人的观念、价值观、知识、技能、道德和行动。

6. 教师领导者的技能和特质

国外研究者对教师领导者应该具备什么样的特质和能力进行了大量研究。

利伯曼(Liberman)等人认为,教师领导者需要具有五个方面的技能:建立信任、和谐一致的同事关系;诊断、处理团队事务;利用资源;管理工作;在他人心中是具有技巧和自信的。②

约克—巴恩和杜克(York-Barr & Duke)对近 20 年的教师领导文献进行分析后认为,教师领导者应该具有以下能力:建立信任、和谐的人际关系,通过人际关系来与他人共同合作,从而影响学校文化;为同事提供支持、促进其他教师的专业成长;有效的沟通,良好的倾听技能;处理冲突、协商和调解的技能;具有处理团队工作进程的技能;能够评估、分析地区和教师的需求及重要事项;具有组织诊断的技能,能够理解组织中所存在的整体性问题;对管理者和教师制定的决策具有影响力。③

墨菲认为,教师领导者应该包括四个层面的技能:第一是愿景层面的技能,第二是人际关系层面的技能,第三是合作层面的技能,第

---

① E. M. Merideth, *Leadership Strategies for Teachers*, Thousand Oaks, CA: Corwin Press, 2007: 24 – 25.

② A. Lieberan, E. R. Saxl, & M. B. Mile, "Teacher Leadership: Ideology and Practice," In A. Lieberman (ed.), *Building a Professional Culture in Schools*, New York: Teachers College Press, 1988: 148 – 166.

③ J. York-Barr, & K. Duke, "What Do We Know about Teacher Leadership? Findings from Two Decades of Scholarship," *Review of Educational Research*, 2004, 74 (3): 255 – 316.

四是管理层面的技能。①

克里斯科（Krisko）认为，教师领导者具有的特质包括创新、有效、灵活、终身学习并且能够承担风险，具有良好的人际技能等。②

丹尼尔森（Danielson）认为，教师领导者需要具有合作的技能、促进的技能、规划的技能以及行动和评估的技能。

斯内尔和斯旺森（Snell & Swanson）认为，教师领导者应该具有下列技能：某个领域的专长，合作能力，反思自己的实践以及自我赋权和赋权他人。③

综观国外近30年的教师领导研究文献，教师领导在国外已经成为一个新的学术增长点。国外研究者对教师领导的背景、历史发展、影响和支持因素、发展教师领导的模型以及教师领导者所应该具有的知识和技能等进行了深入的探讨。

（二）国内研究现状

国内关于教师领导的研究近年来逐渐兴起，关于教师领导的研究概括起来包括：第一，对国外教师领导理论的介绍；第二，基于教师专业发展视角下的教师领导研究；第三，教师专业领导力研究；第四，教师领导者研究。

1. 对国外教师领导理论的介绍

国外教师领导研究的兴起，引起了国内学者对教师领导的关注，引进和介绍国外关于教师领导的理论，集中表现在阐述教师领导的内涵、影响因素、支持因素等方面。吴颖民对教师领导的背景、概念内涵、影响因素等进行了介绍。④陈盼关注中小学教师领导力的开发，认为在中小学教师领导力开发的过程中，受到观念、组织、资源、知

---

① J. Murphy, *Connecting Teacher Leadership and School Improvement*, Thousand Oaks, CA: Corwin Press, 2005: 71.

② M. E. Krisko, *Teacher Leadership: A Profile to Identify the Potential*, Paper Presented at the Biennial Convocation of Kappa Delta Pi, Orlanda, FL, 2001.

③ J. Snell, & J. Swanson, *The Essential Knowledge and Skills of Teacher Leaders: A Research for a Conceptual Framework*, Paper Presented at the Annual Meeting of the American Educational Research Association, New Orleans, LA, 2000.

④ 吴颖民：《国外对中小学教师领导力问题的研究与启示》，《比较教育研究》2008年第8期。

识技能的限制。① 钟晨音、徐长江进一步探讨了教师领导的理念以及如何实现。② 袁慧芳等认为，基于分布式领导的性质，教师领导归属于分布式领导。③ 张佳伟和卢乃桂对领袖教师在学校中的角色、能力、发展以及与他人的关系进行了述评。④ 蒲蕊认为，教师在学校改进中是重要的领导者，在专业发展、教学改进、学生学习和学校变革等方面发挥领导作用。⑤

吴百禄出版的《教师领导研究》一书比较系统地对教师领导进行了介绍，该书主要包括三个部分：教师领导理念、教师领导实务以及教师领导研究成果，对我们全面了解国外关于教师领导研究概况提供了参考。⑥

2. 基于教师专业发展的教师领导研究

国内有代表性的关于教师领导的本土化研究是金建生和陈峥的相关研究。金建生对我国中小学领导进行了研究，分别对校长、基层组长、教师、骨干教师发挥领导作用的情况进行了调查。研究结果显示，中小学教师领导的主体是基层组长和领袖教师。基层组长的功能主要是行政领导，领袖教师以非正式的隐性方式发挥领导作用。小学教师领导的功能是人际性领导，初中教师领导功能是教育性教师领导，高中教师领导的功能是教学性教师领导。科层型教师领导、专业型教师领导、生活型教师领导是主要的教师领导形式。⑦

该研究对教师领导的认识存在一定的缺陷和不足，是在科层制框架下对教师领导进行的研究，对于教师领导的研究对象存在模糊的认识，对于是人人都可以发挥领导作用，还是少数的教师可以发挥领导作用，作者没有进行深入的思考和探究。由于对教师领导内涵认识的不足，在行动研究中采取的是教师领导显性化的技术路线，为教师提

---

① 陈盼：《国际视野下的中小学教师领导力开发》，《基础教育》2009 年第 8 期。
② 钟晨音、徐长江：《教师领导的理念及其实现》，《教师教育研究》2011 年第 3 期。
③ 袁慧芳、彭虹斌：《基于分布式领导的教师领导研究述评》，《外国教育研究》2011 年第 8 期。
④ 张佳伟、卢乃桂：《学校改进中教师领导研究述评》，《教育学报》2010 年第 3 期。
⑤ 蒲蕊：《教师在学校改进中的领导作用》，《教育科学研究》2012 年第 5 期。
⑥ 吴百禄：《教师领导研究》，高雄复文图书出版社 2010 年版。
⑦ 金建生：《中小学教师领导研究》，博士学位论文，西北师范大学，2007 年。

供领导职位，而缺乏对非正式教师领导的关注。此外，该研究没有确立教师领导的构成内容，因此在问卷的设计上存在一定的不足。

陈峥以新课程改革为研究背景，探讨教师领导与教师专业发展。其研究从教师领导的角度探讨专业发展，主要关注在国家、大学、教师三者的权力关系中教师领导的现实状况与可能出路。作者所提出的教师领导的专业发展有两层含义：一是教师对自身专业发展的自主权；二是领袖教师对其他教师的影响。其研究的贡献在于将教师对自身专业发展的自主权作为教师领导的内涵之一，从教师自主的角度揭示了在国家、专家和教师的现存权力关系中，教师缺乏在专业发展中的教师领导。其研究的不足之处是从制度和权力的宏观视角对教师领导进行研究，对于非正式教师领导是如何形成的以及校内领导者的社群等问题没有涉及。[①]

3. 教师专业领导力研究

由于对教师领导的研究主要局限在中小学，王瑛从教师专业发展的角度，对高校外语教师专业领导力进行研究。她以高校外语教师作为研究对象，通过问卷调查、深度访谈了解高校外语教师领导力的现状，构建了教师专业领导力的五维模型，包括人格感召力、教学引领力、学术前瞻力、组织凝聚力和学习成长力，并建立了高校外语教师专业领导力评价指标体系。调查发现，我国高校外语教师在教学引领力和人格感召力方面较好，组织凝聚力和学习成长力相对较弱，学术前瞻力不足。[②] 其研究的贡献在于建构了高校外语教师专业领导力的五维模型，不足之处在于对影响因素的剖析略显单薄。

4. 教师领导者研究

我国传统上存在着教师领导，中层领导、教研组长、骨干教师、特级教师等都属于正式的教师领导者。国内学者对这些教师展开了相关的研究，但是从总体上看，对此类教师的研究多是从其特质、培养、成长等视角展开的，缺乏对其如何发挥领导作用的研究。

---

① 陈峥：《新课程改革下的教师领导与教师专业发展》，华中师范大学出版社2012年版。

② 王瑛：《高校外语教师专业领导力研究》，博士学位论文，华东师范大学，2012年。

倪传荣等主编的《骨干教师队伍建设研究》在对骨干教师的现状和成长情况进行调查的基础上，研究了骨干教师的成长过程、条件，提出了骨干教师队伍建设的对策。[1] 潘海燕等研究了骨干教师的成长秘诀，认为骨干教师的表征是对教学效果信心十足、对课堂管理监控自如、对工作积极进取，骨干教师在特质方面具有稳定、持久的职业动力，优异的教学能力，良好的个性特征；普通教师成为骨干教师要经历三个过程：积累期、成熟期、创造期。[2] 周春良对163位特级教师进行调查，研究了特级教师的个性特征与成长机制。[3]

汤才伟对中层教师在学校改进中的领导和参与情况进行了研究。他将学校改进分为筹备、执行和总结等阶段，中层领导在学校改进的每个阶段都发挥着不同的作用。学校改进中的中层领导要具有以下特质：中层领导要重视教与学的发展，承担教学改进的专业领导角色。中层领导作为专业领导，身兼多种角色，"在知识方面成为同侪的领导"，在工作方面成为"工作伙伴""榜样""促进者"。从行政角色看，中层领导在学校改进中成为教师和学校行政角色之间的协调者。[4]

总之，教师领导在我国的研究处于起步阶段，研究成果较少，主要是理论的介绍和描述，只有少数的基于中国国情的本土化研究成果。

（三）对以往研究的评论

从总体上看，教师领导在美国、英国等国家成为研究的前沿领域，研究主题比较丰富、多元，取得了很多有价值的研究成果，国内关于教师领导的研究还比较薄弱。

1. 教师领导理论体系不完备

西方学者对教师领导的内涵、影响因素、支持因素、知识和技能等做了大量研究，但是教师领导研究的主题、观点比较分散，缺乏系

---

[1] 倪传荣、周家荣：《骨干教师队伍建设研究》，沈阳出版社2000年版。
[2] 潘海燕等：《骨干教师成长的秘诀》，中国轻工业出版社2007年版。
[3] 周春良：《卓越教师的个性特征与成长机制研究——基于163位特级教师的调查》，博士学位论文，华东师范大学，2013年。
[4] 汤才伟：《中层教师在学校改进过程中的领导和参与》，黄显华、朱嘉颖：《课程领导与校本课程发展》，教育科学出版社2005年版，第85—107页。

统的理论框架。我国对教师领导的研究处在起步阶段，对教师领导的认识和理解还存在模糊性，比如对"teacher leadership"的翻译有"教师领导""教师领导力"两种。教师领导和教师领导力究竟是不是同一概念，尚待辨析；教师领导究竟是所有教师都能成为领导者，还是少数教师？教师领导的目的和性质是什么？教师领导的内涵、特征以及构成等都是有待澄清的问题。从国内的研究情况看，还缺乏对教师领导理论的系统认识来为教师领导的实践探索提供指导，需要进一步完善和建构教师领导的理论体系。

2. 教师领导的概念内涵出现新的发展

人们对教师领导的内涵理解不断加深和变化，对教师领导的认识从任命教师成为正式的管理者，发展到教师领导者是非正式的、突现的领导者。[1] 教师领导概念的新内涵倾向于扩大对教师领导的认知，教师领导从正式的领导角色转向非正式的领导角色。[2] 正式的教师领导在学校中一直存在，但是教师领导内涵的新发展更加强调非正式的教师领导。[3] 非正式的教师领导比正式的教师领导更能影响教学与学习的改进。[4] 传统教师领导范式是挑选一些教师，使其承担领导职位，而新的教师领导发展认为，教师领导应该是一种集体领导的形式。[5] 对教师领导的理解不能局限于将领导限定于正式的教师领导者之上，将教师领导者等同于管理者或准管理者，教师领导与职位、权力无关，没有职位或头衔的普通教师也可以发挥领导作用。把握教师领导的内涵变化有助于拓展我们对教师领导的理解。

---

[1] J. Cowdery, "Getting it Right: Nurturing an Environment for Teacher-Leaders," *Kappa Delta Pi Record*, 2004, 40 (3): 128 – 131.

[2] J. York-Barr, & K. Duke, "What Do We Know about Teacher Leadership? Findings from Two Decades of Scholarship," *Reviews of Educational Research*, 2004, 74 (3): 255 – 316.

[3] E. L. Wilmore, *Teacher Leadership: Improving Teaching & Learning from Inside the Classroom*, Thousand Oaks, CA: Corwin Press, 2007: 3.

[4] J. C. Fairman, & S. V. Mackenzie, "How Teacher Leaders Influence Others and Understand Their Leadership," *International Journal of Leadership in Education: Theory and Practice*, 2015, 8 (1): 61 – 87.

[5] K. Boles, & V. Troen, Teacher Leadership in a Professional Development School, Paper Presented at the Annual Meeting of the American Educational Research Association, New Orleans, LA, 1994.

学校发展中的教师领导研究

近年来，随着对教师领导理论的译介，关于教师领导的研究开始在国内受到重视，但是研究者对教师领导的内涵认识是模糊的，对教师领导内涵的变化缺乏关注。国内对教师领导者的研究多集中于骨干教师、年级组长等群体上，缺乏对没有职位的普通教师也能发挥领导作用的认识。学校是复杂的组织机构，仅仅关注正式职位的教师领导者的研究视角具有局限性。教师领导的研究应该关注如何使学校中的每个教师都发挥领导作用，重视发挥教师的非正式领导作用，进一步促进教师集体领导作用的发挥。

3. 教师领导的本土研究视角有待拓展

美国教师领导的产生源于第二次教育改革，教师领导成为学校改革的重要策略。霍兰德（Holland）认为，美国学校改革的发展历程与教师领导内涵的发展不一定具有因果关系，但是二者之间具有相关性。[①] 探讨教师领导离不开对学校发展与变革这一主题的关注。国外学者对教师领导与学校发展进行了大量的探讨，代表性的文献如《唤醒沉睡的巨人——帮助教师发展成为领导者》（*Awakening the Sleeping Giant：Helping Teachers Develop as Leaders*），《重建教师领导来改进你的学校》（*Reframing Teacher Leadership to Improve Your School*），《教师领导变革：为学校改进做研究》（*Teachers Leading Change：Doing Research for School Improvement*），《教师领导与学校改进》（*Connecting Teacher Leadership and School Improvement*）等，以上研究为教师领导与学校发展的研究提供了有价值的研究成果。

教师领导理论为研究学校发展与变革提供了新的理论视角。从我国的教师领导研究情况来看，关于教师领导研究具有代表性的成果是金建生和陈铮的博士学位论文，两位研究者都是在教师专业发展视角下研究教师领导的，前者缺乏对教师领导与学校发展的关联性思考；后者从宏观制度和权力的视角思考教师专业发展中的教师领导，强调教师对专业发展的自主权和领导。从已有研究视角来看，在我国教师

---

① M. J. Holland, J. Eckert, & M. M. Allen, "From Preservice to Teacher Leadership: Meeting the Future in Education Preparation," *Action in Teacher Education*, 2014, 36 (5-6): 433-445.

领导的研究中缺乏以教师领导与学校发展为主题的研究。我们需要思考在我国学校发展与变革中,提出教师领导的理论会为学校变革与发展带来什么不同?缺乏教师领导理论下的学校变革与发展是什么样的?深入探讨在学校发展中如何开发和利用教师的领导潜能。

4. 教师领导的研究方法有待多元化

国外关于教师领导的研究大多局限于个案研究,样本量小,以及自我报告式的访谈,缺乏大规模的定量研究。[①] 国内教师领导的研究主要是理论介绍较多,本土化的研究较少;思辨研究较多,而实证研究较少。我们需要多样研究方法的结合,洞悉当前我国学校发展中教师领导的现状与存在的问题,为教师领导的实践探索提供指导。

三 研究设计

(一)研究目标

本书聚焦于学校发展中的教师领导,尝试呈现我国教师领导的现状及其存在的问题和根源,寻求促进教师领导发展的策略。具体来说,本书包括以下研究目标:

1. 系统梳理和建构教师领导的理论。
2. 考察我国中小学教师领导的现状。
3. 发现我国发展教师领导中存在的问题及原因。
4. 建构促进教师领导的支持体系。

(二)研究内容

本书的研究内容包括以下几个方面。

1. 教师领导的理论研究。系统梳理和阐释教师领导的内涵以及相关概念的含义,分析教师领导的理论基础,厘清教师领导的类型与特征,对教师领导的构成维度进行划分。

2. 以教师领导理论为视角考察和分析我国相关的教师政策。从国家政策和地方创新举措两个层面选取体现教师领导思想的政策,并以教师领导的理论为基础,分析政策中存在的问题。

[①] J. York-Barr, & K. Duke, "What Do We Know about Teacher Leadership? Findings from Two Decades of Scholarship," *Reviews of Educational Research*, 2004, 74 (3): 255 – 316.

3. 调查和分析中小学教师领导现状。以教师领导的构成维度为主要框架,从参与决策、教学领导、教师发展领导三个方面对中小学教师进行问卷调查和访谈,深入分析发展教师领导中所存在的问题,并对问题产生的影响因素进行剖析。

4. 从统合的视角建构有利于发展教师领导的支持体系。本书研究从教师个体—政策保障—学校支持—教师教育四个层面,为促进教师领导的发展提出建议。

（三）研究方法

适切的研究方法是进行研究的基础,从教育研究方法论的角度来看,研究方法的选择要由研究的问题来决定。就研究问题而言,本书属于教师领导的本土化研究。任何采用单一的研究方法,例如定量或者定性的研究范式都无法对教师领导的本土情况进行全面呈现。因此,本书在路径上选择混合方法研究。

混合方法研究是在社会科学两大研究范式——定量研究与定性研究论争的基础上产生的新的研究范式。混合方法研究被称为"第三种教育研究范式"[1]。约翰逊和奥屋格普兹认为:"混合方法研究就是研究者在同一研究中综合调配或混合定量和质性研究的技术、方法、手段、概念或语言的研究类别。"[2] 混合方法研究不同于定量研究或者定性研究之处在于,在一项研究中采用一种或者多种定性以及定量的研究方法收集、分析资料。对于本书而言,为了更好地理解研究问题需要收集多种类型的研究资料。研究既需要通过大范围的调查来了解我国教师领导的总体现状,也需要采取访谈等方法收集研究对象对相关问题的看法。

在研究设计策略上,本书主要选择了并行三角互证策略。克雷斯威尔将混合方法研究的策略分为六种类型,分别是顺序性探究策略、顺序性解释策略、顺序性转换策略、并行三角互证策略、并行嵌套策略、并行转换策略,并行三角互证策略是在研究中同步收集

---

[1] 蒋逸民:《作为"第三次方法论运动"的混合方法研究》,《浙江社会科学》2009年第10期。

[2] 转引自乜勇、魏久利《教育研究的第三范式——混合方法研究》,《现代教育技术》2009年第9期。

定量数据和定性数据。定量研究和定性研究两种方法的优先性是对等的。三角互证策略在解释说明阶段对两种研究方法所得出的结果进行整合。在实际的研究中，两种研究方法在收集数据的时候要做到优先对等只是一种理想状态，在实际应用中本书选择定性研究优先的方法。①

在具体研究方法的选择上选取了文献法、问卷法、访谈法、案例法等，下面主要对问卷法和访谈法的实施进行说明。

1. 问卷设计与实施

（1）问卷设计

问卷设计结合了国外和国内相关文献。在国外问卷方面，参考了凯特恩和毛勒编制的《教师领导自我评价量表》。② 该问卷包括七个维度，分别为自我意识、领导变革、沟通、多样性、精于教学、持续改进、自组织。

在国内问卷方面，主要参考了金建生的"中小学教师领导问卷"，该问卷共分为两个部分，两个部分既独立又有重合的地方。第一部分对校长的领导方式、基层组长的领导作用、骨干教师发挥领导作用的情况、教师个人发挥领导作用等情况进行了调查。第二部分对教师在学校的地位和教师参与教育教学决策的情况进行调查。③ 王瑛的"高校外语教师专业领导力调查问卷"，包括人格感召力、教学引领力、学术前瞻力、组织凝聚力、学习成长力五个维度。④ 杜小宜等的"提高中小学教师领导力：促进有效教学的实证研究"调查问卷，包括教师领导力和有效教学两个部分，其中教师领导力包括四个维度：参与决策能力、专业自主能力、团队合作能力、学习研究能力。⑤

在借鉴国内外研究文献的基础上，本书主要围绕教师领导三个构

---

① ［美］约翰·W. 克雷斯威尔：《研究设计与写作指导：定性、定量与混合研究的路径》，崔延强译，重庆大学出版社2007年版，第168—171页。

② M. Katzenmeyer, & G. Moller, *Awakening the Sleeping Giant: Helping Teachers Develop as Leaders*, Thousand Oaks, CA: Corwin Press, 2009: 52 – 55.

③ 金建生：《中小学教师领导研究》，博士学位论文，西北师范大学，2007年。

④ 王瑛：《高校外语教师专业领导力研究》，博士学位论文，华东师范大学，2012年。

⑤ 杜小宜、叶凤良主编：《提高中小学教师领导力：促进有效教学的实证研究》，中国轻工业出版社2013年版。

成维度——参与决策、教学领导、教师发展领导，设计了"中小学教师领导现状调查问卷"。问卷的设计经历了三个阶段，第一阶段是通过文献研究，确定教师领导的三个维度；第二阶段对问卷进行初步验证和试测；第三阶段形成正式问卷，设立了包括26个问题的调查问卷。

问卷分为三个部分，包括5个基本情况和21个问题［见附件（二）］。

第一部分为样本的背景信息，共包括五个基本问题，主要了解参与问卷调查教师的基本情况，包括性别、年龄、教龄、学校所在地等信息。

第二部分为中小学教师领导自测问卷，共16题。按照教师领导的三个构成维度来设计，参与决策维度共有六个题项，题项是6—11；教学领导维度共有五个题项，题项是12—16；教师发展领导维度共有五个题项，题项是17—21。

表0-5　　　　　　　　问卷设计的具体维度

主要维度	维度内容
参与决策	学校工作计划和目标
	课程与教学
	学生管理
	经费使用和分配
	教师评价与管理
教学领导	反思教学实践
	教学革新
	带动他人
教师发展领导	指导新教师和经验不足的教师
	评估专业发展需求
	制定专业发展计划
	提供专业发展类活动

第三部分为对中小学教师领导表现的一般性了解。

绪 论

问卷采用利克特五点量表计分，从不＝1，偶尔＝2，有时＝3，经常＝4，总是＝5。

（2）调查样本量

调查分为两个阶段：第一个阶段是问卷的试测，对江苏省的一所小学进行了问卷试测，发放问卷95份，收回有效问卷87份，问卷有效率为92%。在正式问卷的发放中，分别选取了我国东部地区、中部地区和西部地区六个城市的部分中小学教师作为样本。中部地区选择河南省郑州市、信阳市，东部地区选择上海市、浙江省杭州市，西部地区选择重庆市、四川省雅安市。发出问卷900份，回收问卷730份，剔除部分无效问卷后，可用问卷648份，可用率为72%。由于样本教师分布地区比较广泛，在调查中主要采用随机抽取方式。样本的人口统计学信息见表0-6。

表0-6　　　　问卷调查对象人口统计学信息（N＝648）

	分项目	人数	百分比（%）
学校所在地	西部地区	188	29.0
	中部地区	231	35.6
	东部地区	229	35.3
学校性质	初中	355	54.8
	小学	293	45.2
性别	男	185	28.5
	女	463	71.5
年龄	30岁以下	190	29.3
	30—39岁	251	38.7
	40—49岁	167	25.8
	50岁以上	40	6.2
教龄	5年以下	170	26.2
	6—15年	217	33.5
	16—25年	194	29.9
	26年以上	67	10.3
学历	中师	32	4.9
	专科	114	17.6
	本科	447	69.0
	硕士以上	55	8.5

（3）问卷的信度和效度

本书采用 SPSS 16.0 for windows 软件对"中小学教师领导现状调查问卷"的信度进行检测，信度检测是为了确保调查结果的一致性和稳定性。经过检测，问卷的克隆巴赫 a 系数达到 0.879，大于 0.7（见表 0-7），表明问卷的内部信度较高。

表 0-7　　　　　　　　　　问卷信度表

项目名称	克隆巴赫 a 系数
问卷总体	0.879
参与决策	0.886
教学领导	0.744
教师发展领导	0.857

本书选择内容效度来对问卷的效度进行检验。请专家评判各题项是否符合测量的目的和要求。在问卷初步制定出来后，征询了几位学科专家、博士生、中小学校长和教师的意见，然后将各类人员的意见进行整理，并对问卷进行修订。

2. 访谈设计与实施

由于量化调查具有一定的局限性，很难获得教师领导表现的具体情况。为了弥补量化研究的不足，对中小学教师和校长进行访谈，并以教师领导的三个构成维度为主要框架对访谈资料进行整理和分析。

（1）访谈对象的选取

访谈学校按照就近原则，选择笔者家乡所在地 H 县的两所小学。对访谈教师的选取采用两种方式：第一，对教师进行随机访谈，"对领导的评估应当包括通过改变从属者的理念、意图或行动来证明从属者已经受到影响。将领导者和从属者联系起来并且建立领导行为的社会性质，就是影响的发挥。这就是说，领导指标的焦点应当是意向中的领导影响受体，而非意向中的领导影响主体"[1]。对教师进行随机

---

[1] ［英］阿尔玛、哈里斯主编：《分布式领导——不同的视角》，冯大鸣译，上海教育出版社 2012 年版，第 249 页。

访谈，可以了解教师对教师领导的认识和理解。第二，根据校长和教师提名在学校中哪些教师具有影响力，根据提名的总数排名，选取排名靠前的教师各3名，确定受访人。这种好处在于通过教师和校长的推举，可以让没有职位和头衔的教师领导者呈现出来。共有18名教师和两名校长接受访谈（具体情况见表0-8）。

表0-8　　　　　中小学教师访谈基本情况

访谈对象代码	性别	年龄	教龄	学历	职位	职称
ST1	女	52	28	本科	无	小学高级
ST2	女	46	26	专科	无	小学高级
ST3	女	46	24	本科	无	小学高级
ST4	男	45	24	专科	教研组长	小学高级
ST5	女	37	15	本科	无	小学一级
ST6	女	37	15	本科	无	小学一级
ST7	女	38	17	本科	无	小学一级
ST8	女	42	21	本科	无	小学高级
ST9	女	37	14	本科	无	小学一级
ST10	男	37	13	本科	校长	小学高级
ST11	男	52	28	本科	校长	小学高级
ST12	女	49	29	专科	无	小学高级
ST13	女	43	22	专科	无	小学高级
ST14	女	34	14	本科	教研组长	小学高级
ST15	女	36	15	本科	无	小学一级
ST16	男	32	12	专科	无	小学一级
ST17	女	33	11	本科	无	小学一级
ST18	女	27	8	专科	无	小学二级
ST19	男	32	7	本科	无	小学一级
ST20	女	29	8	本科	无	小学二级

（2）访谈问题的设计

访谈旨在了解教师对教师领导的认识和理解，进一步呈现中小学教师领导现状，前期访谈采用无结构式访谈，没有设计专门的问题。正式访谈采用半结构式访谈，大致设计了五个方面的问题［见（附录一）]。

1）介绍自己的工作经历。

2）你认为什么是领导？在学校中哪些人是领导？

3）在工作中，是否有一些教师对您起到引领作用或者对您产生比较大的影响？他们在哪些方面对您产生影响？

4）教师除了在课堂上对学生发挥领导作用外，还对学校的其他哪些事务发挥影响作用？

5）学校里有哪些支持和阻碍教师对学校层面事务发挥影响的因素？

（3）访谈的实施及数据处理

访谈分为两个阶段：前期访谈和正式访谈。在前期访谈中没有设计访谈提纲，主要是就研究的内容了解教师的想法，明确研究的思路，进一步完善研究设计，此阶段随机访谈了4位教师和1位校长。

在正式访谈中共访谈了14名教师和1位校长，在访谈之前由校长或者学校其他管理者将访谈目的告知拟访谈对象，确定访谈的时间。在约定访谈的时间后，笔者与教师采取的是一对一的访谈形式，访谈地点在教师办公室或学校会议室，每次访谈一节课左右的时间。在访谈开始前，笔者简要向访谈对象介绍研究的主要问题，并希望访谈者积极配合，为研究提供真实的观点和看法。就是否同意录音征求受访教师意见，如果不同意录音就采用笔录的方式进行记录，总体上，大多数教师同意录音。在访谈结束后，笔者一般会尽快将录音资料转录为电子文本，形成文字资料。

四　研究思路与本书框架

（一）研究思路

由于教师领导是异域理论，将此理论迁移到中国学校发展与变革中来，是一项本土化的工作。对于教育研究的本土化工作，学者李政涛有独到的见解，为本书研究提供了启示。他认为，教育研究的本土化需要做两个方面的工作：一是广泛搜集中国教育已有的实践经验和研究文献，对文献进行比较分析。对问题意识、研究方法、理论视角、历史分期等进行比较。二是要将中国教育者作为研究对象，并对他们的日常教育经验进行梳理，从中发现这些经验背后的"中国内涵"。在教育的本土化研究中，要立足中国国情，强调中国人、中国社会、中国文化等。[①] 在此思路上本书收集和整理了我国教师领导的相关政策文本、研究文献，典型案例等，以中小学教师作为研究对象，试图呈现中小学教师领导的全景，分析存在的问题以及原因，提出促进教师领导发展的建议。

本书沿着理论梳理—现状考察—问题分析—策略建构的思路进行，对教师领导理论进行深入解读，明确教师领导的内涵、分类、特征等问题，呈现我国教师领导的现状，深入剖析我国教师领导所存在的问题及原因，最后提出发展教师领导的策略建议。

（二）本书框架

全书分为"绪论"，第一至五章和"结语"

明确教师领导的理论体系是研究开展的基础。本书第一章和第二章对教师领导的理论进行系统梳理和架构。第一章主要界定教师领导的内涵，对"教师领导""教师领导者"等概念的内涵进行梳理和界定，同时阐明教师领导概念的理论基础。第二章研究教师领导的特点、类型、构成以及价值，为接下来的实证调查奠定理论基础。

以教师领导的理论为基础，本书对我国中小学教师领导的现状进行了考察，对现状的呈现从政策和实践两个角度进行，分别是第三章和第四章的内容。其中，第三章主要考察与我国教师领导相关的政策，对教师领导相关政策的考察主要从两个角度进行，分别是国家层面和地方层面与教师领导相关的政策，这两个层面的教师领导相关政策能够较为真实地呈现我国教师领导的经验与特点。

第四章主要对中小学教师领导的实践现状进行调查，以教师领导的构成维度为主要框架，从参与决策、教学领导、教师发展领导三个方面，综合运用问卷和访谈法对中小学教师领导现状进行调查，对教师领导发展中所存在的问题及其原因进行分析。

第五章提出教师领导的未来发展方向和发展策略。以统合的视

---

① 李政涛：《论教育研究的中国经验与中国知识》，《高等教育研究》2006年第9期。

角，从教师个体—政策保障—学校支持—教师教育四个层面提出在我国如何促进教师领导发展的策略。

最后，"结语"部分对整个研究的结果和未来的研究方向进行了阐述。

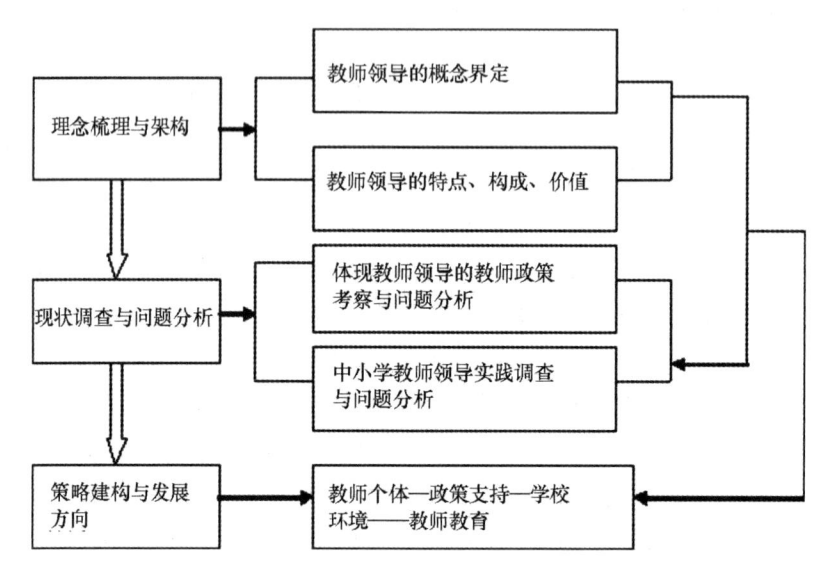

图 0-4 本书研究框架

第一章 教师领导的概念解析

"领导"是一个古老而又难以界定的术语。在"领导"一词前加上"教师"一词,具有什么不同的内涵呢?从词源上讲,"教师领导"这个概念是舶来品,来自欧美国家。从构词角度看,在领导前加上"教师"一词,并不能澄清复杂的领导概念。"教师领导"在我国并不是一个新的概念,部室主任、教研组长等属于教师领导。那么,教师领导是不是一个"新瓶装旧酒"的概念呢?我们认为"教师领导"的内涵经历了近30年的发展,出现了新的认识和理解。本章从"领导"的概念入手,在系统梳理已有研究文献的基础上,界定"教师领导"的内涵,并对"教师领导"概念的理论基础进行阐释。

第一节 领导的概念解析

领导是存在于人类社会的一种现象。"领导"一词是人们普遍使用而又难以准确界定其内涵,充满了歧义的概念,界定"教师领导"的内涵,我们必须先厘清领导的概念内涵。

一 概念的基本含义

在日常生活的话语体系中,领导是一个常用词,是一种熟知而不需解释的概念,每个人对领导都能下定义:第一,领导是为官者。能够用得上"领导"一词的往往是占据职位的官员。第二,领导是一种自上而下的指令。第三,领导是在单位里具有支配权的人,是一个单位、集体享受支配他人和相关事务、财务的人,等等。从领导的日常话语表达中,我们可以看出人们对领导的认识是多样的。"领导"

一词之前还可以加上若干形容词,如"好的领导""有效的领导""差劲的领导"等。在学术领域,有多少研究者试图定义"领导"一词,就会有多少种概念。

对于"领导"的内涵阐释,我们先从词源学角度对其进行考察,从其原始含义中窥其貌。"领导"在汉语语境中最初是分开的两个字,即"领"和"导"。段玉裁《说文解字注》云:"领犹治也。领,理也。皆引伸之义,谓得其首领也。""导者引也。""领"和"导"二字均有引导、治理的意思。从领导的词性来看,在汉语中领导作为名词指的是领导者,作为动词指的是领导过程或领导活动。[①]

目前学界关于领导的定义极为复杂多样,没有统一的概念。据统计,世界上关于"领导"的定义有几百种之多,任何一个定义都不能精确界定"领导"的含义。下面简要介绍学者们对"领导"的界定:

加里·尤克尔在《组织领导学》中,将领导定义为:让其他人理解和同意必须做什么和如何有效地做的过程,以及促进个人和集体努力去实现共同目标的过程。[②]

理查德·L. 达夫特认为,当试图真正加以改变并期望得到反映共同目标的结果时,领导是在领导者和追随者之间有影响力的一种关系。[③]

彼得·诺思豪斯认为,领导是个体影响一群人实现共同目标的一个过程。[④]

廖建桥等人认为,领导是指在特定的环境下,领导者通过各种方式激励和影响人们完成组织目标的活动与过程。[⑤]

研究者从领导的众多定义中分析出"领导"的核心要素,有利于我们进一步理解领导的内涵。诺思豪斯认为,领导的核心要素包括领导是一个过程;领导包含影响;领导出现在一个群体的环境中;领导

[①] 孔维民:《东西领导者行为分析:领导心理学新论》,山东人民出版社2007年版。
[②] [美]加里·尤克尔:《组织领导学》,中国人民大学出版社2004年版。
[③] [美]理查德·L. 达夫特:《领导学:原理与实践》,机械工业出版社2005年版。
[④] [美]彼得·诺思豪斯:《领导学:领导与实践》,江苏教育出版社2002年版。
[⑤] 廖建桥等编:《管理学》,华中科技大学出版社2010年版。

包含实现的目标。①汉森认为，尽管研究者对领导的界说观点各异，但研究者在界说领导时都包括人、过程、系统三个要素中的一个或几个。② 尤克尔对领导的代表性定义进行系统梳理后认为，领导的定义所反映的共同假设是，领导是一个过程，是一个人对其他人施加有意识的影响，去指导一个团体或组织中的活动并建构和促进它们的关系。③ 从总体上看，领导的核心要素包括三个方面：第一，领导是一个过程；第二，领导是有意识的影响；第三，领导发生在群体中。

综上所述，本书将"领导"界定为：个体或者团体对其他成员施加影响，共同制定目标并且实现组织目标的过程。

二 概念变化的趋向

20世纪以来，领导科学经历了不同阶段的重心转移，从而推动了领导理论的发展。领导理论经历了从特质论到行为论，再到权变论以及新领导理论的转变，进入"领导丛林"阶段，领导理论的发展呈现出以下趋势。

（一）从精英领导到平民领导

自有人类社会以来，领导就是存在于人类社会的一种现象。人们通常将领导看作一些具有天赋才能的人所具有的超凡能力，他们位于组织的顶端。这种"英雄式"领导观在人们的思想中根深蒂固。领导特质论反映了这种传统的领导观点，重点研究领导者的素质，认为领导者具有他人所不具备的个人天赋和品质。领导特质理论因此也被称为"伟人理论"。

库泽斯对"领导者只存在于组织和社会的高层"提出了不同的看法，"我们在每个地方都发现了领导人……我们无须等待有人骑着白马来拯救我们，有一代又一代的领导人寻找机会做出不一般的成就。就在大街上、在楼房里，有人将抓住机会把你带到伟大的事业中。他

---

① [美]彼得·诺思豪斯：《领导学：理论与实践》，吴荣先等译，江苏教育出版社2002年版。
② [美]E.马克·汉森：《教育管理与组织行为》，上海教育出版社2005年版。
③ [美]加里·尤克尔：《组织领导学》，中国人民大学出版社2004年版。

们可能是你的邻居、你的朋友或是你的同事，你也是他们中的一个。"[①] 领导存在于我们周围的普通人中，凡是能够对他人施加积极影响的人都是领导者。

随着领导理论的发展，人们对领导的认识从英雄式的领导观转向平民主义的领导观。领导从属于具有天赋才能的英雄回归到每个普通大众。领导不是少数人的专利，平凡人身上也具有领导的潜能。领导是一种特殊的人际影响力，在现实生活中，每个人都会影响别人，也会受到别人的影响，因此，每个人身上都具有潜在的领导力。具备领导力的人就是领导者，所以，每一个人都有可能成为领导者。[②]

现代意义上的领导是一种公民素养，是每个人应该具备的素质和能力。"一个志愿者、一个科学家、一个演员、一个作家、一个教授、一个普普通通的人，尽管他没有在任何组织里担任任何一个职务，他仍然可以在组织中、在社会上发挥真正的领导作用。这就是平民化领导。"[③]领导者不仅仅局限于处于组织高层的人，还包括处于组织底层的人。在组织中，每一个人都要贡献自己的创造力，每一个人都可以成为领导者。"领导"将成为21世纪的"通货"[④]。

（二）从个体领导到集体领导

在关于领导的以往的研究中，个体领导者是受到最多关注的主题。关于领导的科学研究的焦点主要在于发现领导者具有什么样的特质、能力、行为等。随着领导理论的发展，人们认识到依靠单一个体的领导无法将组织带向成功，集体领导力比个体领导力更加重要。

领导理论的发展趋势从重视个体领导发展到重视集体领导，分布式领导理论、分享式领导理论、转型领导理论等，都强调要将领导是从属于个体的、与职位和权力相关的范式转换到遍布于组织人际网络中的集体范式。对领导的研究从以往重视谁是领导者转变成

---

① [美]詹姆斯·库泽斯、巴里·波斯纳：《领导力》，李丽林、杨振东译，电子工业出版社2004年版。
② 同上。
③ 刘峰：《领导大趋势》，中国言实出版社2003年版。
④ 刘建军：《从领导者到领导群：领导理论在21世纪的变革》，《领导科学》2002年第4期。

如何在组织中分享领导，使组织中各个层级的成员都发挥领导作用。这种趋势的转变对于我们研究学校领导具有重要的启发作用，未来学校领导的研究，不是讨论谁是领导者，而是要关注如何将领导力遍布在学校人际网络中，学校领导的重心不是强调个体领导而是集体领导。

任何个体领导者都不可能凭借其一己之力将组织带向成功。我们需要摈弃传统等级制观念，认识到所有的员工都可以轮流领导他人。当某个员工觉得为了实现自己的想法有必要领导别人时，他就可以成为领导者。①"流行的趋势是遍及整个组织的紧密的伙伴关系。在这种新的组织群体中，权力并不属于单一的个人或办公室。相反，权力和责任是分散的，这让组织拥有了一群共同的主角——有着共同的价值观和抱负的共同领导者，他们致力于共同的目标。"②

（三）从领导力是天赋才能到领导力是可以习得的

领导者的所有品质并非天生的，认为领导者的才能是天赋的观点具有片面性。因为领导力特质有些是遗传的，但是个体领导力的发展主要是受后天所经历事件的影响。领导力是通过后天学习可以得到的，认为领导力是天生的观点是片面的。后天所经历的事件及其影响决定着领导力的发挥。③ 著名领导学大师沃伦·本尼斯认为，领导力是可以学习的，学会领导比我们想象得要容易，因为每个人都具备领导的潜力，领导力是人的一生中任何阶段都可以学习的。④ 彼得·诺思豪斯认为，领导是存在特定背景中的现象，每个人都可以获得，并且通过学习可以掌握它。⑤

当我们将领导看作无法学习的特质时，就会认为在社会中只有少数的人可以成为领导者，而当我们将领导看作可以学习的，就会产生

---

① ［美］德鲁克基金会主编：《未来的领导者》，方海萍等译，中国人民大学出版社2006年版。
② ［美］沃伦·本尼斯：《领导的轨迹》，姜文波译，中国人民大学出版社2007年版。
③ ［美］约翰·加德纳：《论领导力》，李养龙译，中信出版社2007年版。
④ ［美］沃伦·本尼斯、琼·戈德史密斯：《领导力实践》，姜文波译，中国人民大学出版社2007年版，第13—14页。
⑤ ［美］彼得·诺思豪斯：《领导学：理论与实践》，吴荣先等译，江苏教育出版社2002年版。

每一个人都可以成为领导的假设，在组织中就会涌现出更多的领导者来贡献其能力，带动他人共同发展。詹姆斯·库泽斯等人认为，领导力不是天生就具有的一系列品质特性。如果我们相信每个人通过学习都可以成为领导者，领导能力是可以通过学习获得的，那么在实践中就会出现数不胜数的领导者。①

第二节 教师领导的概念界定

"教师领导"是什么？"教师领导"这个概念如何能够承载起学校变革的宏大构思？我们认为，今天所使用的"教师领导"概念包含了新的内涵，拓展了对教师领导的认识。

一 教师领导

尽管对教师领导的研究颇丰，但是迄今为止尚未有一致的、明确的定义。教师领导是一个含义不断演变，新质不断增加的"伞状"概念。

（一）国外学者对"教师领导"内涵的界定

国外学者从不同的视角对教师领导的定义进行了描述（见表1-1）。

表1-1　　　　　国外学者对"教师领导"概念的界定

研究者	时间	定义
P. A. Wasley	1991	教师领导就是影响并鼓励同事改善教学实践，使他们做一些没有领导者的影响就不会做的事情。②
L. O. Pellicer & L. W. Anderson	1995	领导与帮助有关。教师领导是指教师帮助教师，使教师能够更好地帮助学生。教师领导在于帮助教师共同合作，以实现学校的目标。③

---

① ［美］詹姆斯·库泽斯、巴里·波斯纳：《领导力》，李丽林、杨振东译，电子工业出版社2004年版。

② P. A. Wasley, *Teachers Who Lead: The Rhetoric and the Realities of Practice*, New York: Teachers College Press, 1991: 170.

③ L. O. Pellicer, & L. W. Anderson, *A Handbook for Teacher leaders*, Thousand Oaks, CA: Corwin Press, 1995: 22.

第一章 教师领导的概念解析

续表

研究者	年代	定义
E. M. Forster	1997	可以广泛地将教师领导界定为一种专业承诺及影响教师共同努力,朝向变革和改进实践的过程,以实现共享的学校目标。①
A. Harris	2003	教师领导是指教师不论是否具有职位或任命,以授权和代理的形式在分布式理论的基础上进行的领导。②
J. York-Barr & K. Duke	2004	教师领导是教师个体或集体影响同事、校长以及学校共同体其他成员的过程,以改善教学和学习实践,提高学生的学业成就。③
C. Grant	2006	教师领导是一种超越校长或其他正式的领导职位的领导形式,教师具有领导的意识并且在课堂内外承担非正式的领导角色。教师和所有利益相关人共同合作,在相互尊重和信任的文化中,实现共享的学校愿景。④
C. Denielson	2006	教师领导是具有某些特长的教师,他们依然从事课堂教学,同时超越课堂在学校中影响他人。⑤
F. Crowther et al.	2009	教师领导是一种道德立场,传达了一种美好的世界观以及教师有权力形成一个意义系统。教师领导可以促进学校成功以及社会的持续发展,增进社区成员的生活品质。⑥
M. Katzenmeyer & G. Moller	2009	教师在课堂内外发挥领导作用,促进教师学习者和教师领导者共同体的发展,影响其他教师共同改进教育教学实践,且对领导达成的结果负责。⑦
M. R. Levenson	2014	教师行动起来改进教学,影响学校文化和组织结构,表达对学校决策和实践的意见,从而影响学校发展。⑧

---

① E. M. Forster, "Teacher Leadership: Professional Right and Responsibility," *Action in Teacher Education*, 1997, 19 (3): 82 – 94.

② A. Harris, "Teacher Leadership as Distributed Leadership: Heresy, Fantasy or Possibility?" *School Leadership & Management*, 2003, 23 (3): 313 – 324.

③ J. York-Barr, & K. Duke, "What Do We Know about Teacher Leadership? Findings from Two Decades of Scholarship," *Reviews of Educational Research*, 2004, 74 (3): 255 – 316.

④ C. Grant, "Emerging Voices on Teacher Leadership: Some South African Views," *Educational Management Administation & Leadership*, 2006, 34 (4): 511 – 532.

⑤ C. Denielson, *Teacher Leadership That Strengthens Professional Practice*, Alexandria, VA: Association for Supervision and Curriculum Development, 2006: 12.

⑥ F. Crowther, S. S. Kaagen, M. Ferguson, & L. Hann, *Developing Teacher Leaders: How Teacher Leadership Enhances School Success*, Thousand Oaks, CA: Corwin Press, 2009: 12.

⑦ M. Katzenmeyer, & G. Moller, *Awakening the Sleeping Giant: Helping Teachers Develop as Leaders*, Thousand Oaks, CA: Corwin Press, 2009: 6.

⑧ M. R. Levenson, *Pathways to Teacher Leadership: Emerging Models, Changing Roles*, Cambrige, MA: Harvard Education Press, 2014: 2.

（二）国内学者对"教师领导"的内涵研究

表1-2　　　　　国内学者对"教师领导"概念的界定

研究者	时间	定义
陈玉桂	2006	教师依其正式职位或非正式地发挥其知识、技能的影响力，促进他人的改善与成长，包括学生的学习、教师同仁的专业成长与学校、教育的改善。[①]
金建生	2007	在教师群体中具有某种能力的教师在特定情境中为实现共同目标对学校中的人和事所施加的影响及其过程就是教师领导。[②]
吴百禄	2010	教师领导是一种重视教师专业发展历程的学校领导变革，其目标在于促进学生、学校行政人员、教师同侪、家长、社区以及校园文化产生积极正向的变革，并进一步达成学校改善的最终目的。[③]
蔡建雄	2011	教师领导是透过教师的积极参与、主动付出、彼此互助合作、沟通分享，以及在学校的良好工作环境下，不论是在正式职位还是在非正式职位上，教师都能对学生、学校行政人员、同侪、家长及社会产生积极正面之影响力的历程。[④]
陈峥	2012	教师领导是不论职位或任命，教师对领导的行使。它的本质特征是：提升教师的专业性，重新分配权力和增强同僚互动。[⑤]
杜小宜等	2013	在现代汉语语境里，教师领导有两种含义：一是指一种具有特殊身份的教师，他们既是教师，又是领导，如学校里的年级长、备课组长、科组长等，他们都是学校业务能力较强而且有一定管理能力的优秀教师；二是教师的一种领导行为或者领导过程，指教师通过自身行为而拥有自己的学生、同事、家长等追随者，并影响他们的发展变化，促进学校发展变革的一种过程。[⑥]

（三）教师领导的内涵界定

从国内外学者对教师领导的内涵界定中，我们可以看出研究者是

---

① 陈玉桂：《学校革新中不可忽视的面向：谈教师领导》，《学校行政》（双月刊）2006年第9期。
② 金建生：《中小学教师领导研究》，博士学位论文，西北师范大学，2007年。
③ 吴百禄：《教师领导研究》，高雄复文图书出版社2010年版。
④ 蔡建雄：《教师领导的理论、实践与省思》，《中等教育》2011年第2期。
⑤ 陈峥：《新课程改革下的教师领导与教师专业发展》，华中师范大学出版社2012年版。
⑥ 杜小宜、叶凤良主编：《提高中小学教师领导力：促进有效教学的实证研究》，中国轻工业出版社2013年版。

第一章 教师领导的概念解析

从不同视角界定教师领导的。

1. 权力说

"教师领导"是一个不断演进的伞状概念,在传统领导观念下,教师领导这一伞状概念比较倾向于为个体提供正式的职位,比如院系主任、领袖教师、教师教练等。对教师领导的认识是与职位、权力有关的。随着对教师领导认识的深化,研究者认识到教师领导包括了权力性要素和非权力性要素,不能将教师领导等同于职位权。教师领导既包括职位所赋予的领导权力,还包括非强制性权力。教师所具有的专家权力和道德权威等是教师领导的主要权力来源。

2. 过程说

一些学者将教师领导理解为一个过程。将领导视为一个过程,改变了传统上将领导视为某种天赋才能,是只有一些伟大人物才具有的特质。过程论的视角认为,在组织的各个层面都存在着领导者。福斯特(Forster)认为,教师领导是一个过程,这个过程是为了促进教育的改革和持续改进,体现了教师的专业承诺,促使学校从僵化的官僚组织转变成学习共同体。[①] 在将教师领导理解为一种社会影响过程的时候,领导不再局限于具有职位或头衔的正式领导者,还包括处于教学一线没有职位和权力的教师也可以履行领导的职责。

3. 能力说

我国学者多从能力的视角出发,将"teacher leadership"翻译为"教师领导力",教师领导力可以被理解为教师所具有的能力体系。从能力的视角出发,研究者将教师领导力分解为不同的能力指标,如参与决策能力、专业自主能力、团队合作能力、学习研究能力。[②]

4. 关系说

角色理论认为,角色不是理解组织的关键概念,存在于组织中角色之间的关系网络是理解组织的关键。奥卡瓦(Ogawa)等认为,领导存

[①] E. M. Forster, "Teacher Leadership: Professional Right and Responsibility," *Action in Teacher Education*, 1997, 19 (3): 82–94.

[②] 杜小宜、叶凤良主编:《提高中小学教师领导力:促进有效教学的实证研究》,中国轻工业出版社2013年版。

在于组织不同角色之间的关系网络之中。[1] 库泽斯等认为，领导是一种人际关系。[2] 唐纳森（Donaldson）认为，教师领导是一种"关系领导"，领导不是教师个体的行为，而是产生于个体之间关系之中的。教师领导是一种特殊类型的关系，能够调动其他教师改进实践。由于教师领导者受到其他教师的尊重和信任，他们能够联合其他教师，与其他教师建立合作关系。教师领导的动力来自于教师想为学生和同事提供帮助。因此教师领导这一宝贵资本是能够调动教师自然的、非正式的合作。[3]

借鉴已有研究者对教师领导的界定，本书主要采用过程论的视角界定教师领导的内涵。教师领导是指教师无论是否具有职位，都能超越课堂界限，在专业学习共同体内影响其他教师改进教育教学实践，促进教学改善和学校发展的过程。

为了明晰此定义，这里对定义做进一步的解释：

第一，教师领导超越了课堂界限。

教师领导超越了课堂界限，这是研究者们迄今为止对教师领导的内涵所达成的共识。[4] 教师领导的范围不仅是指课堂上对学生的领导，而且包括教师超越课堂界限，在课堂以外发挥领导作用。从更广泛的意义上理解，教师领导超越课堂界限包括超越学科界限，领导同事解决跨学科的问题；超越团队界限，领导跨年级或者跨学科团队；超越组织界限等。

第二，教师领导是一个过程。

著名的领导学大师彼得·诺思豪斯采用过程论视角定义领导，他认为"领导是个体影响一群人实现共同目标的一个过程。"从过程的视角理解领导，突破了传统上将领导视为领导者所具有的某种特质，而是认为领导存在于领导者和追随者之间的交互活动之中。改变了将领导视为

---

[1] R. T. Ogawa, & S. T. Bossert, "Leadership as an Organizational Quality," *Educational Administration Quarterly*, 1995, 31 (2): 221–243.

[2] [美] 詹姆斯·库泽斯、巴里·波斯纳：《领导力》，李丽林、杨振东译，电子工业出版社2004年版。

[3] M. Taylor, & J. Goeke, "Changing Leadership: Teachers Lead the Way for Schools That Learn," *Teaching and Teacher Education*, 2011, 27 (5): 920–929.

[4] T. Beachum, & A. M. Dentith, "Teacher Leaders Creating Cultures of Shool Renewal and Transformation," *The Educational Forum*, 68 (3): 276–286.

第一章 教师领导的概念解析

线性的、单向的活动,将领导理解为相互作用的活动。领导对于每一个人来说都是可以获得的,而不局限于任命、委派的领导者。[①] 从已有的定义看,强调教师领导是一种影响过程这一界定并不全面,为使概念表达得更加充分,本书强调此种影响是正向的。教师领导是一种推动学校发展的积极力量,是一种正向的影响力,不是所有的影响力都能构成领导力。教师领导不同于非正式组织的领导者,非正式组织的领导者对组织可以产生正面影响,也有可能产生负面影响。

第三,教师领导的实质是影响他人改进教育教学实践。

领导者可以让他人做没有领导者影响就不会做的事情,领导者能够影响他人改变行为或者观念。判断某种行为是不是领导的依据与以往不同,在传统领导观下,判断领导行为的依据是权力和控制。近年来,人们对"领导"概念有了新的认识,判断领导的依据是影响,即是否对他人的观念或者行为造成影响。"是否算是领导,取决于影响行动的被接受情况,也取决于在什么基础上被接受。领导概念有两个要素:一是领导包含与目标相关联的影响,也即那种带领群体或组织更趋近于目标的行动;二是影响源是从属者与领导者的个性化联系或从属者个人对领导者的认同,领导者所拥有的与目标相关联的专门知识或者被人认为他/她的权威具有正当性。"[②] 教师领导潜在的逻辑是,教师领导者是变革的代理,由于他们具有教师的身份,他们知道应该如何帮助教师改进教育教学实践,领导教学与学习的改进,提升教师的教育教学能力。教师领导的作用不是体现在教师个人的素质和能力上,而是体现在教师领导者对其他教师的影响上。

第四,教师领导植根于学习共同体。

在对教师领导的内涵进行界定时,我们需要考虑学校组织的形态,在不同的组织形态里教师领导的内涵不同。当学校是按照工厂化模式组织的时候,教师领导是在科层制的组织里分享领导,为教师提供正式的领导职位。工业化的学校模式无法满足教育的要求,学习共同体成为学

[①] [美] 彼得·诺思豪斯:《领导学:理论与实践》,吴荣先等译,江苏教育出版社2002年版。

[②] [英] 阿尔玛·哈里斯主编:《分布式领导——不同的视角》,冯大鸣译,上海教育出版社2012年版,第238—239页。

校发展的趋向。学习共同体为新的领导模式的出现提供了可能性,当将学校看作学习共同体时,教师领导的含义也随之拓展和发生演变。在学习共同体里,教师领导被视为影响其他教师改进教育教学实践的过程。[1] 学习共同体提供了一个成人学习的环境,在专业学习共同体里,领导和学习是交织在一起的,教师领导可以获得真正的发展。[2]

二 教师领导力

国内一些学者将"teacher leadership"翻译为"教师领导力",本书认为,教师领导与教师领导力是两个不同的概念。我们通过对领导力内涵的解读来明晰教师领导力的内涵,以下是一些学者关于领导力的内涵界定(见表1-3)。

表1-3　　　　　　　　学者关于领导力的定义

年份	学者	领导力的定义
1950	斯托格迪(Stodill)	领导力是针对组织目标、完成目标并影响群体活动的能力。
1974	麦克法兰(McFarland)	领导力是一个人影响他人的能力,使其愿意为一定目标而工作。
1974	休斯(Huse)	领导力是说服他人做好某项工作的能力。
1974	蒂德(Tead)	领导力是一个人诱使他人达成某一任务所需拥有的特质的综合。
1992	沙因(Schein)	领导力是能超越文化限制,进行具有更强适应性的革命性变革的能力。
1998	罗宾(Robbins)	领导力是一种影响群体达成目标的能力。
2002	丘拉(Ciulla)	领导力是领导者向追随者表达意愿并要求服从、尊重、忠诚及合作的能力。
2005	梅奥和诺利亚(Mayo & Nohria)	领导力是进行组织变革的能力。

资料来源:王斌、李改、李敏《青少年领导力发展模式研究》,教育科学出版社2012年版,第2页。

---

[1] E. M. Forster, "Teacher Leadership: Professional Right and Responsibility," *Action in Teacher Education*, 1997, 19 (3): 82-94.

[2] L. Lambert, *Leadership Capacity for Lasting School Improvement*, Alexandria, VA: Association for Supervision and Curriculum Development, 2003: 33.

第一章　教师领导的概念解析

从学者们对领导力的内涵界定可以看出，领导力主要指的是能力，可以是单一的能力，也可以是多种能力的综合，是由多维度构成的合力。"领导力"与"领导"在英文中是一个词，都是"leadership"，但是两者具有差异性。从属性来看，领导可以视为一种过程，而领导力表示的则主要是一种能力或能力体系。从定义的差异来看，二者所规定的内涵不同，领导关注在实现组织目标中的领导者与被领导者的互动过程，而领导力主要关注的是领导者影响被领导者从而实现组织目标的能力。[1]

由于领导与领导力概念的侧重点存在明显差异，教师领导和教师领导力是两个具有区别的概念。教师领导强调的是一个过程，教师领导力关注的是能力或者能力体系。教师领导包含教师领导力，比教师领导力的内涵和外延更加宽泛。据此本书认为，"teacher leadership"应该译为"教师领导"。教师领导力可以界定为：教师影响他人达成目标的能力。

三　教师领导者

在关于教师领导的研究文献中，教师领导者（teacher leaders）是一个与之紧密相关的主题。因此，我们有必要了解教师领导者的基本概念，教师领导者的角色以及如何识别教师领导者。

（一）教师领导者的内涵界定

什么是教师领导者？有研究者在对关于教师领导的研究文献进行系统梳理后认为，教师领导者是具有教学经验的优秀教师，并且受到其他教师的尊重。[2] 学界对教师领导者内涵的界定见表1-4所示。

综上所述，学界对"教师领导者"的内涵尚无一致的界定，研究者达成的普遍性共识是，教师领导者是想有所作为，具有教学专长、受到其他教师的尊重和认可，能够影响同事改进教学和学习实践的教

---

[1] 中国科学院"科技领导力研究"课题组：《领导力五力模型研究》，《领导科学》2006年第9期。

[2] J. York-Barr, & K. Duke, "What Do We Know about Teacher Leadership? Findings from Two Decades of Scholarship," *Reviews of Educational Research*, 74 (3): 255-316.

师。也就是说，凡是能够影响其他教师改进教学和学习实践的教师都是教师领导者。教师领导与职位、权力无关，教师领导者既可以是有职位和头衔的教师，也可以是没有职位和头衔的教师，教师是不是领导者并不以职位和头衔为依据，而是以其是否影响他人改进教育教学实践为依据。

本书将教师领导者定义为：不论是否具有正式的角色或职位，只要受到同事的尊重和认可，能影响其他教师改善教育教学实践的教师。

表1-4　　　　　　　　学者关于"教师领导者"的内涵

学者	年份	内涵
Lambert	2003	教师领导者是想有所作为的教师，那些怀有创造与众不同梦想的人，他们充满活力，在专业文化领域与同事共同工作。[1]
Murphy	2005	教师领导者具有以下特征：（1）一线教师，没有离开教学岗位；（2）在教室外工作并发挥影响；（3）没有从事管理和监督活动；（4）由教师选择产生，在工作中具有一定的自主权。[2]
Martin	2007	教师领导者是指教师不论是否具有正式的领导职位，具有可信性和专长，都能够通过示范进行领导，是问题的解决者，与他人具有良好的关系。[3]
Reeves	2009	教师领导者是位于学校关系网络中的教学专家，教师经常向他们请教教学实践中所遇到的问题，比如教学、评价、班级管理等。几乎每个学校都有这样的专家，在科层制下他们不被管理者所知，或者他们不隶属于科层等级。[4]

---

[1] L. Lambert, *Leadership Capacity for Lasting School Improvement*, Alexandria, VA: Association for Supervision and Curriculum Development, 2003: 33.

[2] J. Murphy, *Connecting Teacher Leadership and School Improvement*, Thousand Oaks, CA: Corwin Press, 2005: 16.

[3] B. Martin, "Teacher Leaders: Quality and Roles," *The Journal for Quality and Participation*, 2007, 30 (4): 17-18.

[4] D. Reeves, *Reframing Teacher Leadership to Improve Your School*, Alexandria, VA: Association for Supervision of Curriculum Development, 2009: 20-21.

第一章　教师领导的概念解析

续表

学者	年份	内涵
Teacher Leader Model Standards	2011	教师领导者对于教学和学习的过程有深刻的理解，并且运用这些知识来提高同事的专业技能，是持续的学习者，能够对学生的学习结果进行反思，与同事合作，确保教学实践实现共享的目标。①
Berry	2013	教师企业家（teacherpreneurs）是课堂教学专家，除了进行常规的教学工作外，还有足够的时间、空间以及报酬，向其他教师、管理者、政策制定者、家长以及社区领导者传播他们的观念和实践。②

（二）教师领导者的角色

教师领导者的角色经历了一个发展变化的过程，在不同的历史阶段，人们对教师领导的内涵认知不同，教师领导者的角色各异。早期教师领导者的角色主要是管理，如承担部室主任、工会代表等。人们逐渐认识到，教师承担管理角色，并不能充分发挥教师的教学专长，为教师创设了课程开发者、专业发展者等发挥教师教学专长的职位。随着近年来学习共同体概念的出现，教师领导被视为每个教师的角色，所有的教师都有责任领导教学和学习实践的改进。教师领导者的角色类型很多，包括正式的教师领导者角色和非正式的教师领导者角色，下文将对教师领导者角色进行简单的概述，虽然不能穷尽教师领导者的角色类型，但是可以为教师选择合适的领导角色提供参考。

从已有研究者对教师领导者角色的分析中我们可以看出，教师领导者的角色多种多样，研究者视角不同，结论就有差异，教师领导者的角色是变化的，在不同情境、不同时间里扮演着不同的角色。我们对教师领导者的角色进行归纳，并非要得出关于教师领导者角色的模式，而是要对教师领导者角色有一个全面的认识和理解。

---

① Teacher Leadership Exploratory Consortium, Teacher Leader Model Standards, Washinton, DC: TLEC, 2011.

② B. Berry, "Teacherpreneurs: A Bold Brand of Teacher Leadership for 21st Century Teaching and Learning," *Sience*, 2013, 340 (6130): 309 – 310.

(三) 如何辨认教师领导者

教师领导者包括两种身份：教师和领导者。教师领导者首先是教师，作为教师，他们具有熟练的技能、丰富的教学经验。其次是领导者，作为领导者，他们积极寻求在课堂以外更广的范围内发挥影响作用。在此，我们对优秀教师与教师领导者的区别进行辨析。卓越教师和教师领导者具有一定的区别。[1] 教师领导者超越了好教师，仅仅有教学专长是不够的。一个具有教学专长的教师不一定是教师领导者。

辨认教师领导者的途径可以分为两种：正式的教师领导者由于具有职位和头衔，很容易辨认；非正式领导者由于没有正式的职位、头衔，不像具有正式职位的教师领导者那样容易识别。那么如何识别非正式的教师领导者呢？

表1-5　　　　　　　　　　学者关于教师领导者的定义

学者	时间	定义
K. R. Howey	1988	示范教学、为其他教师提供咨询、辅导新教师、研究课堂教学实践、开发课程、识别和解决问题、加强家校关系、开发教学资料。[2]
J. K. Lemlech & H. Hertzog	1998	与同事合作、参与学校决策、自愿参加学校活动、参加专业发展。[3]
B. Berry & R. Ginsberg	1990	课堂教学、辅导和指导其他教师、评价教师的表现、专业发展、组织教师评价学校实践，参与学校决策。[4]

---

[1] J. Swanson, What Differentiates an Excellent Teacher form a Teacher Leader? Paper Presented at the Annual Meeting of the America Educational Research Association, New Orlean, LA, 2000.

[2] K. R. Howey, "Why Teacher Leadership?" *Journal of Teacher Education*, 1988, 39 (1): 28-31.

[3] J. K. Lemlech, & H. Hertzog, Preparing Teachers for Leadership Roles, Paper Presented at the Annual Meeting of the American Educational Research Association, San Diego, CA, 1998.

[4] B. Berry, & R. Ginsberg, "Creating Lead Teachers: From Policy to Implementation," *Phi Delta Kappan*, 1990, 71 (8): 616-621.

第一章　教师领导的概念解析

续表

学者	年代	定义
P. A. Wasley	1991	帮助重新设计学校、辅导同事、参与学校层面的问题解决、为同事提供专业成长活动。①
F. Crowther	2002	教师领导者可以传达美好世界的意义，促进共同体的学习；为了教学卓越而努力；战胜学校文化和结构的障碍；将理论转化为行动；培育成功的文化。②
J. York-Barr & K. Duke	2004	工会代表、院系主任、课程专家、导师、校本管理团队成员；同伴指导者、鼓励家长参与、与同事在团队中共同工作、示范反思性实践、表达改进的愿景。③
C. Day & A. Harris	2003	中间人角色，教师领导者要帮助教师将学校发展的理论转化为教师的课堂实践；涉及参与式领导，教师领导者使其他教师感觉到是学校发展的一分子，具有主人翁意识；调解者的角色，教师领导者是重要的专业资源和信息资源，能够寻求外部资源以及外部的帮助；形成教师间紧密的关系，促进教师共同学习。④
A. Lieberman & L. Miller	2005	提倡新的问责制和评价制度；重建学业成就规范；是鼓舞教师专业发展的服务者。⑤
M. Katzenmeyer & G. Moller	2009	在学校内外承担管理角色；领导学生活动；领导操作性的任务；领导教学。⑥

---

① P. A. Wasley, *Teachers Who Lead: The Rhetoric and the Realities of Practice*, New York: Teachers College Press, 1991: 5.

② F. Crowther, S. S. Kaagen, M. Ferguson, & L. Hann, *Developing Teacher Leaders: How Teacher Leadership Enhances School Success*, Thousand Oaks, CA: Corwin Press, 2009: 3.

③ J. York-Barr, & K. Duke, "What Do We Know about Teacher Leadership? Findings from Two Decades of Scholarship," *Reviews of Educational Research*, 2004, 74 (3): 255 – 316.

④ C. Day, & A. Harris, "Teacher Leadership, Reflective Practice, and School Improvement," In K. Leithwood & P. Hallinger (eds.), *International Handbook of Educational Leadership and Administration*, Boston: Kluwer, 2003: 724 – 749.

⑤ A. Lieberman, & L. Miller, "Teachers as Leaders," *The Educational Forum*, 69 (2): 151 – 161.

⑥ M. Katzenmeyer, & G. Moller, *Awakening the Sleeping Giant: Helping Teachers Develop as Leaders*," Thousand Oaks, CA: Corwin Press, 2009: 121 – 125.

凯特尔和莫勒（Katzenmeyer & Moller）用三个要素来辨别潜在的领导者，教师要成为领导者需要具备以下要素：能力、可信性、可接近性。首先，教师领导者要具有丰富的教学经验和班级管理经验，能够胜任课堂教学；其次，具有教学专长，在同事中具有一定的声望和可信性；最后，教师领导者要平易近人并且能与其他人建立良好的关系。[1] 帕特森等人（Patterson et al.）也同样认为，非正式的教师领导者是由于其具有可信性、专长以及建立良好关系的技能，而受到同事的尊重和认可。[2]

非正式的教师领导者处于学校的关系网络中，对非正式教师领导者的识别，可以让教师们推选对其具有影响作用的教师。通过询问：在学校中谁对您的影响比较大，或者在学校中当您有问题要寻求帮助的时候，您向谁请教来判断。此外，还可以通过问卷、观察以及访谈等方式发现学校中潜在的领导者，比如观察在学校中哪些教师受到其他教师的尊重；在员工会议上，哪些教师发表意见会得到其他教师的关注等。

第三节 教师领导的理论基础

教师领导与许多领导理论具有相关性，如平行领导、分布式领导、教学领导、建构式领导等。因为这些理论有重合之处，所以本书选择与教师领导关系最密切的理论进行阐述，包括分布式领导、建构式领导、专业学习共同体。

一 分布式领导理论

分布式领导与教师领导密切相关，分布式领导突破了传统领导观的局限，认为领导不是由组织中位于金字塔顶端的领导者所专属，领导是在组织成员中分享的，组织中每个成员都可以承担领导角色。分布式领导为我们思考教师领导提供了新的理论透镜。

---

[1] M. Katzenmeyer, & G. Moller, *Awakening the Sleeping Giant：Helping Teachers Develop as Leaders*," Thousand Oaks, CA: Corwin Press, 2009, pp. 14 – 15.

[2] J. Patterson, & J. Patterson, "Sharing the Lead," *Educational Leadership*, 2004, 61 (7): 74 – 78.

第一章　教师领导的概念解析

（一）分布式领导的缘起与发展

长期以来，人们把领导看作单一的角色，将领导等同于一个人的领导。比如领导理论中的领导特质论、领导行为论等。随着领导理论的发展，人们逐渐认识到领导角色不是由组织中位于金字塔顶部的领导者所专属，而是由组织成员共同分享的。分布式领导试图打破传统的领导研究思路，提出新的领导概念。

分布式领导最早是由澳大利亚社会心理学家西尔·吉伯（Cecil Gibb）在20世纪50年代提出的。当时，这一概念并没有引起研究者们的重视。20世纪90年代，分布式领导在西方教育领导研究领域受到重视。这是由于20世纪90年代中期以后，社会变迁加速，任何组织都要具有持续学习的能力，否则就将处于危险之中。彼得·圣吉提出了"学习型组织"的概念。在学习型组织中，传统领导者的职能发生了改变，组织需要"去中心（de-center）的领导者""领衔学习者"。萨乔万尼在其道德领导理论中，提出了"领导者的领导者"这一观点，这些都构成了分布式领导的思想基础。近年来，研究者对分布式领导进行了经验研究，分布式领导的研究日益受到关注。[1]

（二）分布式领导的内涵

学界尚缺乏对分布式领导内涵的一致界定，不同学者对这一术语的理解各异。

戈隆（Gronn）认为，分布式领导分为两类：数量式行为和协同一致的行为。数量式行为是基于个体的独立领导行为，增加组织中的领导者数量，领导可以分布于组织中的许多人甚至组织中的每个人身上。数量意义上的分布式领导并不能完整地表达分布式领导的内涵，组织中多个个体分别承担领导角色，但是他们彼此之间缺乏关联性。戈隆认为，应该以整体的方式构建分布式领导。从协同一致的角度对分布式领导进行分析，而不是从集合领导的角度，从而提出了分布式领导的协同性行为观念，协同式领导重视领导者个体之间的关联与相

---

[1] 冯大鸣：《美、英、澳教育管理前沿图景》，教育科学出版社2004年版，第74—76页。

互依赖。协同式领导可以分为三类：自觉性的合作模式；直觉的工作关系模式；制度化的安排模式。[1]

斯皮兰（Spillane）是分布式领导研究的集大成者。斯皮兰认为，分布式领导是领导者、追随者以及情境的互动过程。分布式领导不只是在组织中分享领导，通常人们认为分布式领导是由多个个体承担领导责任，这是"领导者相加"（Leader-plus）的观点。"领导者相加"的观点对于复杂的领导实践来说是不充分的，分布式领导应该考虑三个要素：领导者、追随者和情境。具体来说，第一，领导实践是首要的关注点；第二，领导实践是由领导者、追随者和情境交互产生的，每一个要素对于领导实践来说都至关重要；第三，情境既限定了领导实践，同时又受领导实践的影响。斯皮兰关于分布式领导的概念可以用图1-1表示。[2]

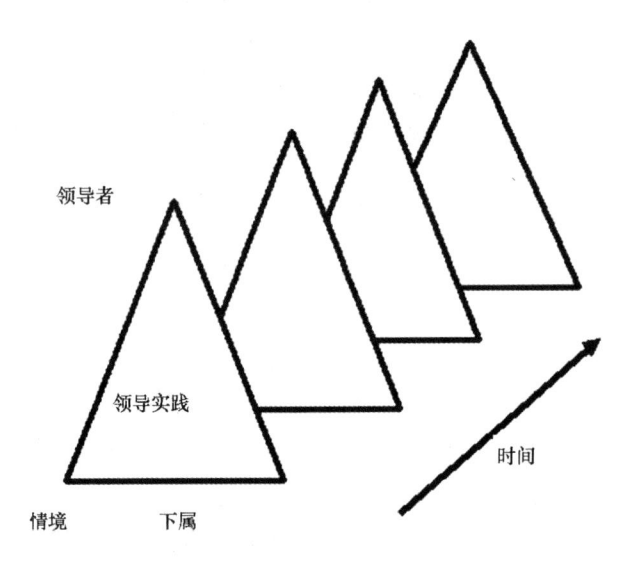

图1-1 斯皮兰分布式领导概念示意图

资料来源：J. P. Spillane, Distributed Leadership, San Francisco: Jossy-Bass, 2006: 3.

---

[1] P. Gronn, "Distributed Leadership as a Unit of Analysis," *The Leadership Quarterly*, 2002, 13 (4): 423-451.

[2] J. P. Spillane, *Distributed Leadership*, San Francisco, CA: Jossy-Bass, 2006: 2-4.

哈里斯（Harris）认为，分布式领导要求学校领导的去中心化，领导不是位于组织上层的个体，组织层面的每个人都可能成为领导者。分布式领导将领导的职能分布于组织中的各个层面，并不意味着无人对组织负责，或者正式的领导者角色是多余的，校长依然是学校的总负责人。[1] 分布式领导的概念强调学校领导者的去中心化，在学校中每个人都可以某种方式显示领导能力，领导是流动的、突现的，而非固定的。但是它并不意味着每个人都是领导者或者应该成为领导者。分布式领导有助于帮助我们澄清教师领导的概念：第一，分布式领导包括学校各个群体在教学变革的过程中指导和动员成员的活动；第二，分布式领导聚焦领导的社会分布，强调领导功能分布于每个成员的工作中，并且通过领导者之间的互动完成领导任务；第三，它暗示了领导者之间是互相依赖的而不是单向的依赖，不同类型以及不同角色的领导者共同分享责任。[2]

综上所述，尽管学者们对分布式领导的界定各不相同，但总体上看来，分布式领导可以被理解为组织中每个成员根据任务、情境、专长等的不同要求承担领导角色。

（三）分布式领导对教师领导的启示

分布式领导对教师领导的研究具有启发意义，根据分布式领导的观点，领导不是学校中具有职位的人所专有，而是学校组织中每一个教师都可以发挥领导作用。分布式领导强调领导职能动态地分布于学校组织的成员中，教师根据兴趣、知识、能力等的不同在学校中动态地承担领导角色。

二 建构式领导理论

建构式领导是将建构论应用到领导的研究中，而提出的一个新的理论。建构论主要是探讨学习的理论，建构论认为，知识是根据

---

[1] A. Harris, "Distributed Leadership and School Improvement: Leading or Misleading?" *Educational Management Adiministration & Leadership*, 2004, 32 (1): 11 - 24.

[2] A. Harris, "Teacher Leadership as Distributed Leadership: Heresy, Fantasy or Possibility?" *School Leadership & Management: Formerly School Organization*, 2003, 23 (3): 313 - 324.

学习者已有的经验而主动建构的，个体对新知识的学习是对已有经验和观念的同化、调试，并且是对不一致的经验和信息赋予新的意义的过程。建构式领导是促使学校中的成人参与意义建构的交互影响过程。

下面分别从建构式领导的缘起、内涵以及与教师领导的关系方面进行论述。

(一) 建构式领导的缘起

学习和领导是一个并行发展的过程，不同时期的学习观在学校领导中有所反映。例如，行为学派理论在被运用于学习时，教师会注重用标准化的测验来评量学生的学习成就，在学习中用奖赏来塑造学生的行为。在学校领导中，校长会使用奖赏和惩罚来使教师表现能力水平，塑造教师的行为。[①] 从学习和领导的发展历程中，我们可以发现二者的假设都源自当时流行的思想学派。

20世纪后期，建构论较具有影响力，建构论来自心理学，主要是关于学习的理论。建构式学习改变了传统学习观，传统学习观很少将学习看作与学生已有的经验和知识具有相关性，认为教育和学习是外在于学习者的过程，学生是"空的容器"，学习就是教师将知识传授给学生。美国学者琳达·兰伯特在建构式学习的基础上提出了建构式领导的概念，兰伯特认为，建构论的观点需要我们重新审视领导的概念。

(二) 建构式领导的内涵

建构式领导与建构式学习具有相同的基本理念，成人的学习是知识和意义的建构过程。兰伯特认为，领导概念的核心是共同学习，在学校中大家以合作和集体的方式共同建构意义和知识的能力。[②]

建构式领导可以被定义为："一种交互影响的历程，这种历程使得教育团体里的参与者能够建构意义，并因而导向学校教育的共同目

[①] [美] 琳达·兰伯特等:《教育领导：建构论的观点》，崔云编译，甘肃文化出版社2005年版，第9—10页。

[②] L. Lambert, *Building Leadership Capacity in Schools*, Alexandria, VA: Association for Supervision and Curriculum Development, 1998: 6.

的。"该定义不同于传统领导概念之处在于,传统的领导观是工业化模式下的领导观,具有个人主义,领导者影响追随者,让他们从事领导者希望做的事情,而在建构式的领导中,团体中的成员不是追随者,而是"从事意义建构的参与者"①。

建构式领导主要基于以下假设:一是领导可以被理解为在一个共同体中交互的、有目的的学习;二是每个人都有权利、责任和能力成为领导者;三是在学校和学区中的成人学习环境,对于激发领导认同和领导行动是重要的因素;在成人学习环境中,有技巧的参与是最优先的;人们如何界定领导,就会如何行动;教育者是有目的的:领导会了解其目的。②

建构式领导的内涵包含四个层面:第一个层面为相互(reciprocal),意指要为他人的学习负责,且期望他人承担学习的责任;第二个层面为目的(purpose),意指分享有关学校和学生学习的愿景、信念和目标;第三个层面为学习(learning),意指经由对话、省思、探究和行动去建构意义和知识;第四个层面为社群(community),社群是由一群人所组成的,他们分享共同的目标,共同期待未来且彼此关怀。③

(三)建构式领导的架构:领导能量

兰伯特于1998年提出了领导能量(leadership capacity)这一概念,作为教师领导的框架。提高学校领导能量的目的主要在于:使学校共同体中的所有成人,包括教师、员工、家长、社区成员成为反思的、有技能的领导者;促进学生学业表现的稳步、持续提高;促使学校成为可持续发展的组织。④

---

① [美]琳达·兰伯特等:《教育领导:建构论的观点》,崔云编译,甘肃文化出版社2005年版,第27—31页。

② L. Lambert, "Leadership Redefined: An Evocative Context for Teacher Leadership," *School Leadership & Management: Formerly School Organisation*, 2003, 23 (4): 421–430.

③ 吴百禄:《教师领导研究》,高雄复文图书出版社2010年版。

④ L. Lambert, *Building Leadership Capacity in Schools*, Alexandria, VA: Association for Supervision and Curriculum Development, 1998: 12–23.

表1-6　　　　　　　　　　　学校领导能量矩阵

	低参与	高参与
低技能	1. 校长是专制式管理者。 2. 信息是单方面流动的，缺乏共享的愿景。 3. 互相依赖，父亲/母亲式的关系。 4. 严格定义的角色。 5. 服从和责罚的规范。 6. 教学和学习中很少革新。 7. 学生学业成就低或者短期提高。	1. 校长是放任式的管理者。 2. 许多教师开发互不相关的项目，碎片化的信息，缺乏凝聚力；项目缺乏共享的目标。 3. 个人主义的规范。 4. 对角色和责任缺乏明确界定。 5. 一些班级是卓越的，另外一些班级很差。 6. 零散的革新，质量参差不齐。 7. 学生成绩缺乏变化。
高技能	1. 校长和关键教师形成有目标的领导团队。 2. 有限地使用整校范围的数据，信息在指定的领导团队里流动。 3. 两极分化的员工，具有很强的抵抗性。 4. 任命的领导者工作有效，其他人则是传统角色。 5. 较强的创新能力，卓越的班级。 6. 学生学业成就变化较小，或者显示出较小的进步。	1. 广泛地、有技巧地参与领导。 2. 采取探究式取向的信息，为决策和实践服务。 3. 在角色和行动上体现出合作与参与。 4. 反思实践/革新成为常规。 5. 较高的学生学业成就。

领导能量是指学校成员广泛地、有技巧地参与领导工作。领导能量包括两个方面：第一，广泛的参与，更多的人，包括管理者、家长、学生、共同体成员等参与到学校的领导工作中，员工在建构领导能量中处于中心地位；第二，有技巧的参与是指参与者具有领导的知识、特质、技能。

学校领导能量可以分为四个象限：象限一的学校领导能量表现为低技能和低参与；象限二的学校领导能量表现为低技能和高参与；象限三的学校领导能量表现为高技能和低参与；象限四的学校领导能量表现为高技能和高参与。高领导能量的学校具有以下特征：第一，广泛地、有技巧地参与领导工作；第二，以探究为取向，为决策和实践

第一章　教师领导的概念解析

提供信息;第三,各种角色和责任能体现出广泛的参与和合作;第四,反思实践/革新成为常规;第五,较高的学生学习成就。

(四) 建构式领导对于教师领导的启示

建构式领导的几个特点有助于我们理解教师如何领导:其一,建构式领导具有交互性,发生在共同体里。在此情境下,领导者的角色是为其他人的学习创造机会。其二,由于建构式领导交互的性质,建构式领导是非等级制的。教师领导者承担领导责任是基于他们的知识或者专长,以及需要解决的问题,领导不是在组织中指定的角色。其三,建构式领导具有情境性。① 在建构式领导看来,领导和学习是交织在一起的。建构式领导认为,成人学习是一个意义和知识建构的过程,是探究、参与和反思。领导可以理解为在共同体中互惠的、有目的的学习。② 建构式领导拓宽了我们对教师领导的理解,建构式领导认为,领导是为他人的学习创造机会,将领导视为一种学习的过程,教师应该走出教室,成为知识的建构者,与其他教师分享专长,共同解决问题,共同改善教育教学实践。

三　专业学习共同体

专业学习共同体是学校组织的未来发展趋向,为我们思考教师领导提供了新的视野。专业学习共同体的概念源自"共同体",共同体是一个社会学的概念。

(一) 共同体的概念界定

英文中"community"一词,常被译为"共同体""社群""社区"。德国著名社会学家斐迪南·滕尼斯在《共同体与社会:纯粹社会学的基本概念》一书中提出了"共同体"的概念。滕尼斯认为,共同体是建立在人们具有自然情感意志的基础上的联合体,共同体包括血缘共同体、地缘共同体以及精神共同体。精神共同体是最高形式的共同体。这三类共同体具有相同的特征:"共同的关系和参与",

---

① L. Lambert, M. Collay, M. E. Dietz, K. Kent, & A. E. Richert, *Who Will Save Our Schools? —Teachers as Constructivist Leaders*, Thousand Oaks, CA: Crowin Press, 1996: 148.

② L. Lambert, "Leadership Redefined: An Evocative Context for Teacher Leadership," *School Leadership & Management: Formerly School Organisation*, 2003, 23 (4): 421–430.

在不同类型的共同体中,将人们联合在一起的"共同的关系和参与"具有不同的类型。血缘共同体是建立在活动所创造的共同财产之上的,地缘共同体是建立在占有的土地的基础上的,与精神共同体相联系的是"神圣的场所或被崇拜的神"①。

近年来,随着全球化进程的加快,在信息社会的冲击下,人们的交往和联系与地域的边界逐渐脱离。吉登斯提出了"脱域的共同体"这一概念。共同体的概念复归于社会心理和社会文化的基础,而非地理基础。共同体从最初的血缘共同体、地域共同体等"原始共同体"发展成为具有现代意义的共同体,当代语境下共同体的内涵与滕尼斯所提出的共同体相比,发生了意义的改变,原始意义上的共同体实际上是一种封闭的生活圈子。现代意义上的共同体大体具有如下内涵:第一,共同体的本质特征从本体性的共同理解转变为经过协商的"共识";第二,共同体要素的结构从属于同质性转变为基于异质性;共同体成员从共同生活在同一地域转变为成员关系的"脱域";个体由于劳动分工或交互媒介的作用,因而有可能在多个共同体中拥有不同的身份认同。②

(二)专业学习共同体的内涵

专业学习共同体的研究可以追溯到20世纪90年代。美国教育改革所采用的标准化评价方式受到质疑,在对教育改革进行检讨中,产生了专业学习共同体的概念。专业学习共同体常常是一个被误用的概念,一些学校实施了专业学习共同体,但是这些专业学习共同体的运作是基于事先指定的主题和议程,而不是给教师机会让教师从事探究以及他们所认为的比较重要的改革。③

关于专业学习共同体的概念,国内外学者分别进行了界定。

霍德(Hord)最早提出专业学习共同体是持续探究和改进的共同体,认为专业学习共同体是学校管理者和教师寻求与分享学习,并且

---

① [德]斐迪南·滕尼斯:《共同体与社会:纯粹社会学的基本概念》,林荣远译,北京大学出版社2010年版,第48—54页。
② 赵健:《学习共同体的建构》,上海教育出版社2008年版,第7—9页。
③ H. J. Thornton, "Excellent Teachers Leading the Way: How to Cultivate Teacher Leadership," *Middle School Journal*, 2010, 41 (4): 36-43.

第一章 教师领导的概念解析

根据他们的学习采取行动。他们的行动是为了学生的学习，提高他们作为专业人员的效能。①

杜福尔（Dufour）认为，专业学习共同体主要聚焦于学习，而不是教学，教师共同合作，并对结果负责。②

孟繁华等认为，教师共同体是一种专业性的团体，是教师基于共同的目标和兴趣自愿组织的、旨在通过合作对话与分享性活动促进教师专业成长的教师团体。教师共同体是一个诸多个体的集合，这些个体长时间地共享共同确定的实践、信念和理解，追求一个共同的事业。③

吴清山认为：教师专业学习共同体是指在学校中，一群志同道合的教师基于共同的信念、目标或愿景，为求专业成长，彼此相互合作学习，为帮助学生获得更佳的学习成效而组成的学习团体。④

综上所述，专业学习共同体主要是以"学习"为中心，教师在共同的愿景或者目标下聚集在一起，合作性地解决实践中的问题。

（三）专业学习共同体的特点

霍德认为，专业学习共同体有五个特征：一是支持和共享的领导；二是集体学习；三是共享的价值观和愿景；四是支持性条件；五是共享个人实践。⑤

杜福尔（DuFour）认为，专业学习共同体应该具有以下特点：第一，确保学生能够学习；第二，合作的文化；第三，聚焦结果。⑥

吴清山认为，教师专业学习共同体的特点，一是专业工作：组织成员从事一种专业性的工作，本身必须具备专业的知识和能力；二是

---

① S. M. Hord, "Professional Learning Communities: What Are They and Why Are They Important?" *Issues about Change*, 1997, 6 (1): 1–8.
② R. Dufour, "What Is a 'Professional Learning Community?'" *Educational Leadership*, 2004, 61 (8): 6–11.
③ 孟繁华等：《学校发展论》，教育科学出版社2011年版，第131页。
④ 吴清山：《学校革新研究》，高等教育文化专业有限公司2011年版，第87页。
⑤ S. M. Hord, "Professional Learning Communities: What Are They and Why Are They Important?" *Issues about Change*, 1997, 6 (1): 1–8.
⑥ R. Dufour, "What Is a 'Professional Learning Community?'" *Educational Leadership*, 2004, 61 (8): 6–11.

共同目标：组织成员有共同追求的目标，例如，愿意追求专业成长，促进组织革新；帮助学生有效学习；三是合作学习：组织成员能够同心协力、相互合作，并致力于各种不同的学习；四是知识分享：组织成员乐于和大家分享知识与经验，并利用各种事件相互讨论和交换心得；五是力行实践，组织成员不只是喊口号、唱高调，而是从实际参与中学到知识和经验；六是结果导向，组织成员以能够帮助学生有效学习为依托；七是持续精进。组织成员能够不断追求进步，让自己日日有所精进。[①]

（四）专业学习共同体对教师领导的启示

专业学习共同体为教师领导提供了新的思考方式。专业学习共同体改变了学校的权力关系，学校里权力关系不再是等级制的，而是具有更加灵敏反应的特点，是权威型的而非独裁型的。[②] 在专业学习共同体里，权威不是依靠科层制中的职位和权力，而是取决于个人的专长。领导成为一个民主的过程。[③] 共同体成员之间的关系不是传统的领导者与被领导者之间的关系，所有的成员都是学习者，教师领导不是为教师赋予职位和权力，而是专业共同体内每个成员分享领导。

专业学习共同体和教师领导具有相互交织的关系。专业学习共同体有利于教师领导的产生，为教师提供了更多的领导机会。同时，教师领导有利于专业学习共同体的建构和成长。在学校中建立专业学习共同体并非一件容易的事情，教师领导者是建构专业学习共同体的关键，要由教师来领导专业学习共同体的运作。[④]

---

① 吴清山：《学校革新研究》，高等教育文化专业有限公司2011年版，第89页。

② C. Livingston, "Teacher Leadership for Restructured Schools," In C. Livingston (ed.), *Teachers as Leaders: Evolve Roles*, Washington, DC: National Education Association, 1992: 9 – 17.

③ L. H. Doyle, "Leadership for Community Building: Changing How We Think and Act," *The Clearing House: A Journal of Educational Strategies, Issues and Ideas*, 2004, 77 (5): 196 – 201.

④ J. Kingsley, "Investing in Teacher Leaders," *Leadership*, 2012, 41 (3): 24 – 26.

第二章 教师领导的特征、维度与价值探析

明晰教师领导的特征和类型，可以使我们对教师领导有一个清晰的判定，走出教师领导定义纷繁杂乱的迷惑。同时，我们需要明确教师领导能够使谁获益，如何获益，在多大程度上获益，只有厘清教师领导的价值，才能使政策制定者、校长以及教师相信教师领导是有益的，从而为促进教师领导而努力。本章概括了教师领导的特征，并按照教师领导的来源、作用对象以及任务类型的不同，将教师领导划分为不同的类型和层次，以使我们对教师领导理论有进一步的认识。此外，本章还对教师领导的价值进行了分析，以使我们明确如何从教师领导中获益。

第一节 教师领导的特征与类型

教师领导具有不同的特征和类型层次。教师领导的基本特征可以概括为集体性、合作性、探究性、情境性、自觉性。根据类型学对教师领导的类型进行划分，按照教师领导的来源、作用对象以及任务类型的不同，教师领导可以被划分为不同的类型层次。

一 教师领导的基本特征

（一）集体性

教师领导具有集体性。[1] 教师领导是一种集体领导的形式，而不

---

[1] D. Muijs, & A. Harris, "Teacher Led School Improvement: Teacher Leadership in the UK," *Teaching and Teacher Education*, 2006, 22 (8): 961–972.

是某个人的领导。教师领导强调领导是分享的,是集体的努力,是许多人而不是少数几个人从事的工作。教师领导打破了组织中权力和权威集中于管理者的现状,重新分配学校权力,权力从科层控制转换为同伴专业控制,权力和权威在组织中是共享的,权力关系的界限变得模糊,领导者和追随者不再彼此分明。

教师领导是将领导视为组织的品质。[1] 巴斯(Barth)认为,正如所有的学生都能学习一样,所有的教师都能领导,每一个教师都具有领导的能力。[2] 福斯特(Foster)从教师是教育的领导者的立场认为,教师领导是每个教师的专业权力和责任,教师领导不是选择或赋予一些教师在特定的时间里,在受限制的环境里去领导,而是教师的专业角色和责任的一部分。为了改善教师和学生的学习,所有的教师必须成为教师领导者。[3]

每个教师都是领导者,这对处于变革中的学校是重要的。[4] 教师领导具有全纳性。[5] 所有的教师都有权利、能力和责任成为领导者。[6] 教师领导与特定的角色、任务或者地位无关,它是所有教师的专业维度之一。[7] 教师在专业地位上没有高低之分,所有的教师都可以承担领导角色。[8] 不能将教师领导仅仅等同于科层制中的职

---

[1] R. T. Ogawa, & S. T. Bossert, "Leadership as an Organizational Quality," *Educational Administration Quarterly*, 1995, 31 (2): 221-243.

[2] R. S. Barth, "School: Community of Leaders," In A. Lieberman (ed.), *Building Successful Cultures in Schools*, New York: Teachers College Press, 1988: 129-131.

[3] E. M. Forster, "Teacher Leadership: Professional Right and Responsibility," *Action in Teacher Education*, 1997, 19 (3): 82-94.

[4] H. J. Thornton, "Excellent Teachers Leading the Way: How to Cultivate Teacher Leadership," *Middle School Journal*, 2010, 41 (4): 36-43.

[5] L. Darling-Hammond, M. L. Bullmaster, V. L. Clbb, "Rethinking Teacher Leadership through Professional Development Schools," *The Elementary School Journal*, 1995, 96 (1): 87-106.

[6] L. Lambert, "Leadership Redefined: An Evocative Context for Teacher Leadership," *School Leadership & Management*, 2003, 23 (4): 421-430.

[7] J. Durrant, & G. Holden, *Teachers Leading Change: Doing Research for School Improvement*, Thousand Oaks, CA: Paul Chapman, 2006: 31.

[8] K. Boles, & V. Troen, Teacher Leadership in a Professional Development School, Paper Presented at the Annual Meeting of the American Educational Research Association, New Orleans, LA, 1994.

位,我们应该认识到所有的教师都具有领导的潜能,领导是教师角色的一部分。①

在学校中,不是某一个人是领导者,而是根据不同的专长有多重领导者。我们以赛船来理解此种领导。在赛船上不是某一个人起作用,而是根据需要,不同的人发挥着不同的作用。在理想的学校环境里,所有的教师在学习者的共同体里都承担着不同的领导角色。② 教师领导使领导从单数变为复数,从个体变为群体,拓宽了学校领导的密度。教师领导有利于促进一个扁平化的、较少层级制的、权力分享的学校的发展。

(二)合作性

教师领导在本质上是合作性的,合作是领导的功能之一。③ 在商界、军队或者教育领域,传统的领导概念描述的是强有力的领导者个人战胜困难,迎接挑战,这种英雄式的领导形象不符合教师领导者。教师领导是教师领导者与其他教师形成合作的关系,激发教师加入变革之旅,教师领导者能够抓住机会或者识别问题,说服他人共同解决问题。富兰认为,领导的试金石是能够激发他人的承诺,使他人投身到对实践的改进中。④

教师领导概念的前提是教师之间有目的的合作,它不是将领导看作正式的角色,它所强调的是集体代理(collective agency)和专业合作,可以由正式的和非正式的教师领导者来承担。⑤ 教师领导者不是命令他人追随自己,教师领导者需要和他人合作,联合他人,将不同的教师个体在变革过程中联合在一起,形成工作团队,

---

① D. Frost, "From Professional Development to System Change: Teacher Leadership and Innovation," *Professional Development in Education*, 2012, 38 (2): 205 - 227.

② M. Katzenmeyer, & G. Moller, *Awakening the Sleeping Giant: Helping Teachers Develop as Leaders*, Thousand Oaks, CA: Corwin Press, 2009: 121.

③ E. M. Forster, "Teacher Leadership: Professional Right and Responsibility," *Action in Teacher Education*, 1997, 19 (3): 82 - 94.

④ C. Denielson, *Teacher Leadership That Strengthens Professional Practice*, Alexandria, VA: Association for Supervision and Curriculum Development, 2006: 13.

⑤ D. Muijs, & A. Harris, "Teacher Led School Improvement: Teacher Leadership in the UK," *Teaching and Teacher Education*, 2006, 22 (8): 961 - 972.

共同工作,解决问题,以促进学校的发展。比如,教师领导者能够鼓励同事支持新的观念,为其他教师的成长提供支持,在团队中建立共识。[①] 教师领导者与其他教师合作,共同讨论问题,分享教学实践,探究如何克服结构性的障碍,使学生深度参与学习。[②]

对于教师领导者来说,联合他人,协同合作是教师领导的核心活动之一。教师领导区别于行政领导(administrative leadership)之处在于教师领导在学校中建立合作的环境,而行政领导建立的是官僚式的环境。教师领导不同于传统的领导模式,在传统的领导模式下,一个团体里有一个指定的领导者,而教师领导并不强调教师成为指定的领导者,在专业学习共同体里没有显性的科层式的领导者,甚至无法明辨谁是领导者,教师领导者和其他教师是合作的关系,而不是领导者与被领导者的关系。在有些情况下一些教师成为领导者,而在另一些情况下,其他一些教师成为领导者。[③] 教师领导建立在合作的基础上,将原本独立的教师个体围绕共同的目标联合起来,改进教育教学实践。

(三) 探究性

教师领导具有探究性。就教师领导者而言,有效的领导是对专业实践的探究,而不是强调个体领导者的专长。[④] 探究的本质是寻找解决问题的答案,教师领导是教师领导者带领其他教师发现教育教学实践中的问题,寻找解决问题的方案的过程。教师领导者通常不一定是知道问题答案的教师,而是愿意学习如何解决问题的教师。他们所要解决的问题,往往没有现成的答案,无法根据已有经验或者按照惯例来提供问题的解决方案,解决方案需要教师共同寻找才能获得。

---

① J. Rhoton, & J. E. McLean, "Developing Teacher Leaders in Science: Catalysts for Improved Science Teaching and Student Learning," *Science Educator*, 2008, 17 (2): 45-56.

② D. Y. Silva, B. Gimbert, & J. Nolan, "Sliding the Doors: Locking and Unlocking Possibilities of Teacher Leadership," *Teacher College Record*, 2000, 102 (4): 779-804.

③ A. Cody, "Two Ways to Lead," *Educational Leadership*, 2013, 71 (2): 68-71.

④ F. Crowther, S. S. Kaagen, M. Ferguson, & L. Hann, *Developing Teacher Leaders: How Teacher Leadership Enhances School Success*, Thousand Oaks, CA: Corwin Press, 2002: 61.

第二章　教师领导的特征、维度与价值探析

教师开展以班级为基础或者在全校范围里进行探究或者研究，改变了以往自上而下的解决问题的方式。[1] 探究为教师创造了领导的机会，领导实践嵌入探究的过程中，教师集体采取行动去理解学生学习中的特定问题，运用新的知识来改进教育教学实践，促进教育教学实践的改善。教师在探究中承担领导角色，教师无保留地说出他们所发现的学生学习的问题，询问他人如何解决这些问题，促使其他教师加入对问题的解决中。在探究的过程中，教师利用不同的专长来解决问题，团队中的教师在不同的专长领域成为领导者，比如有些教师善于发现问题，有些教师能够为团队带来新的理念。[2] 探究是一个循环的过程：质疑、证据、反思和行动。教师领导者发现问题或者抓住机会，联合其他教师，通过试验和尝试加以检验，以决定什么样的教育教学实践是最有利于学生学习的。在以学生学习为中心的教师探究中，产生基于本校情况的解决方案，使学校认识到哪些方面需要改进，以及如何改进，从而产生适合学校的改进项目。[3]

（四）情境性

教师领导是以情境为基础的组织现象。[4] 教师领导具有情境性。[5] 教师领导的角色不是固着于某个教师，而是根据情境和需求动态地转化。对教师领导具有情境性、动态性的认识，有利于我们重构21世纪的学校领导。教师领导是流动的角色，延伸到职位角色之外，在不同的个人或群体之间形成"领导流"。领导是流动的（fluid）和突现的（emergent），而不是一个确定的现象（fix phenomenon）。戈隆（Gronn）认为它有三层含义：第一，在学校中追随者和领导者的权力

---

[1] M. Collay, *Everyday Teacher Leadership: Taking Action Where You Are*, San Francisco, CA: Jossey-Bass, 2011: 147.

[2] M. A. Robinson, *School Perspectives on Collabotative Inquiry: Lessons Learned form New York, 2009–2010*, Consortium for Policy Research in Education, New York, 2010.

[3] L. Lambert, *Leadership Capacity for Lasting School Improvement*, Alexandria, VA: Association for Supervision and Curriculum Development, 2003: 52, 93.

[4] J. S. Brooks, J. P. Scribner, & J. Eferakorho, "Teacher Leadership in the Context of Whole School Reform," *Journal of School Leadership*, 2004, 14 (3): 242–265.

[5] M. Taylor, & J. Goeke, "Changing Leadership: Teachers Lead the Way for Schools That Learn," *Teaching and Teacher Education*, 2011, 27 (5): 920–929.

关系界限模糊化。第二，学校中的分工应该是任务分享的；第三，为所有的教师在不同时间成为领导者提供了可能。①

单一的领导者不能提供所有情境下的领导。"我们永远都需要领导者。但是，领导者是形形色色的，究竟哪类领导者能满足我们的需要，要看当时的具体情况。"② 按照文化理论的观点，领导是组织成员共同创造意义的交互过程。领导是社会建构的活动，它不意味着领导者和追随者这样的二元划分，也不意味着仅仅是某个人具有领导的潜能。③ 埃里克·埃里克森（Erik Erikson）认为："真正的领导者（区别于职位领导者）只能从特殊的场合里产生。"他认为，"谁领导"的答案取决于"场景是什么"和"追随者是谁"④。在学校中每个教师都具有不同的专长，没有人是全能的、无所不知的，当面临问题时，由谁领导，取决于谁有能力来解决问题，以及谁愿意学习如何解决问题，教师领导角色是根据任务情境以及教师的专长和兴趣动态变化的。

（五）自觉性

虽然在学校中存在正式的教师领导，但是真正的教师领导不是通过提供职位或者角色而有意为之的。丹尼尔森（Denielson）认为，由管理者任命的正式的教师领导不是真正意义上的教师领导，他们更类似于准管理者。在她看来，真正的教师领导是自愿的、非正式的，教师领导者的权威不是来自任命的角色或者职位，而是在工作中赢得的。⑤通过为教师提供领导的职位让教师承担领导角色，并不能为教师提供真正的领导机会，教师领导是教师识别问题或者

---

① D. Muijs, & A. Harris, "Teacher Leadership in Action: Three Case Studies of Contrasting Schools," *Educational Management Administration & Leadership*, 2007, 135 (1): 111-134.

② [美]玛格丽特·惠特利：《领导力与新科学》，简学译，中国人民大学出版社2008年版，第21页。

③ A. Harris, "Teacher Leadership as Distributed Leadership: Heresy, Fantasy or Possibility?" *School Leadership & Management: Formerly School Organization*, 23 (3): 313-324.

④ [美]芭芭拉·凯勒曼编：《领导学：多学科的视角》，林颖、周颖译，格致出版社、上海人民出版社2008年版，第85页。

⑤ C. Denielson, *Teacher Leadership That Strengthens Professional Practice*, Alexandria, VA: Association for Supervision and Curriculum Development, 2006: 1.

第二章 教师领导的特征、维度与价值探析

抓住机会主动自觉地承担领导角色。教师领导的产生是有机的，而非任命的。① 奥德尔（Odell）认为，教师领导的出现应该来自教师自己，而不是任命的角色。② 博尔斯（Boles）等人对教师专业发展学校的教师领导进行研究发现，不同于任命的教师领导，专业发展学校的教师领导是根据教师的专业兴趣和团队中的工作自然产生的。③

哈特（Hart）提出了"创造角色"的理论有助于我们理解教师领导。哈特提出三种不同类型的角色：角色承担、角色拓展、创造角色。角色承担是指教师只是承担领导角色，并未以有意义的方式改变这个角色；角色拓展是指教师承担了领导职位，并且在完成领导的过程中以自己的方式改变或者延伸了这个角色；创造角色是指教师没有承担领导职位，而是采取行动，在某个领域里创造了领导角色，并且所创造的领导角色得到其他教师的认可。④

总之，发展教师领导不能局限于预先设计好的具体职位，规定这些职位需要做什么工作，而是教师根据学生学习的需要，主动、自觉地承担领导责任。真正的教师领导来自教师识别问题或者机会，主动、自觉地承担领导角色，而非管理者委派或者任命教师承担领导职位或角色。

二 教师领导的主要类型

（一）正式的教师领导和非正式的教师领导

根据教师领导的来源划分，教师领导包括正式的教师领导和非正式的教师领导。正式的教师领导是由教育行政部门或者校长任命的具

---

① C. Denielson, *Teacher Leadership That Strengthens Professional Practice*, Alexandria, VA: Association for Supervision and Curriculum Development, 2006: 19.

② S. J. Odell, "Preparing Teachers for Teacher Leadership," *Action in Teacher Education*, 1997, 19 (3): 120–124.

③ K. Boles, & V. Troen, Teacher Leadership in a Professional Development School, Paper Presented at the Annual Meeting of the American Educational Research Association, New Orleans, LA, 1994.

④ A. W. Hart, "Creating Teacher Leadership Roles," *Educational Administration Quarterly*, 1994, 30 (4): 472–497.

有正式职位或头衔的教师,如部室主任、教研组长等,正式的教师领导者在组织结构中具有正式的职位和权力。非正式的教师领导是当代思考教师领导的新方式,超越了将教师领导局限于正式的教师领导这一观念。

以下是学者们对于非正式教师领导内涵的代表性看法:

约克·巴恩和杜克指出,非正式的教师领导包括担任解决教学问题的同伴教练、鼓励家长参与、与同事在小组或者团队里共同工作;示范反思性实践;表达变革的愿景。[①]

达琳—哈蒙德等人认为,非正式的教师领导是自发产生的,包括课程开发者、决策制定者、问题解决者、变革代理者、研究者、有力的领导者和学习者,合作规划者、导师,教师领导是嵌入在教师日常角色中的。[②]

凯特恩和毛勒认为,非正式的教师领导者,是不离开教学岗位,在学校中承担非正式的领导角色的教师,他们与正式的教师领导者一样具有重要价值。非正式的领导者通过教学专长和对教学的热情以非正式的方式影响其他教师,包括日常谈话、分享资料、促进专业发展、邀请其他教师参观他们的课堂。[③]

威尔莫(Wilmore)认为,尽管在学校中一直存在着正式的教师领导者,当代的教师领导角色更加倾向于非正式的,来自教师的课堂教学经验。教师领导者以下列方式发挥非正式的领导:分享课堂经验和个人专长;辅导新教师;提出问题,以及示范合作。[④]

王瑛认为,非正式的教师领导者没有经过学校的正式任命,其教师领导力来自于其人品道德、才能学识、专业技能、个人魅力和心灵

[①] J. York-Barr, & K. Duke, "What Do We Know about Teacher Leadership? Findings from Two Decades of Scholarship," *Reviews of Educational Research*, 2004, 74 (3): 255-316.

[②] L. Darling-Hammond, M. L. Bullmaster, & V. L. Clbb, "Rethinking Teacher Leadership Through Professional Development Schools," *The Elementary School Journal*, 1995, 96 (1): 87-106.

[③] M. Katzenmeyer, & G. Moller, *Awakening the Sleeping Giant: Helping Teachers Develop as Leaders*, Thousand Oaks, CA: Corwin Press, 2009: 7.

[④] E. L. Wilmore, *Teacher Leadership: Improving Teaching & Learning from inside the Classroom*, Thousand Oaks, CA: Corwin Press, 2007: 3.

认同等因素，是建立在信任和尊重的人际关系基础上的，是领导者自身的影响力。[1]

陈峥认为，非正式的教师领导主要指教师平时自发自愿地对其他教师的影响和专业知识的分享。[2]

综上所述，非正式的教师领导可以被界定为没有正式职位或者头衔的教师自觉主动地对其他教师施加影响，影响其他教师改进教育教学实践的过程。

(二) 学校层面的领导、课堂层面的领导、社区层面的领导

按照教师领导的作用对象来划分，教师领导可以被划分为不同的类型。

布鲁克斯等人（Brooks et al.）认为，根据教师领导的作用对象进行划分，可以将教师领导分为课堂上的教师领导、部门中的教师领导、全校范围内的教师领导。课堂上的教师领导是指教师的领导责任是在课堂上，教师不承担课堂以外的领导责任；部门中的教师领导，是指教师参与部门工作——课程发展、评估协调、部门内部的合作等。部门中的教师领导者支持同学科同事的工作，把部门看作一个单位，在部门发挥领导作用。全校范围内的教师领导指教师将自己看作学校的领导者。以整个学校为单元的教师领导者，积极参与学校的委员会，将学校委员会看作表达观点的平台，努力将观念付诸实施。[3]

奥海尔等人（O'Hair et al.）认为，教师领导可以分为课堂层面的教师领导、学校层面的教师领导、社区层面的教师领导，并从传统领导观、建构式领导观、民主式领导观来分析不同层面的教师领导。[4]

---

[1] 王瑛：《高校外语教师专业领导力研究》，博士学位论文，华东师范大学，2012年。

[2] 陈峥：《新课程改革下的教师领导与教师专业发展》，华中师范大学出版社2012年版，第137页。

[3] J. S. Brooks, J. P. Scribner, & J. Eferakrho, "Teacher Leadership in the Context of Whole School Reform," *Journal of School Leadership*, 2004, 14 (3): 242-265.

[4] M. J. O'Hair, & U. C. Reitzug, "Teacher Leadership: In What Ways? For What Purpose?" *Action in Teacher Education*, 1997, 19 (3): 65-76.

表2-1　　　　　　　奥海尔关于教师领导的划分类型

	课堂	课堂、学校	课堂、学校、社区
传统型	使学生达到教师想要的课堂结果	影响学校决策、实践和政策以符合教师的个人议程或者关于最佳实践的看法	使家长和社区支持教师和学校的工作
传统型	重视将领导作为角色（教师）	重视领导角色（委员会主席、校本委员会成员）	重视领导角色
建构型	促使学生参与探究和建构知识的过程	促使他人参与探究、对话和建构知识的过程	促使家长、教育者和社区参与探究、对话以及建构知识的过程
建构型	聚焦 ◇教学和学习 ◇领导行为（例如促进学习） ◇真诚的教学和关系	聚焦 ◇什么决策、项目、实践和政策是适合学校的 ◇领导行为（领导角色或通过日常行动） ◇真诚的关系	聚焦 ◇为了儿童和青少年，学校、家庭、社区如何互相支持工作 ◇领导行为（领导角色或通过日常行动） ◇真诚的关系
民主型	促使学生参与探究和建构知识的过程	促使他人参与探究、对话和建构知识的过程	促使他人参与探究、对话和建构知识的过程
民主型	聚焦 ◇课堂以外有价值的内容和过程 ◇领导行为 ◇真诚的教学和关系 ◇确保课堂上的公平	聚焦 ◇什么决策、项目、实践和政策适合学校 ◇领导行为（领导角色或通过日常行为） ◇真诚的关系 ◇在学校中确保公平和提供服务	聚焦 ◇为了儿童和青少年，学校、家庭和社区如何互相支持 ◇领导行为（领导角色或通过日常行动） ◇真诚的关系 ◇在学校、社区中确保公平并提供服务

综上所述，按照作用对象划分，教师领导可以分为课堂层面的教师领导、学校层面的教师领导、社区层面的教师领导（见图2-1）。在教师领导的三个层面中，各个层面有所不同而又相互依赖。课堂层面的教师领导的对象是学生，教师是课堂的领导者。学校层面的教师

领导是指教师在全校范围内发挥领导作用,其作用对象是教师。社区层面的教师领导是指教师领导的范围不只局限于学校,还可以在学校以外的社区乃至国家层面的教育事务中发挥领导作用,其作用对象是家长和社区其他成员或组织。

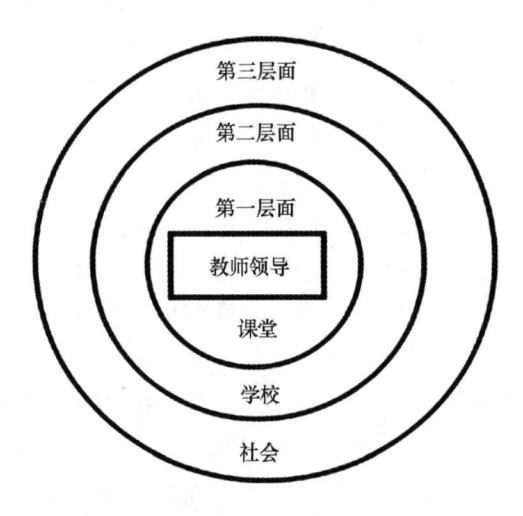

图 2-1 教师领导作用的对象类型

（三）支持性教师领导和发展性教师领导

教师领导者从事的活动很多,如教师的教练、咨询者、管理课程、开发课程、指导新教师、教师专业发展、促进行动研究、管理和分配物资资源、参与学校决策制定等。

根据任务类型可以分为支持性教师领导和发展性教师领导。支持性教师领导是指教师领导者支持教师的工作,但是对教师的工作实践不造成影响,没有增加教师的人力资本,教师只是短期获益。发展性教师领导是指教师领导者帮助其他教师学会如何更好地教学,促进教师教学实践的改善,使教师获得新的知识,获得长期收益。支持性教师领导主要包括管理物资或准备实验室,建立自信或激发热情等。发展性教师领导增加了教师的教学知识和技能。发展性教师领导包括设计活动或者课程、为同事解答疑难问题、示范教学、促进专业发展等。①

第二节　教师领导的构成维度

我们有必要在厘清教师领导内涵的基础上，构建一个能够综合各家之言的教师领导维度框架。弄清楚教师领导的维度框架，可以让我们明确教师应该在哪些方面从事领导，从而扩大教师领导的机会。

一　划分依据

国外学者对教师领导的构成维度进行了研究，为本书构建教师领导维度提供了线索和依据。

安德鲁（Andrew）认为，教师领导不是管理或者官僚式领导，而是将教师置于变革的中心来提高教育质量，促进学校变革。教师在三个领域发挥着领导作用：自我改进；同事帮助改进；课程改革。②

巴斯（Barth）认为，教师应该参与以下几个方面的决策：第一，选择教科书和教材；第二，课程制定；第三，制定学生行为标准；第四，决定学生是否分入特殊班级；第五，规划员工发展和在职发展活动；第六，制定晋升和保留员工政策；第七，决定学校预算；第八，评估教师表现；第九，选择新教师和新的学校行政人员。③

列文森（Levenson）认为，教师领导主要包括三个方面：教学、制度、参与决策，这三个方面相互关联。教师要成为教学领导者必须是值得信任的课堂教学专家；教师参与学校决策，需要对教学和制度方面有所了解。④

丹尼尔森（Danielson）认为，教师在三个领域发挥领导作用：学

---

① N. A. Gigante, "Administrative Support and Teacher Leadership in Schools Implementing Reform," *Journal of Educational Administration*, 2008, 46 (3): 302-331.

② 转引自 K. J. Suranna, & D. M. Moss, Exploring Teacher Leadership in the Context of Teacher Preparation, Paper Presented at the Annual Meeting of the Educational Research Association, New Orleans, LA, 2002.

③ R. S. Barth, "Teacher Leader," *Phi Delta Kappan*, 2001, 82 (6): 443-449.

④ M. R. Levenson, *Pathways to Teacher Leadership: Emerging Models, Changing Roles*, Cambrige, MA: Harvard Education Press, 2014: 2.

第二章 教师领导的特征、维度与价值探析

校政策和活动、教学和学习、学校与社区的关系。[1]

墨菲（Murphy）认为，教师领导促进学校改进主要表现在三个领域：管理、员工发展、课程和教学方面。管理领域的教师领导是通过教师参与管理来促进学习和教学，改善学校状况；在员工发展方面，教师领导者作为员工发展者，促进教师的专业发展，教师领导者的任务主要是识别教师专业成长需要，为教师提供专业学习的经历、评价专业发展的结果、辅导新教师等；在课程和教学方面，教师领导者充当课程开发者、帮助同事改进教学等。[2]

根据国外学者对教师领导维度的划分，我们可以看出教师领导主要表现在三个领域：学校管理、课程和教学、教师发展（见表2-2）。

表2-2　　　　　　　　关于教师领导维度的划分

学校管理	课程和教学	教师发展
组织运作（York-Barr & Duke） 参与决策（Barth） 学校政策和项目（Denielson） 员工管理（Murphy）	教学领导（York-Barr & Duke） 教学和学习（Denielson） 课程改革（Andrew） 教学（Levenson） 课堂和教学领导（Murphy）	专业发展（York-Barr & Duke） 作为员工发展者，促进教师专业发展（Murphy）

教师领导可以被划分为三个维度：参与决策、教学领导、教师发展领导（见图2-2）。将这三个维度联系在一起的是教育的道德目标：为了所有学生的学习，提高学生的学业成就。这三个维度确定了教师能够发挥领导作用的领域，并不是要求教师领导者个体在所有的领域都发挥作用，而是扩大了教师承担领导角色的机会。这三个维度相辅相成，因为每个部分都具有杠杆作用，能够影响其他部分。在学校中发展教师领导，不能把注意力集中在其中的某一个方面，而忽视

---

[1] C. Danielson, *Teacher Leadership That Strengthens Professional Practice*, Alexandria, VA: Association for Supervision and Curriculum Development, 2006: 26.

[2] J. Murphy, *Connecting Teacher Leadership and School Improvement*, Thousand Oaks, CA: Corwin Press, 2005: 78.

了其他方面。

二 维度之一：参与决策

参与决策，是教师领导的重要方面。[①] 教师参与决策对学校改革有重要作用。[②] 在学校中，教师最了解学生的发展需要，能够识别学校所存在的问题，学校的决策应该让最了解问题的行动者做出决定。教师参与学校决策可以打破以往学校决策集权的模式。研究表明，当教师参与学校决策时，就有可能进行教学变革。[③] 让教师在学校决策中有更多的权力和有更多的机会表达他们的观点，可以增加学校决策的科学性，有利于决策的执行，使教师对决策的结果负责。

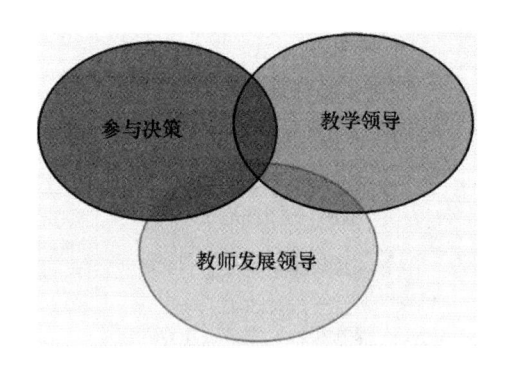

图2-2 教师领导三维构成

教师参与决策是基于证据的决策，教师收集与学生学习相关的证据和数据，在对学生的学习情况进行分析的基础上制定解决问题的方案。教师参与决策不是凭经验和直觉，而是在充分收集和利用数据所提供的信息的基础上，共同制定解决问题的方案。教师参与决策要以

---

① ［美］韦恩·K. 霍伊、塞西尔·G. 米斯克尔：《教育管理学：理论·研究·实践》，范国睿译，教育科学出版社2007年版，第290页。

② D. L. Taylor, & I. E. Bogotch, "Shool-Level Effects of Teacher's Participation in Decision Making," *Educational Evaluation and Policy Analysis*, 1994, 16 (3): 302 – 319.

③ L. H. Doyle, "Leadership for Community Building: Changing How We Think and Act," *The Clearing House: A Journal of Educational Strategies, Issues and Ideas*, 2004, 77 (5): 196 – 201.

第二章　教师领导的特征、维度与价值探析

改进教学和学习为中心，如果教师参与决策缺乏这个目的，那么，教师参与决策就会沦为形式，为了参与而参与，重视参与的过程，而缺乏共同的目的。

教师参与决策的范围是对教师工作有直接影响的关键因素。就我国的情况来说，教师参与决策应该包括以下几个方面：第一，参与制订学校工作计划和发展目标；第二，参与制定课程相关政策；第三，参与制订教学计划和相关政策；第四，参与制定学生管理与评价政策；第五，对学校经费使用和分配提出意见；第六，参与制定教师管理与评价政策等。

教师参与学校决策是将学校的决策权从集中于校长和少数的管理者分享给教师。校长要从以往决策的独断者转变为决策的资源提供者，帮助教师识别可能需要改进的问题和领域，而不是由校长命令或者决定需要改进的地方。对问题的解决不再采取自上而下的方式，而是采取自下而上的方式，由教师来制定决策，并且寻找方法解决所存在的问题。由于以往教师很少做决策，需要为教师提供支持和帮助。管理者需要从决策制定者转变成决策促进者。学校管理者要为教师制定决策提供指导，而不是控制决策。学校管理者要使用团队策略，例如头脑风暴、问题解决、建立共识、处理冲突等。①

三　维度之二：教学领导

近年来，校长成为教学领导者的呼声渐高，研究者倾向于扩大校长的角色，认为校长是教学领导者，然而，即便是极具经验的校长也无法领导每个课堂的教学。学习是课堂上教师和学生的共同创造过程。② 教师应该成为教学领导的主体之一，承担教学领导者的角色。③

---

① L. H. Doyle, "Leadership for Community Building: Changing How We Think and Act," *The Clearing House: A Journal of Educational Strategies, Issues and Ideas*, 2004, 77 (5): 196 – 201.

② M. Collay, *Everyday Teacher Leadership: Taking Action Where You Are*, San Francisco, CA: Jossey-Bass, 2011: 48.

③ W. A. Sugar, & L. L. Warren, "Promoting a Teacher/Leader-Designer Perspective for Public School Teachers," *Action in Teacher Education*, 25 (3): 30 – 37.

学校发展中的教师领导研究

教学领导是教师领导的核心组成部分。[①] 当代的教师领导概念是建立在教学改进基础上的,认为教师具有知识和专长去帮助他人,建构集体教学能力。[②] 教师的教学领导可以被界定为:教师领导者带领其他教师试验和检验教学实践,影响其他教师改进教学实践的过程。教师领导者在教学领导的过程中所扮演的是反思实践者、课程开发者、问题提出者、团队建立者等角色。

教师要认识到教学实践是不完善的,把教学看作一个不断塑造、持续反思、持续改进的过程。在批判性地反思已有教学实践的基础上,引进并尝试新的教学实践。改进教学的关键是教师之间能够分享实践,教学不再是教师私人化的实践,而是教师集体的努力。教师的教学领导以学生的学习为出发点,为了促使学生学业成就的提高,教师要将教学和学生的学习活动联系起来,对学校已有的教育教学实践进行审视,发现学生学习中所存在的问题,动员同事试验更有效的教学方法,将已有的经研究证明的最佳实践运用到教学中,不断改进他们的教学方式。

教师对教学的领导,并不是说教师领导者可以决定他们的同事采取哪种教学方式,也不是说教师领导者所推荐的新的教学方式就应该被采用,旧的教学方式就应该全盘抛弃。教师对教学的领导是建立在对学生学习不断评估的基础上的,寻找和发现实践中不能满足学生需求的地方,进行改进。教师需要对学生的学习与教学实践以及学习目标之间的关系进行评估,发现教学实践中的问题,对于教学中所存在的问题,教师不能简单地归因于学生,而要从教学实践中寻找原因。教学实践的改革需要教师领导者和其他教师在课堂上共同尝试和试验新的教学实践。[③]

[①] M. R. Levenson, *Pathways to Teacher Leadership: Emerging Models, Changing Roles*, Cambridge, MA: Harvard Education Press, 2014: 3.

[②] S. R. Stoelinga, & M. M. Mangin, *Examining Effective Teacher Leadership: A Case Study Approach*, Teacher College Press, 2010: 5.

[③] P. A. Wasley, *Teachers Who Lead: The Rhetoric and the Realities of Practice*, New York: Teachers College Press, 1991: 170-172.

四　维度之三：**教师发展领导**

我国中小学教师发展主要采取的是教师离开工作岗位，进行学历进修或者短期培训。教师培训的承担机构主要是高等学校或者地方教师进修学校。外部提供的专业发展活动对教师产生的影响是有限的，对于大多数教师来说，这些培训与教师的课堂教学实践缺乏关联性，很少转化为教师的课堂教学实践。博尔曼和同事发现，对于大多数教师来说，教师的职业发展和他们的课堂教学之间的关联甚少，教师的职业培训和他们的课堂教学实践缺乏联系。[①]

教师的专业发展应该是以学校为单位的，是嵌入教师日常工作情境中的学习。"有实质进展的学习是在情境中进行的，也就是在我们工作的环境中不断完善。在环境中学习有两个好处：学习是与手边需要处理的情况紧密相关的；学习是共享的。"[②] 教师专业发展应该主要在学校层面实施，这并非完全摒弃外部的专业发展活动，而是认为教师的专业发展活动应该以学校为主要力量，由教师来领导实施。

教师发展领导是指在对本校实际情况和教师专业发展需求了解的基础上，教师领导者与其他教师共同评估本校教师的发展需要，制定教师专业发展方案，组织和实施专业发展活动（见图2-3）。教师领导者在专业发展活动中承担着不同的角色，制定专业发展计划，评估教师专业发展的需要，辅导新教师以及经验不足的教师，提供各类专业发展活动（比如培训、读书会等）等。

教师发展领导主要包含两个层面的意思：第一，教师的专业发展要由教师来领导，即教师在自己的专业发展中具有自主权，教师根据自己的需要和兴趣，选择专业发展的领域、方向、内容。教师学习与学生学习不同，对于教师来说，他们愿意学习教育教学中所需要的知识和技能，而不是别人认为重要的知识和技能。不同学校、不同职业发展阶段的教师具有不同的职业发展需要，由教师个

[①] ［加］迈克尔·富兰、彼得·希尔、［澳］卡梅尔·克瑞沃拉：《突破》，孙静萍、刘继安译，教育科学出版社2009年版，第25页。

[②] 同上书，第87页。

体或者团体来诊断他们的学习需要。在教师的专业发展中，要将教师置于专业发展活动的中心，由教师来设计、规划、实施专业发展活动。

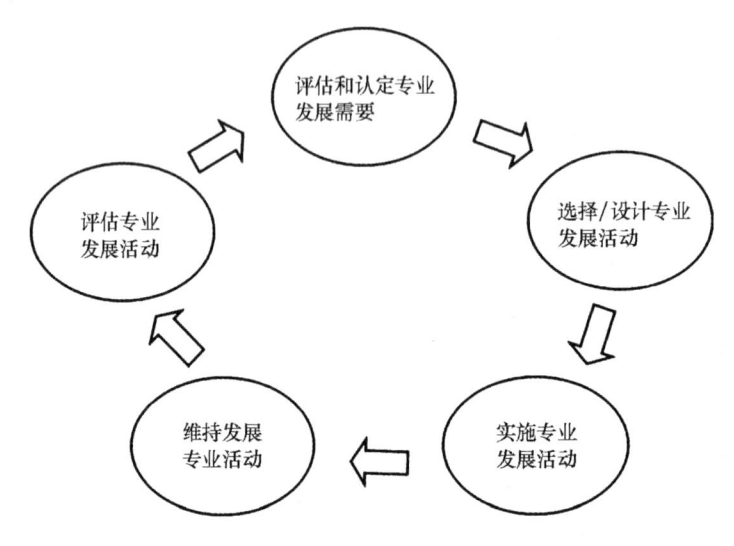

图 2-3 教师发展领导示意

资料来源：L. O. Pellicer, & L. W. Anderson, *A Handbook for Teacher Leaders*, Thousand Oaks, CA: Corwin Press, 1995: 157.

第二，利用优秀教师的专长作为专业发展的资源，为其他教师提供专业发展活动。将教师置于专业发展活动的中心，不仅使教师能够决定专业发展活动的性质和范围，而且使教师承担责任，为彼此的专业成长提供帮助和支持。优秀教师的专业特长应该得到识别和分享，教师学习的重要来源是身边的教师，教师领导者应该成为教师专业发展的主体力量。在教师专业发展中通过对教师领导者实践知识的共享，提升教师集体的教学水平。教师领导的专业发展活动不同于一次性的短期培训，它为教师之间的相互学习提供了机会，教师领导者可以帮助教师分析教学实践中所存在的问题和原因，帮助教师将理论应用到实践中来，有利于教师的持续专业成长。

第二章　教师领导的特征、维度与价值探析

第三节　教师领导的价值分析

教师领导具有多元价值，对于学生而言，有利于改善学生的学习；对于教师而言，使教学职业成为真正的专业；对于学校而言，有利于促进学校的持续发展。

一　价值之一：促进学生学习的改善

确保所有的学生获得在21世纪生存所需要的知识、技能，是学校教育的使命。21世纪，所有的学生都要为未来的工作做准备，每个学生都要获得较高的学业成就，而不是传统上只有少数学生取得学业成功。[1] 领导和学生学业成就之间具有重要的关系。[2] 在过去，学校领导者的责任在于有效管理，为学生的学习创造条件，而现在人们认为领导者应该影响学生的学习，充分重视领导和学习的关系。[3] 教师领导所关注的焦点是学生的学习，这是教师领导区别于其他学校改进策略的关键之处。[4] 教师领导是将提高教学质量作为改进学校教育问题的途径，为学生提供更好的服务。[5] 教师处于教学一线，最了解学生学习中所存在的问题，他们有能力为解决学生存在的学习问题而提供解决方案。教师领导有利于促进学生学习的改善，使学生从中获益。

第一，有利于教师为学校里每一个学生的学习负责。

---

[1] A. Liberman, & L. Miller, *Teacher Leadership*, New York, NY: Teachers College Press, 2004: 6.

[2] D. Reeves, *Reframing Teacher Leadership to Improve Your School*, Alexandria, VA: Association for Supervision of Curriculum Development, 2008: 13.

[3] A. Harris, "From School Leader to Educational Leaders," *School Leadership & Management: Formerly School Organizations*, 2006, 26 (5): 415–417.

[4] C. Coggins, & K. McGovern, "Five Goals for Teacher Leadersip," *Phi Delta Kappan*, 2014, 95 (7): 15–21.

[5] J. M. Holland, J. Eckert, & M. M. Allen, "From Preservice to Teacher Leadership: Meeting the Future in Education Preparation," *Action in Teacher Education*, 2014, 36 (5–6): 433–445.

❄❄ 学校发展中的教师领导研究

长期以来，学校里盛行的是教师为自己所教班级学生的学习负责，而不关注其他班级学生的学业成就。一些学校对不同班级学生的学习成绩进行或明或暗的排名，更加助长了教师只关注"我的学生"，而将"他的或他们的学生"视为"我的学生"的竞争对象。在此种视野下，教师对其他班级学生的学习并不承担责任。教师领导使教师超越课堂的界限，成为学习共同体的成员，他们不再仅仅为自己班级学生的学习负责，而是为全校范围内学生的学习负责。教师拥有全校视野，以共同体的情怀关注每个学生的学习，个别教师对学校教育教学实践问题的关注，扩散到更广泛的教师共同体中，引发其他教师的关注，从而促进教师集体群策群力来解决学生学习中所存在的问题，为全校范围内学生学习的改善而共同努力。

第二，有利于提高学生的学业成就。

教师领导最主要的受益者是学生，教师领导能够提高学生的学业成绩。[1] 在学校改革与学生的学业成绩之间重要的一环是教师领导。在学校变革中，很多变革项目缺乏针对学生学业成绩的提高而进行有效的领导。巴斯认为，在教师领导过程中，教师可以从事学习，只有教师学习，学生才会学习。增加教师对持续学习的承诺，学生学习状况就会得到改善。[2] 教师领导者受到其他教师的尊重和信任，能够对其他教师产生影响，当教师承担起领导角色时，他们就会与其他教师分享教学实践经验，对学生的学业成绩会产生积极的影响。[3]

尽管对于教师领导与学生学业成绩的关系，尚缺乏证据证明。这主要是因为教师领导是流动的、复杂的，是以情境为基础的，所以很难测量与学生学业成绩的相关性。[4] 但是我们认为，有理由相信教师领导能够对学生的学业成绩造成积极的影响。马克斯对 24 所学校的

---

[1] R. S. Barth, "School: Community of Leaders," In A. Lieberman (ed.), *Building Successful Cultures in Schools*, New York: Teachers College Press, 1988: 129–131.

[2] R. S. Barth, "Teacher Leader," *Phi Delta Kaplan*, 2001, 82 (6): 443–449.

[3] C. Coggins, & K. McGovern, "Five Goals for Teacher Leadership," *Phi Delta Kappan*, 2014, 95 (7): 15–21.

[4] M. Taylor, & J. Goeke, "Changing Leadership: Teachers Lead the Way for Schools That Learn," *Teaching and Teacher Education*, 2011, 27 (5): 920–929.

第二章 教师领导的特征、维度与价值探析

研究发现，充分赋权教师，能够促进学生学业成绩的提高。① 一些研究者认为，当教师有机会与同事长时间合作并且分享专长时，学生的学业成绩就会提高，还有一些研究者认为，教师高水平的合作有利于学生数学和阅读成绩的提高。② 此外，有学者认为，集体领导有利于学生学业成绩的提高，集体领导对于学生学业成绩的影响高于个体领导。③ 同时，教师领导有利于促进学生的全面发展。教师领导使教师重视对教学与学生的学习进行评估，教师不仅关注学生的学习成绩，还关注学生其他方面的发展，例如学生的学习成长、参与、认知与非认知技能的发展等。④

里夫斯（Reeves）从具体的领导和教学策略的角度展示了领导和学习的关系。当只有少数教师采取某一个教学策略时，对于学生学业成绩的提高作用是极为有限的，只有当更多的教师采用同样的教学策略，才能卓有成效地提高学生的学业成绩。里夫斯总结了学生学业成绩与具体领导策略的相关性数据（见表2-3）。数据表明，教师领导和学生的学习具有重要的相关性。⑤

第三，有利于学生学习民主的价值观。

教育的目的之一就是培养民主社会的公民。为了让学生在未来的民主社会里工作和学习，学校需要成为学生学习民主的典范场所，为学生示范民主实践。学校要改变科层制的组织结构，从自上而下的独裁式管理转变成让教师参与学校决策和管理，成为民主的共同体。如果学校不是一个民主的环境，那么学生就不可能在学校中学会参与民主生活。教师领导有利于学校从独裁专制的环境转变成民主的环境。

---

① H. M. Marks, & K. S. Louis, "Does Teacher Empowerment Affect The Classroom? The Implications of Teacher Empowerment for Instructional Practice and Student Academic Performance," *Educational Evaluation and Policy Analysis*, 1997, 19 (3): 245–275.

② B. Berry, "Going to Scale With Teacherpreneurs," *Phi Delta Kappan*, 2014, 95 (7): 8–14.

③ Teacher Leadership Exploratory Consortium, *Teacher Leader Model Standards*, Washinton, DC: TLEC, 2011.

④ K. A. Farris-Berg, "Different Model for School Success: Empower Teachers," *Phi Delta Kappan*, 2014, 95 (7): 31–36.

⑤ D. Reeves, *Reframing Teacher Leadership to Improve Your School*, Alexandria, VA: Association for Supervision of Curriculum Development, 2008: 14–15.

当学校成为一个民主的机构时,学生就能从中学习民主的实践。[1] 当教师超越课堂承担领导角色时,就可以使学校成为民主的地方,在学校里建立起民主的文化。[2] 教师领导者可以将学校转化成共同体,为学生成为民主社会的公民做准备。[3]

表2-3　　教师实施领导和教学策略的深度与学生学业成绩的关系

课堂策略	课程领域	当10%的教师精通此教学策略时,学生学业成绩提高的百分比(%)	当90%的教师精通此教学策略时,学生学业成绩提高的百分比(%)
写作和记笔记	科学	25	79
调整课程、评价、教学和标准	数学	51	81
展示优秀的学生作业	阅读	52	75
分享整体的观念和基本问题	英语、语言艺术	54	82
用可视的、频繁的方式监测表现	数学	36	71
在教学实践中使用隐喻、微笑和类比	科学	50	86
利用提问、线索和先行组织者策略	科学	20	80
每周进行监测、测量并分析反馈	科学	25	76

在推行教师领导的学校组织里,校长曾经拥有的绝对权力逐渐减小,学校倾向于成为分权的组织,在这样的组织里,好的创意受到重

---

[1] R. S. Barth, "Teacher Leader," *Phi Delta Kappan*, 2001, 82 (6): 443-449.
[2] M. Katzenmeyer, G. Moller, *Awakening the Sleeping Giant: Helping Teachers Develop as Leaders*, Thousand Oaks, CA: Crowin Press, 2009: 26.
[3] A. Lieberman, & L. Miller, *Teacher Leadership*, San Francisco, CA: Joss-Bass, 2004: 12.

视。"信奉控制、命令和可预测性的旧范式，正在让位给一种不分等级的体制；在这种体制中，所有员工的贡献都会受到重视和承认，创造力比愚忠更重要。鼓励广泛参与甚至不同意见的组织会做出更正确的决策。"① 教师领导者成为转化型的知识分子，他们将学校形塑为民主的公共空间，教师组织起来以集体的方式改善他们的工作场所，向大众证明在改革公立学校的任何可行的尝试中，教师必须发挥核心的作用。②

总之，当教师承担起领导的责任，互相分享和学习教育教学实践，学习新的思维方式、理念，进行实践时，就有可能促进学生的学习。教师领导使教师承担起更多的关于学生学习的责任，③有利于满足学生对优质教育资源的需求，为所有的学生提供高质量的教育。

二 价值之二：提升教师专业特性

21世纪是一个知识经济的时代，为了让学生能够为未来的工作和生活做好准备，对教学专业提出了新的要求。美国学者伯尼·特里林等提出了21世纪学生要掌握的技能框架，教师要帮助学生学习21世纪的技能，这些技能包括学习与创新技能；信息、媒介和技术技能；生活与职业技能。④ 叶澜认为，21世纪的教师应该具有下列专业素养：一是教师要有与时代精神相通的正确的教育理念；二是教师在知识结构方面不能仅仅局限于学科知识，而要具有多层复合的知识结构；三是教师要具有与他人交往的能力、管理能力以及教育研究能力。⑤

利博曼和米勒（Liberman & Miller）认为，为了满足新世纪学校教育的需要，教学必须成为一个新的专业，放弃旧的专业范式，教学

---

① ［美］沃伦·本尼斯：《领导的轨迹》，姜文波译，中国人民大学出版社2007年版，第66页。
② ［美］亨利·A. 吉鲁：《教师作为知识分子——迈向批判教育学》，朱红文译，教育科学出版社2008年版，第147—155页。
③ M. B. Blegen, & C. Kennedy, "Principals and Teachers, Leading Together," *NASSP Bulletin*, 2000 (616), 84: 1–6.
④ ［美］伯尼·特里林、查尔斯·菲德尔：《21世纪技能：为我们所生存的时代而学习》，洪友译，天津社会科学院出版社2011年版，第44页。
⑤ 叶澜：《新世纪教师专业素养初探》，《教育研究与实验》1988年第1期。

专业需要发生以下几个方面的转变：从个人主义转向专业学习共同体；从以教学为中心到以学习为中心；从技术性工作到探究性工作。[1] 我们需要新的教学专业范式，[2] 重新设计教师的工作和角色。教师领导将教学看作专业工作，教师从事专业研究，自主地做出决策和判断。[3] 教师要想成为专业人员，必须将领导作为专业角色的一部分。当教师承担起领导角色，成为学校的主人和投资者，而不是佃户时，教师将成为专业人员。[4]

教师承担领导角色有利于教师专业区别于其他职业，促进教师的专业成长，提升教师的专业地位，使教师真正成为"专业人"。当教师承担起领导责任时，整个教学专业将会发生转变。[5] 教师领导建立了一个新的"专业主义"（professionalism），使教师职业建立在相互信任、共同认可、赋权增能以及相互支持的基础之上。[6] 教师领导改变了学校科层制领导结构，建立了更加有利于教学和学习的专业结构，重塑学校教育的专业性。通过以下几个方面，可使教学成为真正的专业：[7]

第一，促进知识共享。所有的专业人员都必须具有区别于其他专业的专业知识。教师应该具有三方面的知识：教学过程知识、学校教育过程知识、内容知识。[8] 义务教育阶段的内容知识并不能使教师成

---

[1] A. Liberman, L. Miller, *Teacher Leadership*, New York, NY: Teachers College Press, 2004: 10 – 11.

[2] F. Crowther, S. S. Kaagen, M. Ferguson, & L. Hann, *Developing Teacher Leaders: How Teacher Leadership Enhances School Success*, Thousand Oaks, CA: Corwin Press, 2009: 2.

[3] C. Denielson, *Teacher Leadership That Strengthens Professional Practice*, Alexandria, VA: Association for Supervision and Curriculum Development, 2006: 22.

[4] R. S. Barth, "Teacher Leader," *The Phi Delta Kappan*, 2001, 82 (6): 443 – 449.

[5] S. J. Odell, "Preparing Teachers for Teacher Leadership," *Action in Teacher Education*, 1997, 19 (3): 120 – 124.

[6] D. Muijs, & A. Harris, "Teacher Leadership-Improvement through Empowerment? An Overview of the Literature," *Educational Management & Administration*, 2003, 31 (4): 437 – 448.

[7] A. Urbanski, & M. B. Nickolaou, "Reflections on Teachers as Leader," *Educational Policy*, 1997, 11 (2): 243 – 254.

[8] K. 哈利斯：《教师与阶级：马克思主义分析》，唐宗清译，桂冠图书公司1994年版，第177页。

第二章 教师领导的特征、维度与价值探析

为专业人员，它只是常识性的知识，而非专业性知识。教学过程知识是中小学教师维持其专业身份的关键，是教与学背后的知识，除了从书本上习得外，还来源于在工作实践中的习得。教师领导有利于教师之间专长与经验的共享，好的实践可以在教师之间扩散，扩大教师的知识基础，增加教师的实践智慧。

第二，达到较高的教学标准。教学专业需要有严格的、较高的教学实践标准。标准的执行需要同行评价。没有人比教师更加清楚地知道好的教学实践和差的教学实践的区别。教师领导可以发挥教师的专业影响力，释放教师的才智，帮助其同事达到教学的较高标准，改进教学实践。

第三，发挥教师的专业自主。教师能否发挥自主性，是教师专业化的要素之一。专业自主使教师在学校中能够发挥专业自主权，依据专业知识做出专业决定，而不受外部的干涉。任何专业的标志是专业人员不需要过多的外部监管。教师专业自主的表现不仅是在课堂教学中可以自主选择课程内容、教学方法、教学评价方式等，还包括教师在学校的发展和运行中能够发挥专业影响力，参与学校决策与管理、设计专业发展活动、开发课程等。教师必须被视为有能力对教学进行自主决策的人员，教师领导可以使教师表达他们的专业观点和意见，参与学校决策，决定学校从哪里改进、如何改进，充分发挥教师的专长和才智，让教师成为专业从业者。

第四，专业内的提升。承担领导角色有利于教师加入和留在教学专业队伍里，为教师提供职业晋升机会，而不是步入传统的生涯阶梯，进入学校管理团队。教师领导有利于优秀教师的职业生涯发展，为优秀教师扩大他们的影响提供机会。[1] 为优秀教师提供识别和认可的空间，促进更多优秀教师发挥他们的专业影响力。

第五，建立新的问责制。任何真正的专业，问责都是首位的。教师要了解并且满足较高教学实践的标准，将学生的学习需要放在第一位，持续反思教学实践，并据此调整他们的教学实践内容。教师领导

---

[1] M. Katzenmeyer, G. Moller, *Awakening the Sleeping Giant: Helping Teachers Develop as Leaders*, Thousand Oaks, CA: Corwin Press, 2009: 33.

挑战了当前主要以考试作为评判教学是否成功的标准，引入了新的问责制和评价制度，对教师的问责不是以测量学习的结果为主，而是以促进学习为中心，使教师履行为自己和学生的学习负责的义务。①

三　价值之三：促进学校持续发展

可持续发展是所有的组织在向前迈进的过程中必须遵守的原则。②学校变革是一个过程，而不是一次事件。③学校处在一个迅速变化的、不断接受挑战的环境里，学校所面临的最大挑战已经不是"如何改进"，而是如何"持续改进"。通过让教师领导革新和发展，在组织中分享领导，可以促进学校的可持续发展。美国卡内基教学促进基金会前任主席波伊尔（Boyer）认为，教师最了解课堂上的情况，教师在教育改革中具有领导作用，教师是搞好一所学校的关键。④

第一，教师领导增强了学校的领导能力。

学校必须建构自身的领导能力，从内部承担起变革的责任，促进学校的自我更新。学校变革在短期内很难见到成效，通常需要较长的时间，成功的学校变革需要坚持不懈的努力。而校长的任职期限通常较短，我国中小学校长任期一般较短，往往主持变革的校长在变革进行中因调动而离开学校，变革便会中止，或者处于停滞状态。

教师相对校长的流动性要小一些，中小学教师通常在一所学校工作的时间较久。通过在学校中培养一批教师领导者，在学校中形成变革的态势，可以使学校变革不因校长的离任而中断，减轻校长更替所造成的变革阻碍。因此，由教师发起和领导的变革，其持续性更长，教师参与领导提高了学校的领导能力，可以使组织不因关键领导者的离开而中断变革。

---

① A. Lieberman, L. Miller, *Teacher Leadership*, San Francisco, CA: Joss-Bass, 2004: 12.
② ［美］玛格丽特·惠特利:《新领导主义》，吴丹苹、胡亦丹译，中国人民大学出版社 2008 年版，第 48 页。
③ ［美］吉纳·E. 霍尔、雪莱·M. 霍德:《实施变革：模式、原则与困境》，浙江教育出版社 2004 年版，第 6 页。
④ ［美］厄内斯特·波伊尔:《基础学校：一个学习化的社区大家庭》，王晓平等译，人民教育出版社 1998 年版，第 33 页。

第二章　教师领导的特征、维度与价值探析

第二，调动广大教师参与到学校变革中。

学校变革所面临的最大挑战是好的理念与实践需要在教师群体中扩散。① 如果改进实践的做法只是少数教师的行为，那么变革就不会真正地发生，只有大多数教师参与到改进实践的探索中，才有可能改进教育教学实践。教师超越课堂承担领导角色，可以调动和激发起其他教师参与变革的积极性，减少对变革的抗拒。通常变革会遭到一些教师的抵制，变革要想取得成功，就需要说服大多数教师采用新的理念，尝试新的实践方式。

教师领导者由于受到其他教师的尊重，能够对其他教师起到示范作用，促使其他教师尝试变革。教师对待变革的态度呈钟形曲线，一部分人会准备迎接变革，少部分人会抵制变革，而大部分人则位于两者之间。教师领导者能够尝试新的观念，将新的做法推广给其他教师。② 受到同事的尊重和认可的教师领导者如果能够走在变革的前列，其他教师就有可能相信新的教学实践可以改善学生的学习，从而愿意尝试改进实践，加入变革的队伍中。

第三，教师领导有利于实施本位的学校变革。

每一所学校都有自己的独特性，学校的独特性决定了学校要因地制宜地实施变革。在学校变革中，统一的变革思想在具体的落实中会因为学校的差异，其结果千差万别。任何学校都要从内部推动自身的发展，基于学校的情况因地制宜地进行变革，而不能生硬地照搬其他学校行之有效的方法。为了变革能有效实施，需要教师领导者根据所在学校的独特性引领变革。

大规模自上而下的变革所确定的变革问题通常是社会性的，即社会比较关注的问题，而非学校真实情境中所关注的问题。③ 学校变革的问题应该来自于学校实践，基于学校的现实情况和特殊需要，依靠

---

① D. Reeves, *Reframing Teacher Leadership to Improve Your School*, Alexandria, VA: Association for Supervision of Curriculum Development, 2008: 14.

② T. Whitaker, "Informal Teacher Leadership—The Key to Successful Change in the Middle Level School," *NASSP Bulletin*, 1995, 79 (567): 76 – 81.

③ M. Collay, *Everyday Teacher Leadership: Taking Action Where You Are*, San Francisco, CA: Jossey-Bass, 2011: 181.

学校内部人员来解决具体场景中的问题。教师比外部专家更加了解学校的发展需要,[①] 教师领导的变革,其问题发端于真实的教育情境。只有教师最为了解学校已有的历史和现存的问题,学校变革需要那些与学校密切相关的人认识到存在的问题,由教师集体解决学校中所存在的问题,并由教师自觉地发起和领导变革,这样变革才有可能发生。在学校中建立教师领导的观念,有助于促进教师发起变革的主动性和积极性,使教师基于学校情境,发现问题,群策群力解决问题,从而推动学校的可持续发展。

综上所述,本章对教师领导的主要理论内容进行了解读,认为教师领导具有探究性、合作性、情境性、自愿性以及集体性的特征,明确教师领导的特征有利于促进我们对教师领导概念的进一步理解。同时,在借鉴和参考已有研究者对教师领导维度构成研究的基础上,提出教师领导包括三个维度:参与决策、教学领导以及教师发展领导,并进一步厘清了教师领导的价值,使我们明确如何从教师领导中获益。对教师领导理论的系统梳理与架构,为后续的研究打下了基础。

---

① W. D. Hickey, & S. Harris, "Improved Professional Development through Teacher Leadership," *The Rural Educator*, 2005, 26, (2): 12 – 16.

第三章 教师领导视角下的我国教师政策分析

"'制度性存在'是一种特殊的文本性存在……是理解中国教育的基本路径之一。"① 在我国虽然没有直接以"教师领导"冠名的政策，但是实际上存在着对教师领导的探索，总结和梳理有关教师领导的教师政策，对于发展教师领导具有重要的意义。一方面有利于从宏观层面呈现我国教师领导的经验，这些本土化的经验可以与国际上关于教师领导的研究进行对话，为教师领导的研究提供中国元素。另一方面，以国际上关于教师领导的研究成果对我国教师领导的经验进行考察，审视其不足和未来需要改进的方向。

对于教师领导相关政策的考察在时间段上选择的是中华人民共和国成立以来有关教师领导的政策。对何种政策是与教师领导相关的判断，建立在对国内外已有教师领导文献的梳理和认识基础之上。政策文本的选取基于两种类型：一是国家层面的与教师领导相关的政策。国家在教育中扮演着重要的角色，通过教育政策来传播和叙说国家的教育意识和观念，对教师领导相关政策的考察，可以呈现出国家在教师领导方面的总体设计和理念。二是地方层面对教师领导的探索性创新设计。一些地区和学校设计了独具特色的旨在发挥教师领导作用的制度。对国家以及地方层面相关的教师领导政策的考察及分析，能够较好地呈现我国教师领导的宏观现状及不足。

---

① 李政涛：《论教育研究的中国经验与中国知识》，《高等教育研究》2006年第9期。

第一节 体现教师领导的国家教师政策

一 教师领导在学校管理中的角色

教师领导在我国中小学中并不是一个新的概念，事实上，在我国中小学教学与管理体制中一直就存在着教师领导的思想，最显著的表现是，中小学除了作为行政领导者的校长（或者书记）以外，学校中的中层干部，如政教主任、教务处主任、教研组长或者年级组长，其实都是"教师领导"的体现。

（一）中层管理人员：行政领导与教学领导的双重职责

我国中小学教师承担领导角色的主要途径是步入学校管理层，成为科层制中的行政管理人员，如政教处、总务处、工会、教务处等部门的部室主任。

对于中小学中层管理人员的设置，国家教育政策有具体的规定。2006年6月教育部发布《教育部关于贯彻〈关于制定中小学教职工编制标准的意见〉的实施意见》，对中小学内设机构和领导职数做出规定。

中小学根据学校类别、规模和任务设置机构，重点中学和24个班以上的学校可增设1—2个机构。完全小学职能机构设教导处（室）、总务处（室）。其中12个班以下的小学只设管理岗位，不设职能机构，可配备教导主任和总务主任各1名。

按照国家政策规定，中小学一般设有教导主任、总务主任、政教主任等中层领导职位，分别负责管理各部门的工作。这些中层管理人员具有职位和权力，是正式的教师领导者，在学校中承担着管理和领导的双重职责。这些人员中如教导主任与政教主任，往往来自教师，而且是由那些具有丰富教育教学经验的资深教师担任的。他们在负责处理学校事务的同时，还需要指导学校教学工作，指导或者帮助其他教师的教学实践。

（二）教研组长：教学领导的具体负责人

我国中小学具有独具中国特色的教研组制度，教研组长实际上承担了教师领导者的角色。

第三章 教师领导视角下的我国教师政策分析

中华人民共和国成立后学校建立了教研组（室）制度。1952年教育部颁布了《中学暂行规程（草案）》，规定在中学各个学科设立教学研究组，教学研究组要以研究改进教学工作为目的，每组设立组长一人，由校长在教师中选聘。与此同时，还颁布了《小学暂行规程（草案）》，规定小学教师按照学科性质，建立教导研究会议，研究改进教学内容和教学方法，交流、总结经验。各组设组长一人，主持本组教导研究会议。

为了进一步明确教学研究组织的性质，1957年教育部颁布了《中小学教学研究组工作条例（草案）》及《关于〈中学教学研究组工作条例（草案）〉的说明》对学校内的教学研究组织的名称进行统一的规范，统称为"教学研究组"（简称"教研组"），并且统一规定了教研组是各学科教师的教学研究组织，不是学校的行政组织。教研组长负责领导本组教师的教学研究工作，而不是行政管理者。也就是说，教研组长的工作不是处理行政事务，而是承担教学领导的责任。

从政策上看，教研组长这一职位是以发挥教师的教学专长为主的正式领导职位，教研组长职位的设计体现了国家重视发挥教师的教学领导作用，教研组长实际上是教学领导者。

(三) 教师代表大会制度：教师领导的典型表现

教师代表大会制度（以下简称"教代会"）是赋权教师参与学校民主管理，体现教师参与学校领导的重要制度保障。教师代表大会是由教师选举出的教师代表组成的。

1985年《中共中央关于教育体制改革的决定》提出要建立校长负责制，建立健全教师代表大会制度。1993年颁布的《中华人民共和国教师法》规定，教师"对学校教育教学、管理工作和教育行政部门的工作提出意见和建议，通过教职工代表大会或者其他形式，参与学校的民主管理"。1995年《中华人民共和国教育法》规定："学校及其他教育机构应该按照国家有关规定，通过以教师为主体的教职工代表大会等组织形式，保障教职工参与民主管理和监督。"

长期以来，在教育领域仅有适用于高等教育《高等学校教职工代表大会暂行条例》，并无适用于中小学教师代表大会实践的政策性文本。2012年《学校教职工代表大会规定》出台并实施，该规定是具有纲领性的文本，是第一个全面适用于各类学校，为教师代表大会的实践提供指导的政策性文本。《学校教职工代表大会规定》对教师代表大会的人数进行了确认，规定教职工在80人以上的学校，要建立教职工代表大会制度，教职工不足80人的学校，建立由全体教职工直接参加的教职工代表大会制度。教职工大会要定期召开，每学年至少召开一次。

该规定对教职工代表大会的职权进行了明确的界定，教师参与学校八个方面的工作，包括学校章程草案、学校发展规划、学校经费、教职工聘任考核、上一届教代会提案办理情况、学校领导评议、监督学校决策落实以及学校其他事项。

很显然，教师代表大会制度是保障教师参与学校管理和发展的重要政策依据，赋权教师在学校决策中发表意见和建议，充分体现了"教师领导"的思想及行动，充分保障了教师参与学校的决策与管理，为教师参与学校领导提供了机会。

综上所述，在我国中小学学校管理体制中，设立了教务主任、政教主任、教研组长等正式的教师领导职位，同时实行教师代表大会制度等，这些政策措施类似于国外教师领导发展的早期阶段，此阶段主要是让教师承担管理角色，确保学校运行的效率和效能。

二 体现教师领导的教师职称体系

我国建立了以教师职务聘任为主要内容的职称制度，为教师提供生涯发展的途径，通过设置不同的职务等级，为教师提供差异化的角色，这种差异化的教师角色在一定程度上体现了"教师领导"的思想。从总体上看，我国中小学教师职称制度的建立经历了三个阶段。

（一）教师职称制度的起源

"十年动乱"结束后，为了提高教师的地位，激发教师的工作积极性，1978年国家实行职称评定制度，将职称作为教师等级的标志。然而职称评定制度存在一定的缺陷：职称制度设计本身的缺陷；职称功能的偏离；职称承载的外在任务太重；终身制等。由于教师职称评定制度在实践中出现了很多问题,1983 年职称评定制度暂停。①

(二) 中小学教师职称制度的内容

1986 年国家对教师实行专业技术职务聘任制度,颁布了《关于实行专业技术职务聘任制度的规定》。随后,原国家教务和中央职称改革工作领导小组联合发布了《中学教师职务试行条例》和《小学教师职务试行条例》,建立了以职务聘任制为主要内容的中小学教师职称制度。对中小学教师的职务设置、职责、任职资格和条件给予了规定,中小学建立了以教师职务聘任制为主的职称制度。

教师职务不同于教师职称,教师职务是按照学校教育教学的工作需要而设置的工作岗位,申请人按照一定的程序接受审核,聘用有教师资格的申请人担任相应教师职务的制度。教师职务聘任制度与教师职称评定制度的主要区别在于:教师专业技术职务是根据实际工作需要而设置的工作岗位,而职称是教师的学术标记,一次获得,终身拥有,教师职务是根据学校工作的实际需要,按照教学和工作岗位的需要进行聘任的。②

按照有关规定,中小学职务分为两个独立的职称序列,小学教师职务等级包括小学高级教师、小学一级教师、小学二级教师、小学三级教师。小学高级教师为高级职务,小学一级教师为中级职务,小学二级教师和小学三级教师为初级职务。中学教师职务被设置为四个级别:中学高级教师、中学一级教师、中学二级教师、中学三级教师。中学高级教师为高级职务、中学一级教师为中级职务,中学二级教师和中学三级教师为初级职务。

每个级别的教师职务都有定额,高职称的教师除了承担一定的教学任务外,还需要承担指导低一级别教师的工作,承担培养教师的任务。事实上,教师职称制度体现了教师领导的思想,高职称的教师需要承担领导角色,为低职称的教师提供教学方面的帮助和指导。

(三) 教师职称制度的发展

2009 年,人力资源和社会保障部、教育部联合发布《关于印发

---

① 陈永明等:《教师教育研究》,华东师范大学出版社 2002 年版,第 219 页。
② 同上书,第 220—222 页。

深化中小学教师职称制度改革试点工作方案的通知》，同时下发《关于深化中小学教师职称制度改革试点的指导意见》，为了调动中小学教师的工作积极性，使单位聘用制度和岗位管理制度相衔接，建立了统一的中小学教师职称（职务）制度。在吉林省、山东省和陕西省分别选择一个地级市进行教师职称制度改革试点。2014 年全面实施中小学教师职称制度改革。

职称制度改革主要是将原来独立的中学教师职称系列和小学教师职称系列并入新设置的中小学职称体系中。新的职称名称依次为：正高级教师、高级教师、一级教师、二级教师、三级教师，与职称等级相对应，分别为正高级、副高级、中级、助理、员级。统一后的中小学教师职称（职务），与原中小学教师专业技术职务的对应关系是，高级教师对应的是中学高级教师；一级教师对应的是原来的中学一级教师和小学高级教师；二级教师对应的是原来的中学二级教师和小学一级教师；三级教师对应的是原来的中学三级教师和小学二级教师。职称制度改革的最大特点是提升了教师职称的等级，设置了正高级职称，正高级教师相当于高校的教授。改革后的职称制度改变了原来小学教师职称低于中学教师职称的状态，统一了中小学教师职称，有利于激发教师的工作积极性。

很显然，正在改革中的教师职称职务体系仍然体现了教师领导的思想，高一级别教师要承担对低一级别教师的指导责任，即高职称的教师应该担负起领导的责任，指导其他教师。

三 凸显教师领导的教师荣誉性制度

国家为了鼓励优秀人才从事中小学教育工作，激发广大教师的工作积极性，从 20 世纪 70 年代开始以特级教师制度为序，建立了教师荣誉制度，赋予优秀教师荣誉与身份，从而使他们成为广大教师学习的榜样，发挥他们在教师群体中的示范与引领作用。

（一）特级教师制度

20 世纪 70 年代以来，我国建立了特级教师制度。特级教师是中小学教师的最高荣誉，是具有先进性和专业性的称号，旨在鼓励中小学教师从事教育事业，提高中小学教师的社会地位，表彰在中小学教育中有特殊贡献的教师。"先进性"和"专业性"是特级教师区别于其他教师的关键之处。特级教师不属于教师的职级系列，但是特级教师实际上却成为教师职级的最高级别，因为只有具有高职称的教师才具有评特级教师的资格。特级教师是官方任命的精英教师，具有头衔与地位，实际上他们是正式的教师领导者。

特级教师设立的初衷是为解决社会上歧视小学教师劳动的问题，以及小学教师"三低"问题（待遇低、地位低、职位低）。1956年，共青团中央将以上问题汇报给中央，毛泽东主席、周恩来总理做出了批示，教育部起草了《关于提高中小学教师待遇和社会地位的报告》，"对有特殊贡献的优秀教师，给予特级待遇"[1]。中华人民共和国成立初期，"特级教师"是为了提高中小学教师的待遇而设立的，且主要在北京市推行，没有推向全国。

特级教师制度的正式建立是在1978年，邓小平同志《在全国教育工作会议上的讲话》提出："要研究教师首先是中小学教师的工资制度。要采取适当的措施，鼓励人们终身从事教育事业。特别优秀的教师，可以定为特级教师。"[2] 1978年12月，教育部和国家计划委员会颁发了《关于评选特级教师的暂行规定》，各地开展了特级教师的评选工作，特级教师制度在我国正式建立。

为了进一步做好特级教师工作，1993年1月，国家教委、人事部、财政部在征求意见的基础上，将《关于评选特级教师的暂行规定》修订为《特级教师评选规定》。《特级教师评选规定》共16条，规定了特级教师的评选条件、程序、待遇等。

《特级教师评选规定》指出"特级教师是师德的表率、育人的模范、教学的专家"。对特级教师的职责做出了要求："特级教师要模范地做好本职工作。要不断钻研教育教学理论，坚持教育教学改革实验；研究教育教学中普遍存在的问题，积极主动提出改进办法；通过各种方式培养提高年轻教师。"

从有关特级教师的政策规定中我们可以看出，特级教师实际上承

---

[1] 《中国教育事典（初等教育卷）》，河北教育出版社1994年版，第268页。
[2] 《中国教育年鉴（1949—1981）》，中国大百科全书出版社1984年版，第60页。

担着领导的责任,他们除了要做好本职工作外,还需要培养青年教师,带领其他教师改进教育教学实践。

(二)骨干教师政策

近年来,国家大力选拔和培养骨干教师,希望骨干教师发挥示范、引领、辐射作用。1999年,教育部颁布《面向21世纪教育振兴行动计划》,提出重点建设中小学骨干教师队伍,决定于1999年、2000年在全国选拔10万名中小学及职业学校骨干教师,开展校本教学改革试验、巡回讲学、研讨培训和接受外校教师观摩进修等活动,发挥骨干教师在当地教学改革中的带动和辐射作用。《国务院关于基础教育改革与发展的决定》(2001)第二十九条规定,"加强骨干教师队伍建设","实施'跨世纪园丁工程'等教师培训计划,培养一大批在教育教学中起骨干、示范作用的优秀教师和一批教育名师。在教育对口支援工作中,援助地区的学校要为受援助地区的学校培养、培训骨干教师"。

教育部制定了《2003—2007年中小学教育全员培训计划》,提出组织实施以农村教师为重点的100万名中小学骨干教师培训;组织实施10万名骨干教师省级培训,显著提高师德和业务水平,在中小学教育教学改革中发挥带头作用;组织实施100万名骨干教师市(地)级培训;组织实施优秀教师高级研修,为他们成长为新一代中小学教育专家打下基础,带动教师队伍素质整体提升。

2010年教育部、财政部开始实施"中小学教师国家级培训计划"(简称"国培计划"),包括"中小学教师示范性培训项目"和"中西部农村骨干教师培训项目",中央财政投入5.5亿元为"国培计划"提供支持。

可以说,骨干教师政策是最能体现国家重视教师的专长,旨在发挥优秀教师领导作用的政策,国家投入了大量的资金用来培训和发展骨干教师。按照教师领导的理论,骨干教师是具有头衔的、官方认可的正式的教师领导者。"这些原本因为专长而获得权威的熟练教师被纳入科层结构并按照科层制的原则加以固定。"[1] 骨干教师政策类似

---

[1] 曾艳:《教师领导的三种发展思路及其认识论基础》,《复旦教育论坛》2012年第3期。

第三章 教师领导视角下的我国教师政策分析

于国外教师领导发展的第二个阶段,为教师设置以专长为主的职位,将教师作为重要的专业资源,在学校发展中充分利用优秀教师的专长。

什么是骨干教师?骨干教师的相关政策对此没有给予明确界定,但是可以从挑选骨干教师参加国家级培训的条件中看出。

教育部办公厅关于组织实施"国培计划——2010年中小学骨干教师研究项目"的通知规定,全国5000名中小学学科骨干教师,参训教师应当具备下述条件:

1. 热爱教育事业,具有良好的思想品德和职业道德素养。
2. 具有较强的教育教学能力、教研能力以及对青年教师的指导能力。
3. 具备中小学高级教师及以上职务。
4. 身心健康,年龄一般在50周岁以下。

骨干教师作为正式的教师领导者,有严格的条件限制,包括教龄、教学水平、获奖情况、科研情况等方面的条件要求。各地根据本地实际情况,设立了不同的骨干教师选拔条件。在评比条件中,一些条件比如师德、身体状况等属于基础性条件,大部分教师均符合这些要求,真正使骨干教师脱颖而出的是一些硬性条件,比如获奖情况、教学研究等。

骨干教师的评比一般是由上级教育行政部门组织的,教师对照条件自行申报,学校负责组织工作,各地在评选骨干教师的时候有相应的人数限制。骨干教师具有不同的类型,包括省级骨干教师、市级骨干教师、区(县)级骨干教师等,每一级骨干教师都有不同的资格条件、责任要求、待遇等。

综上所述,教师代表大会制度、骨干教师政策、特级教师政策等,虽然没有冠以"教师领导"之名,但是反映了国家层面重视教师的专长,促进优秀教师发挥领导作用的要求,从一定程度上体现了国家政策层面对教师领导的探索。

第二节 展现教师领导的实践创新举措

除了国家层面的一些教师政策体现了对教师领导的探索外,一些地区和学校为了扩大优秀教师的示范、引领以及辐射作用,还设计和制定了一些具有创新性的制度,这些制度在一定程度上体现了对教师领导的探索。

一 名师工作室

近年来,各地争相成立了名师工作室,名师工作室制度在一定程度上体现了对教师领导的探索,名师工作室旨在发挥优秀教师的示范和辐射作用,引领青年教师成长,名师工作室的领衔名师实际上就是教师领导者。

(一)"名师工作室"的内涵

"名师"是一个模糊的、动态性的概念,不同的历史阶段和地域对名师的认识不同。名师主要是相对本地区、本学科的教师来评断的,一般是在某一个区域的相关学科或领域具有名气、声望的教师。

名师工作室一般由领衔名师的名字及教学特色命名。名师工作室是由领衔名师和若干相同或相近学科的骨干教师共同组成的教育教学专业机构,是集师资培训、教研、科研于一体的共同体。"名师工作室"搭建了教师之间的交流平台,旨在发挥名师在区域内的带动、示范、引领效应,促使更多的教师成长为名师。

名师工作室可以分为两类:一类是以某个名师的名字和教学特色命名的,以领衔名师为核心组建。另一类是由骨干教师团队组建的"研修工作室"。这类工作室以研究主题将骨干教师凝聚在一起,形成研究共同体,共同进行课题研究,而不是以某个名师为核心建立的工作室。从总体上看,各地建立的名师工作室以第一类名师工作室居多。

(二)"名师工作室"的运作模式

名师工作室的建立大多数是官方的行为,由地方教育行政部门负责和领导,出台相关的政策文件,如广东省出台的《广东省中小学名师工作室建设与管理办法》，重庆市教委出台的《重庆市中小学名师工作室管理办法（试行）》等，为名师工作室的运行提供了政策保障。

教育行政部门制定名师工作室的工作目标和发展规划、提供经费支持以及进行考核。名师工作室的挂牌名师以及组成成员都由教育行政部门确定，名师工作室的培养对象主要是中青年骨干教师，能够进入名师工作室的成员要经过层层选拔，一般是个人申报，学校推荐，上级教育行政部门进行评审。名师工作室一般设在领衔名师所在的单位，有些设立在教师进修学校、教研室等机构中。名师工作室的活动包括读书学习、专题研究、听课评课、论文撰写、课题研究等。

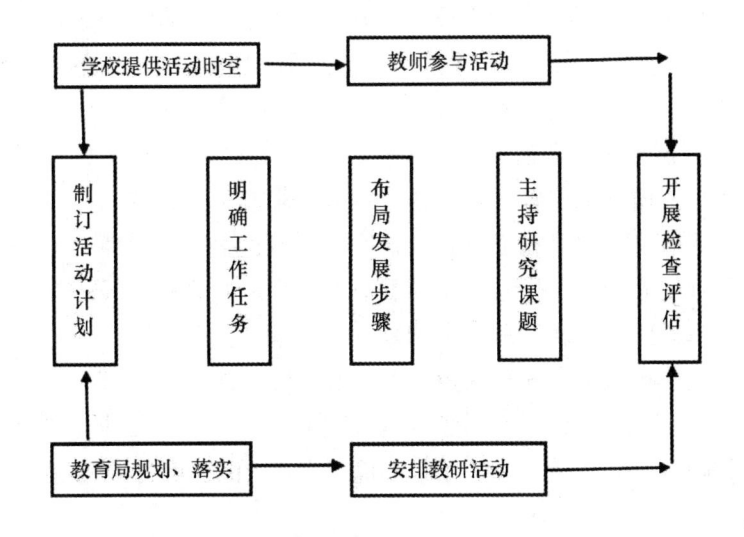

图 3-1 "名师工作室"运行模式

资料来源：刘穿石《"名师工作室"的解读与理性反思》，《江苏教育研究》2010年第30期。

（三）名师工作室的职责

1. 培养和指导学员

名师工作室不仅对于领衔名师的成长是有益的，而且工作室成员的成长对名师大有裨益。领衔名师通常承担导师的角色，负责工作室成员的培养和成长，为学员制订培养计划，提供指导，在一定时期内培养出具有影响力的名师。如上海市普陀区在 2007 年 9 月出台了《教师队伍建设四年行动计划》，普陀区计划截至 2011 年，分别建立由特级教师、学科带头人领衔的工作室，每个工作室选拔若干名教师作为培养对象，发展了一批骨干教师。

2. 师资培训

一些地方的名师工作室承担了培训骨干教师的职责，参与地方的教师培训工作。比如广东省的名师工作室成为"三位一体"的骨干教师培训模式之一，承担省级骨干教师的培训工作。[1]

3. 教学示范和引领

名师工作室负责提高学员教学水平，为学员提供教学示范、课堂诊断、说课评课等，引领学员进行教学改革。如南京鼓楼区的"嵇明海工作室"倡导与专家对话，"葛文君工作室"提倡"同课异构"等。

4. 开展教学课题研究

名师工作室承担着科研任务，一般要求领衔名师带领工作室成员进行课题研究，并且完成相关的研究论文或论著。如北京市东城区实行项目管理制度，工作室制定项目研究的课题，开展的研究项目有现代教育理论研究、新课程改革和高中新课程方法研究等。

领衔名师承担了领导的角色，负责名师工作室的管理，还承担了指导学员、课题研究、引领教学等方面的责任，名师工作室制度体现了对教师领导的探索，重视发挥优秀教师在区域内的示范、带动作用。

二　首席教师制

1999 年华东师范大学二附中率先提出"首席教师"制度，"首席教师"制受到各界的关注，一些地区的学校也纷纷效仿实施首席教师制。首席教师制为教师提供了领导机会，首席教师实际上就是教师领导者。

---

[1] 胡继飞、古立新：《"四主四环"骨干教师培训模式建构》，《中国教育学刊》2011 年第 11 期。

第三章　教师领导视角下的我国教师政策分析

（一）首席教师制的内涵

首席教师制的提出是受"首席教授""首席科学家"等的启发而设立的。首席教师与乐队的首席具有类似的功能，他们所起的是"定音"功能。首席教师是一个岗位，实行流动制，不是为教师提供的职务或者职称。首席教师享有一定的待遇，享有首席教师职务津贴。首席教师的岗位包括学科领域的首席教师，以及德育工作或者竞赛指导方面的首席教师。首席教师一般是在本学科具有一定影响力的教学专家、师德和育人的模范。首席教师具有一定的权利和义务，负责对学科业务工作的组织指导，需要完成师资培训、教学研究、课题研究等工作。

（二）首席教师的评选

首席教师的评选条件是由学校拟定的，以华东师范大学二附中为例，首席教师有严格的评审程序，一般是由个人自行申报，教研组评议推荐，校务会议进行初选。评选人员由校外专家进行评审，通过评议的教师由校长聘任。对首席教师实行严格的考评，每学期都要进行学生问卷调查评分、首席教师述职会、同行教师评议等。

首席教师在学校发挥了领导的作用，他们虽然不是科层等级上的管理者，但是由于他们具有教学专长，实际上在学校中承担了领导者的角色。

三　教师执行校长

2005 年成都草堂小学进行了管理制度的改革，创建了"教师执行校长"制度。[①] 草堂小学推行"教师执行校长"、创建年级执行学校，在原有的学校组织架构中，新增校级、年级"教师执行校长"，形成了"一所学校，三级校长，两级学校，纵横交错，互为织网"的管理模式。三级校长包括学校有教育局任命的管理行政的校长、学

---

① 成都市青羊区草堂小学校长蓝继红在 2006 年 8 月 22 日于北京中南海，由温家宝总理主持召开的基础教育座谈会上，做了"师德建设、队伍建设的思考和初步实践"的汇报。该校设立执行校长和年级执行学校的做法引起关注。《中国教育报》对此进行了报道。对此内容的梳理，参阅了蓝继红、范思明《教师执行校长制度：科层管理的反转型改造》，《中小学管理》2010 年第 9 期。

校设立的"校级教师执行校长""年级教师执行校长"。两级学校包括教育局管理的草堂小学和以年级为单位的分校。

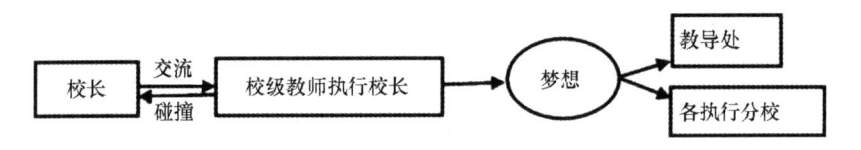

(一) 校级"教师执行校长"

校级教师执行校长是在学校行政正常运行的情况下,在学校层面增设"教师执行校长"的岗位,校级教师执行校长由学校各学科组长拟定候选人员,在每月的教师大会上,由教师投票选举产生,任期一个月,职务津贴200元。在任期内校级教师执行校长可以参加学校行政会,适度监督和推动学校的管理工作。校级教师执行校长要结合个人特点和本月学校工作重点,与校长共同商议,推动能够体现自己梦想的活动(其工作流程见图3-2)。任期满后,由其他教师接替。

图 3-2 校级"教师执行校长"工作示意

(二) 年级"教师执行校长"

在学校设立年级"教师执行校长"岗位,将草堂小学六个年级改成分校,建立名为"彩之舞""花之语""雨之灵""海之韵""风之旅""季之歌"的六个年级执行分校。年级分校教师执行校长由分校教师推荐,经学校行政会讨论产生,任期六年,职位津贴每月300元。年级分校教师执行校长负责分校的管理,建立分校管理机构,设立分校校部以及教导处。鼓励教师根据自身的兴趣和优势,在分校中承担职务,参与分校的管理。

校级教师执行校长和年级教师执行校长的工作具有差别。年级分校相当于在校内建立了校中校,年级教师执行校长负责日常教育教学工作、常规管理,建立年级分校管理机构,年级教师执行校长具有一定的人事权、财务权和事务权等。校级教师执行校长主要是为了实现校级执行校长的梦想,校级教师执行校长没有固定的工作团队,相当于校级管理的志愿者。

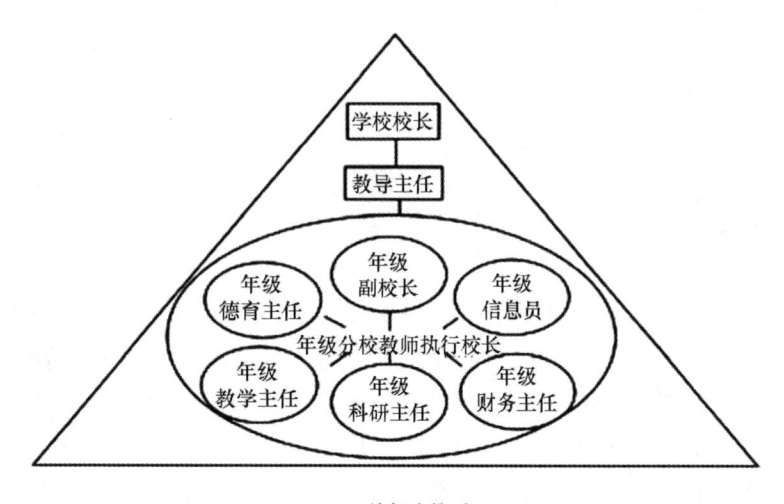

第三章 教师领导视角下的我国教师政策分析

(执行决策时)

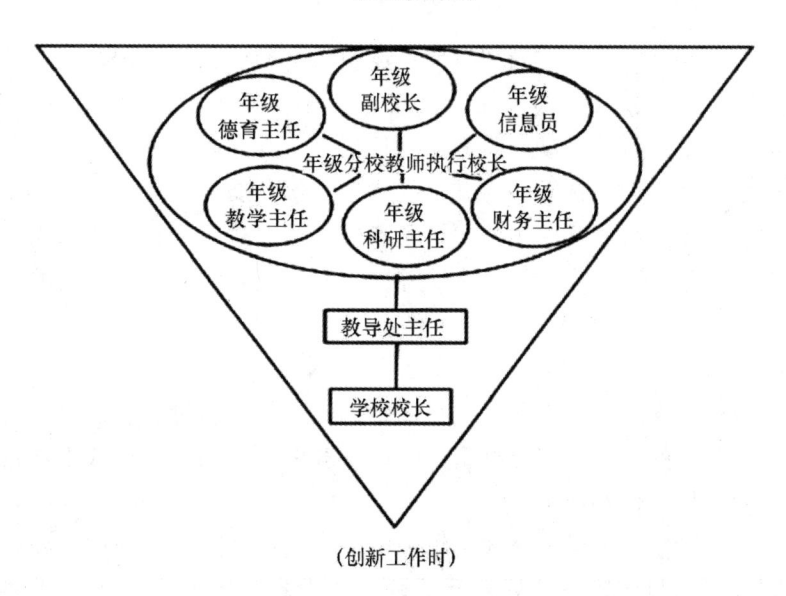

(创新工作时)

图 3-3 年级分校"教师执行校长"工作示意

草堂小学"教师执行校长"制度，体现了校长主动放权，赋权教师去领导，将教师视为专业人员，发挥教师的专业特长，使教师参与学校管理的理念。通过为教师提供"校长"职位，让教师超越课堂

· 105 ·

的界限,以全校的视野关注学校的发展。

四 其他形式

在"新基础"教育实验中,一些实验学校创建了和行政管理系统并行的专业管理系统,即非行政化组织,创建了学科委员会制度和项目工作站制度。[①]

(一) 学科委员会制度

学科委员会的主体是学科教研组长,学科委员会相当于一个领导者团队,学科教研组长实际上是教师领导者。学科委员会的主要功能是参与学校教学管理,加强师资队伍建设,在教学过程监督、教学指令评估等方面发挥了专业引领和辐射作用。学科委员会与校级领导建立了交流机制,定期开展专题性讨论,以教学为中心,为学校发展出谋划策。

学科委员会负责策划和指导每学期两次的校级研讨课,每学期一次对所指定的教研组进行视导。视导包括听该教研组教师的随堂课、参加一次专题教研活动、听教研组长汇报、查阅教研组工作资料、反馈视导意见、写出视导报告并汇编成集。学科委员会对教研组的视导起到了指导、激励和辐射作用。学科委员会通过组织校级研讨课,组织教学专题讨论,对教研组进行视导等,对教师教学提供改进性意见等。

(二) 项目工作站制度

项目工作站制度借鉴现代企业管理中的"项目管理"制度,将企业项目管理的理念创新化地引入学校管理中,突出教育实践中项目的生命性、校本性和研究性。

项目工作站由骨干教师组织一些教师组成课题组,根据工作中所遇到的问题制订研究计划,由学校的"学科委员会"审批(学科委员会一般由学科带头人和教研组长组成),建立工作站。研究的项目

[①] 吴遵民、李家成:《学校转型中的管理变革——21世纪中国新型学校管理理论的构建》,教育科学出版社2007年版,第191—193页;孙联荣:《非行政性组织的创建——学校组织变革的实践探索》,《教育发展研究》2009年第8期;孙联荣:《学校项目管理的"抓手":学校项目工作站》,《中小学管理》2006年第5期。

范围很广,可以是教学、班级管理或教研管理等方面的问题。项目工作站主要是以骨干引领、自愿参与、集体合作的形式共同完成某一个研究项目。项目工作站已经形成了较为完备的一系列制度,包括"项目工作站的申报制度""项目工作站常规管理制度""项目工作站的审核制度"等。现已建站并运行的项目工作站有"语文'生命、体验读与写'""教研组层面的校本研修""推动'中文广泛阅读'活动的探索与实践"等。

项目工作站制度旨在通过项目驱动,发挥骨干教师在教学实践和教学研究上的引领作用,提高教师的教育教学能力和研究能力。项目工作站制度在一定程度上体现了教师领导的思想,项目工作站的领衔教师实际上承担了教师领导者的角色,在领衔教师的带领下,具有共同研究兴趣的教师聚集在一起,共同探索如何改进教育教学实践中的问题。

综上所述,国家、地方教育行政部门以及学校重视开发和利用教师的专长,将教师作为促进学校发展的人力资源,发挥教师的示范和引领作用,制定了一些旨在体现教师领导的相关政策,这些政策对于提升教师的素质,拉动教师整体教学水平的提高具有一定的积极作用。

第三节 基于教师领导视角下的政策缺陷

本节主要结合教师领导的理论,概括和提炼我国教师领导相关政策的特点,从宏观层面总结我国教师领导的经验和特点。对过去已有经验的探讨旨在警惕出现"过去的好方法可能会变成现在的一种新教条,把'错的'却当成'对的'"这一现象。[①] 汲取经验和教训,辨明哪些认识是误导和影响我们实践的问题,从而明确教师领导应该朝向的路向。

---

① [加]卡罗琳·希尔兹、马克·爱德华:《学会对话:校长和教师的行动指南》,文彬译,教育科学出版社2009年版,第21页。

一 基于"领导者"角色的思维

任何政策和实践背后都有其理论假设,教师领导相关政策的设计反映了政府以及学校管理者所持有的关于领导的哲学观念,这是教师领导实践的基础。豪利特(Howlett)和拉梅什(Ramesh)指出:"分析家如何解释公共政策以及他们强调哪些方面,取决于他们的参考框架,这个参考框架反过来又取决于他们的兴趣、思想和经验。"[①] 理解我们当前关于教师领导的相关政策背后的理论假设是重要的,因为对于教师领导的理论假设直接决定发展教师领导的路向和实施效果。

(一)完全"理性"假设,通过理性选择和设计来发挥教师的领导作用

"社会科学对理性的崇拜形成了如此的逻辑:只要人类掌握了某一社会领域的知识完全可以按照人类的设想改变社会运行的某些方面。此时的理性是一种完全的理性,是无所不知和无所不能的人类认识事物的结果和改造世界的力量。"[②] 当前我国教师领导的理论假设是一种完全的理性假设,这是一种机械论的假设。

教师领导的设计遵循了组织设计理论的理性模式。传统组织设计理论来自工业管理,采用的是理性化的组织设计模式,此种模式认为,只要选择适当的策略就能完成目标。理性组织设计模式认为,组织需要雇用正确的人来最大化地完成目标,组织根据员工的技能、智力和动机水平来选择员工,当组织知道哪一类员工符合组织需要时,就可以在雇佣中做出选择。[③]

遵循这种理性的组织设计模式,在我国当前教师领导的制度设计中,采取的理论假设是教师领导的目的和手段之间具有因果链条,通

---

① [加]莱文:《教育改革——从启动到成果》,项贤明、洪成文译,教育科学出版社2004年版,第2页。

② 李春玲:《理想的现实建构:政府主导型学校变革研究》,浙江大学出版社2007年版,第108页。

③ M. M. Mangin, "The Influence of Organizational Design on Instructional Teacher Leadership," In M. M. Mangin & S. R. Stoelinga (eds.), *Effective Teacher Leadership: Using Research to Inform and Reform*, New York: Teachers College Press, 2008: 77–98.

过任务、角色、职责的创设,进行操控就可以达到预定的目的,建构教师领导的途径主要是精心选择和筛选教师,将挑选出来的教师置于领导职位上。通过设计职位,规定候选人的资格条件,可以预测性地认为这些选拔出来的教师就具有领导的素养和能力,能够发挥领导作用,而其他教师是理性的个体,就会心甘情愿地接受这些教师的引领和示范,提升整体的教育教学水平。例如对骨干教师的设计,通过指定任教时间、学历、获得奖励情况、科研情况等,认为满足这些条件的教师,可以对其他教师发挥示范引领作用。

骨干教师、首席教师这些设计出来的教师领导角色,不是从学校系统中根据学校以及学生学习的需要和教师的兴趣、专长产生的领导,而是由教育行政部门或校长认可,按照一定的标准、程序评选设计出来的角色,要求教师适应这些领导职位,衡量教师领导者的标准主要是制度性的条件要求。但令人深感遗憾的是,国外研究者对20年关于教师领导的研究文献进行梳理,认为没有证据表明教师领导者的资格条件和教师领导的结果具有相关性。[1]柯金思(Coggins)和麦戈文(McGovern)认为,如果选拔、任命的教师领导者不能获得其他教师的认可,认为其具有知识和技能帮助同事改进教学实践,教师领导就很难获得成功。[2]

(二) 为教师提供职位或头衔,为教师个体赋权

从我国教师领导有关政策中可以看出,我国发展教师领导主要是以发展具有职位和头衔的正式教师领导者为主,由官方或校长为教师提供职位或者头衔,表现在诸如教务主任、政教主任、教研组长、年级组长、教师执行校长等方面。这反映出我国关于教师领导的政策中所隐含的领导理论,是将领导等同于职位、地位和权力,让教师在科层制的组织框架里分享领导,发展教师领导的方式是以角色为本、为教师个体赋权。传统组织理论学家将领导界定为组织赋予某个人的权力,以指挥其追随者完成组织的目标,但近代的组织理论研究者则从

---

[1] J. York-Barr, & K. Duke, "What Do We Know about Teacher Leadership? Findings from Two Decades of Scholarship," *Reviews of Educational Research*, 2004, 74 (3): 255 - 316.

[2] C. Coggins, & K. McGovern, "Five Goals for Teacher Leadership," *Phi Delta Kappan*, 2014, 95 (7): 15 - 21.

领导的团体层面探讨其意义,认为领导是个人(领导者)与团体间人际互动的产物,借以发挥领导者的影响力,激发成员的努力以达成组织目标。[1] 为教师个体赋权,识别优秀教师,为其提供职位或者头衔,使其承担领导角色的做法,是在传统领导观指导下的教师领导制度设计,从一定时期来看是有利于学校发展的,但是存在局限性。

当将教师领导仅仅理解为正式的教师领导时,分布式领导在学校中的应用就具有局限性。教师承担正式的教师领导工作,意味着在学校里分享决策制定或者说分布式领导是有限的。领导是指管理者分享决策的权力,或者说分布式领导是指管理者分享组织的权力,而不是组织中的所有成员共同分享领导角色。[2] 承担正式领导职位的教师角色发生了改变,他们可以参与学校决策的制定,为其他教师提供辅导,但是大部分教师的角色没有发生改变。[3]

从国外教师领导的发展中,我们可以汲取经验教训。20 世纪 80 年代,国外教师领导主要采取以个人赋权、角色为本的教师领导方式,为教师领导者赋予正式的领导职位,如成为生涯阶梯者、领袖教师和辅导教师、决策制定成员等。但是从 20 世纪 90 年代中期起,教师领导的发展发生了变化,教师领导从个体赋权和以角色为本朝着以集体的、任务导向的、组织层面的(organizational approaches)方向转变。这种转变的原因在于:

第一,为个体赋权的、以角色为本的教师领导在 20 世纪 80 年代和 90 年代初的效果模棱两可。这一时期的教师领导主要是任命教师承担准管理职位,分享管理工作。与校长的"伟人形象"一样,这些职位赋予教师领导"英雄"形象。此外,这些角色并不能聚焦于教师所关注的事情,如课程、教学和学生学习。这些职位将教师置于科层制的等级中。以角色为本的教师领导对于促进其他教师的专业发

---

[1] 吴金香:《学校组织行为与管理》,五南图书出版股份有限公司 2000 年版,第 131 页。

[2] C. Denielson, *Teacher Leadership That Strengthens Professional Practice*, Alexandria, VA: Association for Supervision and Curriculum Development, 2006: 19.

[3] L. Darling-Hammond, "Rethinking Teacher Leadership through Professional Development Schools," *The Elementary School Journal*, 1995, 96 (1): 87–106.

展，改进教育教学实践，促进学生学习的作用甚微，很难促进学校发展。第二，近年来，领导理论、学校发展理论取得了发展，人们认识到学校的发展不能仅仅依靠校长，校长不可能提供学校发展所需要的所有领导力。学校改进以及教学和学习的改进取决于教师的知识、能力和承诺，即教师的意愿和技能。重建学校并不能有效地改进学校，学校结构的变革与学校文化的变革并非同步。这些经验促使人们扩展对于教师领导和学校改进的思考。[1]

总之，在科层制的学校框架里让教师分享领导，为教师个体赋权，以角色为本的发展教师领导的做法与国际上教师领导的新发展存在一定的差距。为教师个体赋权，恶化了学校的权力关系。在原有的学校层级上增加了新的层级，造成学校权力关系恶化，加剧了权力控制。这种为教师提供职位和头衔的做法，在本质上是增加了学校官僚制的等级。在传统的领导观指导下的教师领导相关政策设计，不是权力给予（power to），而是权力控制（power over）。[2] 当教师领导的权威是来自于职位赋予的时，这些教师不一定能够获得教师的认同。从国际教师领导的发展来看，国外对教师领导的假设是将学校作为学习共同体，教师在共同体的框架里分享领导。教师领导与教师个体的权力并不相关，而是调动教师的能力来为学生的学习提供支持，在教师之间形成合作的关系来共同改进教学实践。[3]

（三）领导是少数的精英教师

在对教师领导的政策设计上存在着精英主义的思想，精英主义是指挑选一些教师，将少数的教师树立为精英形象。从各类"名师工程""特级教师"的评选来看，教育行政部门是按照一定名额任命教师领导者的。例如特级教师评选规定，各省、自治区、直辖市在特级

---

[1] M. A. Smile, S. Conley, & H. M. Marks, "Exploring New Approaches to Teacher Leadership for School Improvement," In J. Murphy (ed.), *The Educational Leadership Challenge: Redefining Leadership for the 21st Century*, Chicago: University of Chicago Press, 2002: 162–188.

[2] A. W. Hart, "Reconceiving School Leadership: Emergent Views," *The Elementary School Journal*, 1995, 96 (1): 9–28.

[3] J. Patterson, & J. Patterson, "Sharing the Lead," *Educational Leadership*, 2004, 61 (7): 74–78.

教师总量上一般控制在中小学教师总数的千分之一点五以内。按照特级教师的评选规定，能够当上特级教师的凤毛麟角。

关于精英主义，英国学者哈利斯在分析教师成功问题时对"个人主义逻辑"的剖析，深刻阐释了精英主义的运作机制。哈利斯指出"个人主义逻辑"将我们引入理论歧途。"个人主义逻辑"包括两个问题："任何人可以，因此人人可以"的谬论（"anyone can, therefore everyone can" fallacy）和"妨碍—排除原理"。前者相信，各类教师领导者的选拔是面向所有教师的，任何人都有机会成为"骨干教师""特级教师"等，所以人人都有机会成为"骨干教师""特级教师"。没有成为"骨干教师""特级教师"是由于个人不够努力，把"脏水泼到个人身上"。而实际上主要的障碍在于"个人追求成功的背景的结构性成分"。

哈利斯进一步指出，这种"任何人可以，因此人人可以"的观点在实践层面是站不住脚的，"妨碍—排除原理"揭示了精英主义的运行机制，因为"鉴于一整套社会关系，只有少数人有能力从不利环境中爬上高位"，其他人因必要的限制而被排除在外。"一个人或一部分人的成功妨碍了其他人的成功，而且实际上保证了其他人的失败。由于这种状况的存在，就有必要对能得益的人数做出讲究实效的限制"[①]。在精英主义的观念下，教师领导者是少数的教师，通过设置标准和定额分配，将很多有能力发挥领导作用的教师排斥在外。

精英主义的思想认为，处于领导职位上的教师具有领导才能，其他教师缺乏领导才能。"传统领导观念的核心，是基于群众无能为力的假设：群众缺乏个人愿景，也不能掌握变革的力量，而这些缺陷就只能由少数伟大的领袖人物来弥补了。"[②] 然而，这些正式的教师领导者有些确有其能，领导有方，但是也有一些教师领导不力。正如有研究者认为的，正式的教师领导者不一定是学校中最有技能的教师，

[①] K. 哈利斯：《教师与阶级：马克思主义分析》，唐宗清译，桂冠图书公司1994年版，第18—25页。

[②] ［美］彼得·圣吉：《第五项修炼：学习型组织的艺术与实践》，张成林译，中信出版社2009年版，第334页。

也不一定是最能与教师同伴进行交流的教师。①

二 行政主导下具有等级的特征

从国家教师政策来看,近年来,发展教师领导的着力点是培养骨干教师,骨干教师政策凸显了国家层面对教师领导的顶层设计。以国际教师领导的发展阶段来看,我国骨干教师政策属于教师领导发展的第二阶段,重视发挥教师的教学专长,以改进教学为目的,为教师提供头衔或者职位。我国骨干教师制度与国外此阶段的教师领导所呈现出的不同之处在于,在国外,一些教学指导教师不再承担课堂教学任务,专门从事教学辅导工作。而我国骨干教师政策所具有的优势在于骨干教师并未脱离课堂教学,依然承担教学工作,而不是离开课堂专门从事为其他教师提供辅导的工作,领导和教学是整合的,而不是脱离的,这一点符合发展教师领导的要求,即教师领导者不能脱离课堂教学。

但是,以骨干教师政策为代表的教师领导制度设计,其发展路径是以扩展等级为取向的,按照我国现有的行政级别,赋予骨干教师不同的级别。教育行政部门通过设立资格条件,将一部分教师选拔出来,赋予这一群体以合法的称号或头衔,使得这些教师具有特定的社会身份,使他们处于行政等级中。骨干教师分为区(县)级骨干教师、市级骨干教师、省级骨干教师等,高一行政级别的骨干教师在地位上优于低一行政级别的骨干教师。发展教师领导的途径具有显著的等级色彩,这种扩展等级的教师领导发展路径具有一定的弊端。

(一)骨干教师在政治上的意义大于教育意义,成为制度性文化资本

"文化资本"是布尔迪厄资本理论中的重要概念。文化资本可以分为身体文化资本、客观化文化资本、制度化文化资本。文化资本对于再生产社会的等级起着重要的作用。按照布尔迪厄的理论,"骨干

---

① T. Whitaker, "Accomplishing Change in Schools: The Importance of Informal Teacher Leaders," *The Clearing House: A Journal of Educational Strategies, Issues and Ideas*, 1995, 68 (6): 356-357.

教师"成为一种制度性文化资本。"制度性文化资本是那种在学术上得到国家合法保障的、认可的文化资本，布尔迪厄也把它叫作体制化的文化资本，它表现为行动者所拥有的学术头衔和学术资格。"① 对于学校来说，拥有具有表示教学能力头衔的骨干教师，能够给学校带来文化上的、约定俗成的价值。

骨干教师是教育行政部门授予教师的称号，一定数量和级别的骨干教师可以代表学校的教学水平和师资水平，使得学校之间的相互比较成为可能。拥有骨干教师头衔的教师通常被认为是具有杰出的教学技能的教师，不同级别的"骨干教师"称号，成为教师教学能力的标志。各级各类骨干教师成为学校的品牌或者荣誉资本，每个地区和学校都以拥有高层次的骨干教师作为学校的荣誉，它为学校带来的更多的是名人效应，而不是拉动整体教师的教育教学水平。骨干教师是"学校的旗帜、牌子"，他们在"政治上的意义大于专业上的意义"②。学校在争夺社会分类的位置上所展开的斗争中，"骨干教师"的级别和数量成为学校斗争的"武器"，骨干教师为学校带来的更多的是名声和荣誉，教育教学上的意义并不大。

（二）"利益"的等级导致教师合作与共享减弱

由于各类骨干教师的名额是有限的，且存在不同的级别，在教师之间形成了竞争的文化，而不是合作与共享的文化，这背离了教师领导的精神，教师领导是在学校中建立教师之间合作与共享的文化。扩展等级实际上是一种以竞争为基础的激励制度，通过教师之间的竞争获得职业生涯的提升和改善，似乎是一种提升教学质量的途径，但是这种竞争激励机制吸引的只是少数教师。③ 评选上不同级别的骨干教师可以为教师带来经济、名誉上的奖励，导致一些教师追求的是个人的利益，而不是出于教师内在的动机

---

① 宫留记：《资本：社会实践工具——布尔迪厄的资本理论》，河南大学出版社2010年版，第130、142页。

② 陈峥：《新课程改革下的教师领导与教师专业发展》，华中师范大学出版社2012年版，第155页。

③ J. W. Little, "Assessing the Prospects for Teacher Leadership," In A. Lieberman (ed.), Building a Professional Culture in Schools, New York: Teachers College Press, 1988: 78-106.

第三章　教师领导视角下的我国教师政策分析

和为了学生的学习发挥教师的教学专长，提高教师集体的教学能力。① 骨干教师所存在的等级之分，容易诱导教师为了个人利益而评选骨干教师。

"如果我们将职位升迁看成是最有效的激励手段，就背弃了寻求归属的内在动力。如果我们否认人对关系归属、支持系统、更高追求的渴望，结果必然是引发反抗。一开始也许人们会接受竞争，但不久就对物质刺激失去兴趣，业绩又退回到原有状态。"② 由于激烈的竞争性，骨干教师的头衔对于一些一线教师来说，缺乏吸引力，他们不愿意去竞争骨干教师这一头衔。教师领导所强调的是教师之间的合作与分享，但并非就是抑制教师的竞争愿望。竞争仍然可以作为激励教师的手段，在教师进行合作的时候仍然需要内部的竞争，但是"'内部的竞争必须是针对成果的目标测量，比如过去的层级、基本标准和个人潜力'——而不是针对别的同事"③。

（三）骨干教师角色模糊，缺乏以教师的专长来区分的特色

我国骨干教师角色类型较少，骨干教师在类型上只有等级的差异，而无专长的区分。比如上海市普陀区在发展骨干教师中建立了骨干教师发展序列，骨干教师包括教坛新秀、教学（教育能手）、高级指导教师、学科带头人、特级教师，这些骨干教师在角色上并无多大区分，角色责任基本趋同，所不同的是等级的差别，一些骨干教师属于区级骨干教师，另一些骨干教师属于市级骨干教师。他们的角色差异只是表现在上公开课次数的不同，发表论文数量的差异，以及指导其他教师人数的区别上。由于在政策设计中对骨干教师角色内涵认识的窄化，骨干教师在实际的教育教学实践中很难发挥领导作用，不少人在评骨干教师前后区别不大，骨干教师发挥的作用未必比其他教师大。骨干教师对他们自身角色缺乏深入理解，他们不知道该如何发挥

---

① A. W. Hart, "Creating Teacher Leadership Roles," *Educational Administration Quarterly*, 1994, 30 (4): 472–497.
② [美] 玛格丽特·惠特利：《新领导主义》，吴丹苹、胡亦丹译，中国人民大学出版社 2008 年版，第 12 页。
③ 《哈佛管理前沿》《哈佛管理通讯》编辑组编：《有效领导》，侯剑、李特朗译，商务印书馆 2008 年版，第 110 页。

自身的领导作用,其他教师也不知道如何从这些教师身上获益。这些被任命的教师领导者很难将他们自己课堂教师的角色与课堂外教师领导者的角色区分开来。①

我们以国外教学指导教师为例来看一下国外在发展教师领导第二阶段的做法,为我国制定骨干教师政策提供借鉴。在国外教师领导发展的第二阶段,发展教师领导的主要做法是为教师提供以发挥专长为主的领导职位,根据不同的教师专长来区分教师领导者的角色,且教师领导者的工作是以帮助其他教师改进教学实践为中心的。这一阶段的教师主要承担教学指导教师这一职责,教学指导教师的角色类型比较多,有教学教练、领袖教师、数据分析专家、员工发展者等,总体来说,具有下列特点:(1)非监督性;(2)主要致力于教学改进;(3)目的在于教师的能力建构;(4)从事学校层面的工作。② 教学指导教师会从事一系列活动:开展专业发展工作坊、共同规划和示范教学;观察教学并且提供反馈;收集和分析数据;促进对话和批判性反思;促进教师之间分享实践。教学指导教师的职位受到各方的支持,如联邦项目的支持、私人基金、专业组织的支持等。③

但是,对其已经显露出来的弊端我们也需要加以预防和从中汲取教训。首先,教学指导教师的培养,从经济成本来说,耗资巨大。例如2001年学区在芝加哥公立学校发起了芝加哥阅读项目,培养114名校本阅读专家,2003年达到160名,培训校本阅读专家的费用将近2000万美元。其次,除了经济成本外,这些教师不再承担课堂教学任务,而是承担具体职责,削弱了学校的人力资源。④ 这些新增的

---

① A. W. Hart, "Reconceiving School Leadership: Emergent Views," *The Elementary School Journal*, 1995, 96 (1): 9–28.

② M. M. Mangin, & S. R. Stoelinga, "Teacher Leadership: What It Is and Why It Matters," In M. M. Mangin & S. R. Stoelinga (eds.), *Effective Teacher Leadership: Using Research to Inform and Reform*, New York: Teachers College Press, 2008: 1–9.

③ M. M. Mangin, & S. R. Stoelinga, "The Future of Instructional Teacher Leader Roles," *The Educational Forum*, 2010, 74 (1): 49–62.

④ M. M. Mangin, & S. R. Stoelinga, "Teacher Leadership: What It Is and Why It Matters," In M. M. Mangin & S. R. Stoelinga (eds.), *Effective Teacher Leadership: Using Research to Inform and Reform*, New York: Teachers College Press, 2008: 1–9.

第三章　教师领导视角下的我国教师政策分析

教师领导职位并没有对教师的教学实践产生较大的影响，教学指导教师定期观察教师上课，并且为教师提供建议，但是他们并没有改变教师的教学实践，教师之间仍然是隔离的，教学指导教师对其他教师而言充其量只是一个参观者。再次，正式的教师领导者由于他们的职位是由外在的基金资助的，而不是建立在学校预算基础上的，他们的职位实际上是学校增加的一个项目，当基金不再提供支持时，学校便会撤销这些角色，严重影响了教师领导的实施。[1] 最后，要防止教学指导教师的职责被模糊化，把他们当成"受雇做杂事的人"（Handyman），而不是教师的教学资源。[2]

从国外教学指导教师的发展情况来看，发展骨干教师应该以发挥教师的专长为主，从横向上发挥骨干教师的领导作用，以教师的专长区分不同类型的骨干教师角色，使骨干教师在其专长领域里发挥领导作用，而不是以纵向的行政等级为发展路径来区分骨干教师的角色。

三　缺乏将领导视为学习的视野

教师领导与教师学习具有紧密的关系。兰伯特（Lambert）认为，为同事的学习负责是领导概念的核心，领导和学习是紧密相关的。[3] 根据建构式领导的观点，领导是共同体成员互惠的、有目的的学习。教师领导是为促进教学和学习的改善，改变教师以往只为自己学习负责，而很少为其他教师的学习负责的情况。教师领导的实质是对学习的领导。教师领导不是通过委托任务或者任命教师承担具体的职责，它要求全纳的观点，所有的教师都能领导学习。[4] 为了学校改进的成

---

[1] S. M. Johnson, & M. L. Donaldson, "Overcoming the Obstacles to Leadership," *Educational Leadership*, 2007, 65 (1): 8 – 13.

[2] M. M. Mangin, & S. R. Stoelinga, "The Future of Instructional Teacher Leader Roles," *The Educational Forum*, 2010, 74 (1): 49 – 62.

[3] L. A. Lambert, "Framework for Shared Leadership," *Educational Leadership*, 2002, 59 (80): 37 – 40.

[4] J. Durrant, & G. Holden, *Teachers Leading Change: Doing Research for School Improvement*, Thousand Oaks, CA: Paul Chapman, 2006: 1.

功，教师领导者同时要成为教师、学习者、领导者。[1] 我们应该树立领导是一种学习的观点，使教师领导者承担起为同事的学习负责的责任，在学校中领导自己和其他教师的学习，促进教师集体教学能力的提高。

在学校共同体中，每一位教师都既是学习者又是领导者。学习的领导包括以下内涵：第一，意义是"学习的领导"的核心，"学习的领导"是促成意义交往与共识的活动。在学习的领导中，学习被看作社群中意义建构和协商的活动，学习的领导是为了促进意义建构与协商。第二，教育领导的广泛分布性基于学习的分布性和社会性。第三，学习和领导具有不可分割的关系，学习者即为领导者，领导者即为学习者。[2] 在当前我国教师领导政策中，由于缺乏领导是一种学习的观念，教师领导出现了一些弊端。

(一) 局限于个人工作改善的教师领导

当前我国的教师领导主要是一种基于个人工作改善的教师领导，为教师个体提供职业提升的机会。这种发展方式是通过增加领导职位，让教师承担领导责任，注重的是教师领导者个体的发展。[3] 让教师承担部室主任、教研组长、教师执行校长等，是为教师提供垂直的职业提升机会，强调的是教师个人的工作改善，而不是集体的教学改进。[4] 基于个体工作重新设计和工作改善的教师领导，所遵循的逻辑是为教师提供多样化的工作，增加领导的责任，提供额外的报酬，以增加教师的动机、工作承诺、满足感等。[5] 这种基于个人工作改善的

---

[1] M. E. Krisko, Teacher Leadership: A Profile to Identify the Potential, Paper Presented at the Biennial Convocation of Kappa Delta Pi, Orlanda, FL, 2001.

[2] 曾艳、黎万红、卢乃桂：《学习的领导：理解教育领导的新范式》，《全球教育展望》2014年第4期。

[3] M. A. Smylie, & J. W. Denny, "Teacher Leadership: Tensions and Ambiguities in Organizational Perspective," *Educational Administration Quarterly*, 1990, 26 (3): 235-259.

[4] S. R. Stoelinga, & M. M. Mangin, *Examining Effective Teacher Leadership: A Case Study Approach*, Teacher College Press, 2010: 3.

[5] M. A. Smile, S. Conley, & H. M. Marks, "Exploring New Approaches to Teacher Leadership for School Improvement," In J. Murphy (ed.), *The Educational Leadership Challenge: Redefining Leadership for the 21st Century*, Chicago: University of Chicago Press, 2002: 162-188.

教师领导设计，只是使教师有限地参与领导。① 已有的研究表明，基于个人工作改善的教师领导对于改进其他教师的教学和学习实践，建构集体的教学能力效果不大。

在传统的学校组织框架下，教师承担正式的领导职位，只会为教师领导者本人带来益处，而对于没有承担领导职位的教师，则不会促进他们的教学和学习的改善。获得正式领导职位的教师，具有更多的学习机会，他们自身的专业知识和能力可能会得到提高，从而能够改善课堂实践。② 教师领导者个体从职位或头衔中获益，专业水平更加提高，他们相比普通教师获得更多的专业发展机会，如外出学习、校际交流、观摩名师课堂、讲公开课等，但是这些正式的教师领导者在学校发展中不一定能发挥领导作用，对其他教师的教学与学习的影响也是有限的。

富兰认为，新的教师领导角色如导师、课程领导者、员工发展者以及领袖教师，给占有这些职位的个人带来了好处，但却无益于其他教师。他提出应该让更多的教师承担领导角色，建立所有教师合作的学校文化。③ 教师领导不能局限于改善教师个体的工作，而要致力于提高教师集体的教育教学能力。

（二）教师领导定位不准，陷入功利主义

在教育部门的行政推动下，一些教师领导职位性质模糊，陷入功利主义，而失去了教师领导的核心理念——促进教师之间的相互学习，影响其他教师改进教学实践。

以名师工作室为例。名师工作室究竟要实现什么样的目标？领衔名师要采取什么样的工作方式？教育行政部门对此缺乏清晰的认识。在有些地方，名师工作室的定位产生了严重的偏差，不是为帮助一线

---

① D. G. Pounder, "Teacher Teams: Promoting Teacher Involvement and Leadership in Secondary Schools," *The High School Journal*, 1996, 1997, 80 (2): 117–124.

② L. Darling-Hammond, "Rethinking Teacher Leadership through Professional Development Schools," *The Elementary School Journal*, 1995, 96 (1): 87–106.

③ M. Fullan, "Broadening the Concept of Teacher Leadership," In S. Caldwell (ed.), *Professional Development in Learning-Centred Schools*, Oxford, OH: National Staff Development Council, 1997: 34–39.

教师改进教学实践,而是追求功利性的目标。一些地区的名师工作室从成立之时起,就追逐快出成果,搞课题、发论文、做网站等,为了应付上级行政部门的检查,甚至制造虚假材料,名师工作室与真正的教学实践相去甚远。①

在国家大力发展骨干教师精神的引导下,一些地区的教育行政部门开展了名师培养活动,这些旨在培养名师的活动冠以"百千万工程",追逐的是快速地生产更多的"名师"。教育行政部门重在追求名师的数量,规定了名师的级别、产生的时间、责任等。例如,某市"百千万"中小学名师工程计划到2020年,第一层次的名师,即人民教育家达到50—100人。第二层次的名师,即特级教师、学科名师、骨干教师达到1000人。第三层次的名师,包括市级学科名师、骨干教师达到1万人。②

教育行政部门发展名师,提高教师队伍素质的初衷是好的,但是由于缺乏对教师领导理念的认识,不能正确地认识发展名师的目的,陷入对名师数量的盲目追求中。教育行政部门不能硬性地规定骨干教师的数量,要求产生百、千、万名骨干教师,更不能规定三或五年这样的产生名师的时间。这种以行政强制手段批量生产教师领导者的做法,陷入了功利主义的追逐中,没有将名师作为其他教师学习的领导资源,让其带领教师集体从事教学实践的改进,从而带动教师群体教育教学水平的提高。

(三)教师领导者与教师之间不是平等的学习者的关系

承担正式领导角色的教师在地位上会被认为高于其他教师。③骨干教师、首席教师等教师领导者和教师的地位是不平等的,他们和教师是指导的关系(mentoring relationships),在这种关系中,教师领导者是"专家",其他人是"经验不足的教师"。真正的教师领导应该是教师基于共同的兴趣,以团队的形式共同合作,共同解决问题,而

---

① 黄文涛:《"名师工作室"之路该怎么走?》,《江苏教育报》2011年第4期。
② 赵耀光:《石家庄市"百千万"中小学名师培养工程启动》,http://hebei.hebnews.cn/2014—09/11/content_ 4166947. htm, 2014 - 09 - 11。
③ L. Darling-Hammond, "Rethinking Teacher Leadership through Professional Development Schools," *The Elementary School Journal*, 1995, 96 (1): 87 - 106.

第三章 教师领导视角下的我国教师政策分析

不是"指导"的关系。[①] 例如,当前名师工作室主要是在领衔名师的领导下开展工作,往往出现名师"一言堂"的现象,其他组织成员不敢发表自己的意见和观点。事实上,领衔名师与其他成员应该是互相学习的关系,领衔名师要与其他教师相互学习,分享知识和观点,成员之间相互交锋,碰撞思想,产生集体的智慧。教师领导者在地位上不应该高于其他教师,教师之间只有专长的不同,而无专业地位的高低之分。如果我们将教师领导的职责看作领导同事学习,那么每一个教师都可以发挥领导作用。

教师领导的核心是影响其他教师改进教学实践,使教师加入对教学实践的改进中,共同合作,互相学习,分享观念和实践,创造更加有利于学生学习的新的教学实践。教师领导者与其他教师之间的关系是互惠的学习关系,教师领导者与其他教师都是共同体内的学习者,教师领导者不是教师的教师。教师领导者需要担负起学习促进者的责任,他们需要将自己和他人看作学习者,教师领导者在领导教育教学实践改进的过程中,要警醒不要让自己的"帮助"变成控制或者霸道,要与其他教师共同合作、探究、互相学习。教师领导者由于受到同事的尊重,他们可以帮助教师去除教学实践的个人主义,促进教师集体学习。[②]

综上所述,我们应该重新聚焦教师领导,教师领导不是建立在科层制中地位和权力之上的,应该将教师领导的焦点调整到教师是学习的领导者上。教师领导者是那些在学校中能够有效地领导自己和同事学习的人。教师领导和教师学习是相互关联的,教师学习既是教师领导的过程又是教师领导的结果。一方面通过与其他教师的交流与合作,在示范、分享的过程中,教师领导者自身的知识和技能获得提高,另一方面通过教师领导者的示范、指导等,其他教师从中学习。在教师领导的过程中,教师领导者个体的知识、能力、技能得到提

[①] P. A. Wasley, *Teachers Who Lead: The Rhetoric and the Realities of Practice*, New York: Teachers College Press, 1991: 167.

[②] C. Denielson, *Teacher Leadership That Strengthens Professional Practice*, Alexandria, VA: Association for Supervision and Curriculum Development, 2006: 15.

高，同时促进同事的知识、个人能力的提高。①

四 教师领导局限于事务性管理

（一）教师领导者的工作主要是管理

国内中小学教师领导所强调的教师领导者，通常是科层制中的行政人员，如部室主任、教研组长、教师代表等，教师领导发挥的是管理的功能。教师领导者的作用主要体现在制定学校政策、预算的安排、上传下达、资源分配等事务上。组织通过对职位的描述，传达该职位的人应该做什么，赋予占有该职位的教师所具有的权力和职责，步入管理层级的教师，成为官僚制度中的一个"齿轮"。

以教研组长为例。教研组长本应该肩负起领导教学变革的责任，与校长分享决策，共同领导，带领教师进行教学研究，改进实践，而不应该完全听命于校长。但是在实践中教研组长更倾向于上传下达、检查教师的教案、备课情况、协调工作等。部门主任、团队领导者、教研组长等教师通常被作为教师中的"代表"，而非真正地推动变革的领导者。② 中小学教师领导者的功能通常是管理，而非以改进其他教师的教学实践为目的。③

尽管进入该职位的个体拥有不同的个性和经历以及专长，但是对职位的描述是一样的。"在职者只能在与其工作相关的领域对他人进行合法的管理。这里管理指代一种权力，指在职者制定决策，对具体领域施加影响与实践控制的权力。在学校系统内，合法性的授予以专业技术与等级制内的职位为基础。教师实施的权力一旦逾越该职位被赋予的权力，他的合法性就可能遭到质疑。"④

---

① D. Frost, & J. Durrant, *Teacher-Led Development Work: Guidance and Support*, London: David Fulton Publishers, 2003: 26.

② C. Livingston, "Teacher Leadership for Restructured Schools," In C. Livingston (ed.), *Teachers as Leaders: Evolve Roles*, Washington, DC: National Education Association, 1992: 9 – 17.

③ C. Coggins, & K. McGovern, "Five Goals for Teacher Leadership," *Phi Delta Kappan*, 2014, 95 (7): 15 – 21.

④ [美] 珍妮·H. 巴兰坦：《教育社会学：一种系统分析法》，朱志勇等译，江苏教育出版社2005年版，第124页。

第三章 教师领导视角下的我国教师政策分析

官方任命的教师领导者,其功能是已经定义好的,每个职位的职责都有描述,职位是归属于组织的,教师领导者发挥职位所规定的功能。教师领导作用的发挥只能是在职位既有的规定中,限制了教师领导的范围。在学校中盛行的是工业化模式下的领导观,领导意味着集权和控制,领导者的任务是指挥和控制组织成员,这些行为不是领导,而是管理。①

(二) 领导和管理的差异

在层级制的组织结构中,很难将领导和管理分离开来。一个人通常承担领导和管理的双重角色。② 领导和管理是既有联系,又有区别的概念。管理注重的是维持现状,领导注重的是创新和转变,可以说领导具有变革的本质属性。沃伦·本尼斯认为:"好的管理者把事做正确,而好的领导者做正确的事。"③ 约翰·科特认为:管理和领导具有相似之处,二者都需要对事情做出决定,建立完成计划的人际关系网,确保任务完成。领导和管理是完整的行为体系,不从属于对方。管理和领导具有明显的差异。管理的计划和预算过程在时间范围上是几个月或者几年,倾向于排除风险,而领导关注的是经营方向的拟定,在时间范围上较长,敢于采用具有风险的战略,管理行为的人员配备趋向于强调专业化,挑选适当的人员,服从工作安排,领导重视联合群众,使群体朝着正确的方向前进。管理倾向于控制,领导倾向于激励和鼓舞(见表3-1)。④

管理的核心在于维持现状,领导的核心在于实现转变或者变革。如果教师领导者的活动只是维持现状,努力实现现在的目标,教师领导者不能称得上真正的领导者,其所做的工作只是管理,而不是领导。

---

① E. M. Forster, "Teacher Leadership: Professional Right and Responsibility," *Action in Teacher Education*, 1997, 19 (3): 82-94.

② R. Lindahl, "Shared Leadership: Can It Work in Schools?" *Educational Forum*, 2008, 72 (4): 298-307.

③ [美] 沃伦·本尼斯、琼·戈德史密斯:《领导力实践》,姜文波译,中国人民大学出版社2007年版,第7页。

④ 约翰·科特:《变革的力量——领导与管理的差异》,方云军、张小强译,华夏出版社1997年版,第4页。

表 3-1　　　　　　　　复杂企业组织中的管理和领导

	管理	领导
制定议程	计划、预算过程	确定经营方向
发展完成计划所需的人力网络	企业组织和人员配备	联合群众
执行计划	控制、解决问题	激励和鼓舞
结果	实现预期计划，维持秩序	引起变革，通常是剧烈变革

资料来源：约翰·科特《变革的力量——领导与管理的差异》，方云军、张小强译，华夏出版社1997年版，第6页。

科特认为，过于强调管理而忽视领导会带来这些情况：第一，过于强调短期范围，常常注重细节，回避风险，很少采取具有长期性、宏观性和敢冒风险的战略；第二，倾向于选择合适的人员来从事各项工作，比较注重专业化，要求员工服从规定，而很少注重整体性、忽视联合群众；第三，过于强调抑制、控制以及预见性，而对授权和鼓舞强调不够。[①] 过于强调管理而忽视领导，会限制教师在学校发展中领导潜能的开发和利用。

（三）教师领导应该超越管理，承担领导变革的责任

由于管理和领导的边界存在模糊，管理者通常让教师承担管理角色，而非与教师分享领导。我们必须将教师领导定位于领导，而不是管理。[②] 教师领导不同于传统的领导观念，让教师承担管理的职责，它更加强调的是教师的联合领导（collegiality）。[③] 教师领导主要聚焦于变革，教师领导者在本质上是"变革的代理"（change agentry）。变革的代理是指教师个体或者群体为领导学校层面的变革而承担起责任。教师的职责不能局限于课程教学，而应延伸到学校层面的课程开

[①] 约翰·科特：《变革的力量——领导与管理的差异》，方云军、张小强译，华夏出版社1997年版，第8页。
[②] R. Lindahl, "Shared Leadership: Can It Work in Schools?" *Educational Forum*, 2008, 72 (4): 298-307.
[③] A. Urbanski, & M. B. Nickolaou, "Reflections on Teachers as Leader," *Educational Policy*, 1997, 11 (2): 243-254.

第三章 教师领导视角下的我国教师政策分析

发、员工发展、学校改进、学校管理、决策制定等上。① 应该赋权教师，让教师在学校改革中扮演积极的角色。② 教师领导者所要做的工作是促进并且领导变革，使他人的教育教学实践发生变化。

有效的教师领导需要我们采取这样一种领导视角，将领导视为影响他人改变观念或者行为，而不只是完成某项任务或者是履行职位所描述的责任。如果将教师领导理解为促进他人改变行为或者观念，就可以发现在学校中许多教师可以被视为领导者，比如在日常的谈话中影响同事，分享资源、示范新的实践，由于他们努力为其他教师或者学校共同体带来改变，教师以非正式的方式发挥着领导作用。③

如果要想在21世纪生存，应对21世纪的挑战，学校所需的教师领导者应该是能够发起和维持变革的领导者，而非管理者。需要强调的是，这里并非否认管理对于学校发展的作用。管理和领导并不是非此即彼，孰优孰劣，而是在二者之间保持动态平衡。当学校处于稳定的环境下时则要求管理多于领导，当学校处于变革的复杂环境下时则要求领导多于管理。对于学校的发展，管理和领导是不可缺少的，在当前学校面临日益增加的变革要求的时候，学校需要更多的教师承担起领导的责任。

---

① D. Ho, & L. P. Tikly, "Conceptualizing Teacher Leadership in a Chinese, Policy-driven Context: A Research Agenda," *School Effectiveness and School Improvement: An International Journal of Research, Policy and Practice*, 2012, 23 (4): 401–416.

② J. Xu, & G. Patmor, "Fostering Leadership Skills in Pre-Service Teachers," *International Journal of Teaching and Learning in Higher Education*, 2012, 24 (2): 252–256.

③ B. Miller, J. Moon, S. Elko, & D. B. Spencer, *Teacher Leadership in Mathematics and Science*, Porsmouth, NH: Heinemann, 2000: 4–6.

第四章　中小学教师领导的现状调查及分析

我国具有数量众多的中小学教师，他们是学校中重要的领导资源。本章对教师领导现状的考察从政策视角转换到学校实践视角，对学校中的教师领导进行写实，通过教师之眼和教师之言来呈现实践中教师领导的现状。首先以教师领导的三个构成维度为框架，对中小学教师进行问卷调查和访谈，对数据的结果进行统计，并做出初步的分析。其次，在调查的基础上，深入讨论教师领导发展中所存在的问题。最后，对影响教师领导发展的因素进行剖析。

第一节　调查结果与分析

本书通过对中小学教师的问卷调查和访谈来呈现教师领导的现状，对教师领导总体现状特征以及教师领导的三维结构进行分析，展现教师领导在人口统计学变量上的差异特征，从而形成对中小学教师领导的整体把握。

一　总体特征

根据数据统计分析，我国中小学教师领导的总体表现处在从不参与领导和偶尔参与领导之间，在教师领导的三个维度构成中，教学领导较高，教师发展领导次之，参与决策制定最低。

（一）教师领导总体表现较低

问卷调查数据显示，教师领导的总体表现水平较低，倾向于教师偶尔发挥领导作用。教师领导由参与决策制定、教学领导、教师发展领导三个方面组成，对这三个方面进行描述性统计分析，具体见表4-1所示。

表4-1　中小学教师领导及构成维度的描述性统计结果（样本量 N = 648）

统计指标	均值	标准差	最小值	最大值
教师领导	2.41	0.61	1.00	5.00
参与决策制定	1.76	0.83	1.00	5.00
教学领导	3.28	0.71	1.00	5.00
教师发展领导	2.31	0.83	1.00	5.00

表4-1显示了教师领导总体表现状况及其三个构成维度的均值、标准差、最大值和最小值的情况。根据李克特五点量表的四个区间的分值规定，1—2，表示教师领导总体状况处于从未和偶尔区间；2—3，显示教师领导总体状况处于偶尔—有时区间；4—5，显示教师领导总体状况处于有时—经常区间。为了比较准确地理解数据统计背后的含义，更好地区分教师领导的总体状况，笔者将每个区间以0.5为界限来显示数值更加趋向于哪个效标，比如在2—3区间，2—2.5表示教师领导总体表现倾向为偶尔，2.5—3表示教师领导总体表现倾向为有时。由此可见，教师领导的总体表现均值为2.41，介于2—2.5，所以笔者认为，我国中小学教师偶尔发挥领导作用，教师领导总体表现水平较低。

（二）教师领导三维构成不均

从教师领导的三个维度构成调查中小学教师领导总体表现情况，结果表明，在教师领导的三个维度上，从高到低排名依次是教学领导、教师发展领导、参与决策制定。教师领导三个维度之间的相互状况如图4-1所示，只有教学领导维度处于教师领导总体表现均值2.41之上，参与决策制定、教师发展领导维度都低于均值2.41。这表明中小学教师领导主要表现在教学领导方面，教学领导是当前中小学教师在学校中参与领导的主要维度。而教师参与决策制定的均值为1.76，是三个维度中最低的，反映了中小学教师很少参与学校决策。

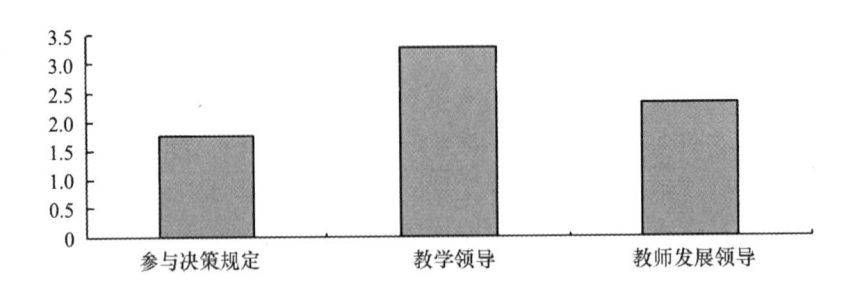

图 4-1 教师领导三维构成均值情况

二 分维度状况

(一) 关于教师参与决策制定的调查

教师参与学校决策制定是教师领导三个维度中得分均值最低的维度。从数据中我们可以看出，教师很少参与学校决策制定（具体见表4-2）。教师"经常"和"总是"参与学校发展目标的比例之和为7.4%，教师"经常"和"总是"参与课程政策制定的比例之和为5.9%，教师"经常"和"总是"参与教学政策制定的比例之和为15.4%，教师"经常"和"总是"参与学生管理与评价政策制定的比例之和为13.8%，教师"经常"和"总是"参与学校经费政策制定比例之和为6%，教师"经常"和"总是"参与教师管理与评价政策制定的比例之和为5.1%。总而言之，教师"经常"及"总是"参与学校决策的比例很低，二者之和在各个题项上仅处于5.1%—15.4%。

表 4-2　　　　　　教师参与学校决策调查结果　　　　　　（%）

维度名称	从未	偶尔	有时	经常	总是
学校发展目标	56.9	23.8	11.9	5.4	2.0
课程政策制定	65.0	18.8	10.3	4.5	1.4
教学政策制定	45.4	22.1	17.1	11.7	3.7
学生管理与评价政策	47.7	29.3	19.1	10.3	3.5
学校经费政策	67.6	17.0	9.4	5.2	0.8
教师管理与评价政策	63.3	18.7	13.0	3.9	1.2

第四章 中小学教师领导的现状调查及分析

对于教师参与学校决策的情况，似乎是个隐晦的话题。从问卷的填答情况来看，一些教师对有关参与学校决策的题项没有进行作答，相关题项出现了空白。在访谈中，很多教师表示，他们很少参与学校决策，对此他们表现出强烈的不满。

> ST2 老师：学校决策都是校长说了算，老师没有决策的权力，对于一些重大事件的决策，学校会征求教师的意见，但是最后的决策还是由校长做出的，究竟教师的意见起没起作用，我们也不知道。
>
> ST6 老师：教师很少参与决策，在学校的一些重大决策上，校长也会征询教师的意见，但是教师的意见往往都是在一些小的事情上有所体现，比如教师需要改变办公环境等。而在重大的决策上，教师的意见很少能得到体现，尽管现在学校开始重视教师参与决策，但是教师参与决策充其量是一种形式。学校决策都是校长说了算，老师没有决策的权力。

笔者在 H 小学对教师进行访谈时，恰逢 H 小学评比小学高级教师职称，从教师职称评比这一事件中可以看出教师是如何参与学校决策的。H 小学共有四个小学高级教师指标，申报者达 20 多人，在这 20 多人中如何评比出四个高级职称呢？在职称评定的当天下午，学校首先召开了领导班子会议，确定了评选办法，这四个指标分别给支教教师一名、领导班子成员一名、名师一名、普通教师一名。然后根据这四个分类进行教师投票和表决，校长认为，该校的做法是民主公正的，教师参与了学校评选职称的决策。但是教师对此是有异议的，下面是教师对此次决策的意见：

> ST10 教师：一点都不民主，标准都是学校制定的，老师没有说话的权力，教师投票和表决是走过场，是一种形式。表面上教师参与了学校的决策，实际上这仍然是学校领导控制的一场职称角逐，游戏的规则由学校领导班子决定了，教师只是被民主。

一些事关教师利益的决策,表面上看来是民主的,实际上是不民主的。

ST14 教师:投票是走走形式,领导在上面看着,别人举手,你要是不举手,不就显得太突出了吗?有的老师不想举手,但是其他老师举手了,你不举手大家都看着你,校长看着你,从表面上看,教师参与了职称评定,但是这种职称评定并不能反映教师的意见,体现公平、民主,职称评定的规则、标准都由学校领导班子决定,教师只能在已经制定好的评选规则和框架下,进行投票。

作为教师是否愿意参与制定学校决策呢?

ST3 教师:如果校长让教师参与决策,我们还是愿意参加学校决策的,因为一些决策与教学、学生密切相关,应该表达教师的意见和建议。关键是要有氛围,还有就是我们的参与能够起到作用,如果每次参与一点作用都没有,那我们还参与什么呢!

在访谈中教师认为,他们参与学校决策的主要渠道是教师代表大会。教师代表大会制度是校长负责制的补充,是教师参与学校决策制定与管理的重要途径。作为教师参与学校决策的这种渠道是否发挥了作用呢?

ST5 老师:教师参与学校决策的机会主要是教代会,教代会一年举行一两次,教代会主要是讨论学校政策的条条框框等东西。对学校的政策有建议可以提出来,但是到最后会不会采纳就不一定了,也有采纳的可能。教代会中教师提出的问题得不到彻底解决。

ST2 教师:教代会名额较少,通常流于形式,决策还是领导说了算,教代会只是个形式。

(二) 关于教学领导的调查

教学领导维度是教师领导三个维度中得分均值最高的，说明我国中小学教师领导主要表现在教学方面（见图4-2）。

从图4-2中可以看出，教师在反思教学实践方面表现较好，"经常"反思教学实践的教师占53.7%，"总是"反思教学实践的教师占17.0%；大多数教师愿意为其他教师提供教学方面的帮助，"经常"帮助其他教师的占41.2%，"总是"帮助其他教师的占21.5%。但是教师在引进并尝试新的教学实践方面表现较差，"经常"和"总是"尝试改进教学实践的比例之和达到45.1%；在带领其他教师共同改进教学实践方面的表现同样不容乐观，"经常"和"总是"带领其他教师改进教学实践的比例之和仅为21%；在开放课堂方面，教师"经常"和"总是"开放课堂的比例之和为41.6%。

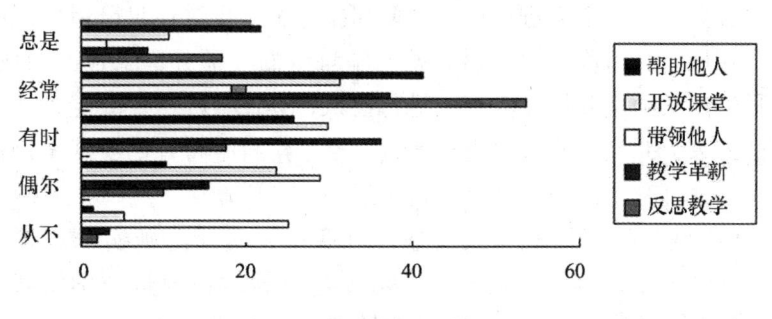

图4-2 关于教学领导的调查结果

教师所体验到的教师领导，主要集中在教学领域，在教学中教师或多或少地受到其他教师的影响。

> ST4教师：我所在的团队是一支优秀的团队，大家在一起互相帮助，其乐融融，有很舒心的办公环境。在团队中不乏热心的教师，在我需要帮助或产生困惑时，总能得到帮助，不管在教学上，还是在教育管理学生方面，她们都毫无保留地帮我出谋划策，十分感谢她们的指导与帮助。当在教学中遇到某一道题的讲解，大家如果有不同的看法时，就会在一起讨论。

ST5 老师：年纪大的老教师，她们人老心不老，总是充满热情，干劲十足地工作着；学校里积极要求上进的教师，他们已经在教学上取得了一定的成绩，但是他们依然不停下追逐的脚步，她们勤恳工作的态度、关爱学生的精神会对我产生影响。

ST7 老师：我们教研组里的教师只要是在讲课过程中，碰到某个问题就会提出来，大家随时一起讨论，共同想办法解决问题，有的教师把他们解决类似问题的经验拿出来供大家分享。

我国以教研组为单位的设置为教师领导提供了条件，在教研组里，教师之间的讨论、交流在一定程度上体现了教师领导。在访谈中具有典型性的案例是 ST8 教师。

ST8 教师发现，学生在写作中语句贫乏，表达缺乏条理，内容枯燥，为了探索提高学生写作水平的方法，她在课程中开始尝试每节课前的五分钟，让学生进行模拟新闻播报，由学生讲述自己所发现的新闻。在班级试验取得效果后，她与学科组的教师分享了自己的成果，学科组的教师也开始在其班级进行尝试，其他教师与 ST8 老师交流本班的效果，并且对此方法进行改进，整个学科组将好的实践案例进行共享，并且利用课余时间进行讨论。

ST8 教师尽管没有正式的职位和头衔，实际上她实践了领导角色，在同事中成为领导者，领导教研组其他教师改进教学实践。从 ST8 教师的经历中可以看出，她能够根据学生的学习需要，进行教学实践的探索与创新，并且在小范围内带动其他教师共同尝试与试验。

(三) 关于教师发展领导的调查

在教师发展领导方面表现较弱（见表 4-3）。从表 4-3 中我们可以看出，教师"经常"和"总是"指导新教师的比例之和为 38.3%；教师"经常"和"总是"指导经验不足的教师比例之和为 17.9%，教师"经常"和"总是"帮助其他教师制定专业发展规划的比例之和为 10.0%，教师"经常"和"总是"评估专业发展需求的比例之和为 9.0%，教师"经常"和"总是"提供专业发展活动的比例之和为 10.7%。总之，教师"经常"和"总是"在教师专业发展方面发挥领导作用的比例很低，二者之和在各个题项上仅处于

第四章 中小学教师领导的现状调查及分析

9.0%—38.3%。

在教师发展领导方面,访谈中所呈现的主题是"师徒结对",在我国一些学校里有传统的"师徒制",即在于新教师入职期间由一个有经验的老教师帮助新教师胜任教学工作,新手教师可以观摩"师傅"的课堂,"师傅"为其课堂教学提供反馈和辅导。

表4-3　　　　　关于教师发展领导的调查结果　　　　　(%)

维度	从未	偶尔	有时	经常	总是
指导新教师	9.0	24.4	28.4	29.8	8.5
指导经验不足的教师	14.5	37.3	30.2	14.7	3.2
制定专业发展规划	39.7	31.0	19.3	9.1	0.9
评估专业发展需求	45.5	25.8	19.8	7.9	1.1
提供专业发展活动	40.0	28.2	21.1	9.0	1.7

ST3教师:自工作以来,黄老师一直是我的师傅,她在职业道德、教学方法方面都毫无保留地给了我许多的指导和帮助,真正发挥了"传、帮、带"的作用,使我在各方面都有了较大的提高。在有困难的时候寻求她的帮助,听取她的意见,在教学方面,她经常听我执教的课,指出我的不足,指引我改进的方向,提高我专业化发展水平,她是青年教师的领路人。

ST12教师:我校的吴老师自2004年担任我师傅的那一天起,对我的教学理念、校园生活、工作态度就产生了极大的影响。她兢兢业业的工作态度,对学生的仁爱之心,深深地感染了我,影响着我,无论是工作还是生活中遇到的困惑,她都非常热心地为我排忧解难,似我的家人,对她我一直心怀感恩。从2013年起,黄老师做了我的师傅,他虽是男性,但同样待人热情,经常主动邀请我去他教室里听课、学习,在做个人课题时,也给予我非常大的帮助,协助我反复修改、打磨,能和他们一起工作、生活,我感到很幸福。

通过访谈我们可以看出,有些学校由校长指定了有经验的教师与新教师结成师徒关系，这种师徒结对的关系，对于新教师的专业成长起到了很大的作用。除了在新教师的专业发展方面体现出教师领导以外，在所调查学校里教师均没有被当作教师专业发展的力量，教师的专业发展还是以外部的培训为主，学校很少让教师承担为其他教师提高专业发展水平的责任。

三 个体差异

人口统计变量对教师领导表现的影响如何？根据对样本的数据处理和分析，笔者从性别、年龄、教龄、学历、地域方面对教师领导各维度是否存在差异的情况进行了分析。

（一）性别与教师领导

独立样本 T 检验的结果（见表 4-4）表明，不同性别的教师在教师领导总体表现、教学领导方面不存在显著差异（F = 17.464，P > 0.05），在决策与管理方面存在显著差异（F = 15.028，P = 0.026 < 0.05），在教师发展领导方面存在显著差异（F = 0.121，P = 0.009 < 0.05）。

表 4-4　　　　不同性别教师的教师领导表现差异性检验

维度	性别	人数	均值	标准差	F	P
教师领导	男性	185	2.47	0.75	3.903	0.093
	女性	463	2.38	0.82		
参与决策	男性	185	1.89	0.98	15.028	0.026
	女性	463	1.71	0.75		
教学领导	男性	185	3.19	0.82	17.464	0.073
	女性	463	3.31	0.66		
教师发展领导	男性	185	2.45	0.86	0.121	0.009
	女性	463	2.26	0.82		

根据数据统计分析，男性教师在参与决策制定方面显著高于女性教师，在教师发展领导方面，男性教师和女性教师在教师发展领导方面存在显著差异，男性教师在教师发展领导方面的表现要高于女性教师。

(二) 年龄与教师领导

方差分析结果表明,不同年龄的教师在教师领导总体表现方面不存在显著差异（P>0.05）,在参与决策制定方面存在显著差异（P=0.05）,在教学领导以及教师发展领导方面存在显著差异（P<0.05）（见表4-5）。

表4-5 不同年龄教师的教师领导表现差异性检验

维度名称	年龄	人数	均值	标准差	F	P
教师领导	30岁以下	190	2.37	0.60	0.518	0.670
	30—39岁	251	2.42	0.61		
	40—49岁	167	2.41	0.62		
	50岁以上	40	2.49	0.72		
参与决策	30岁以下	190	1.82	0.80	2.613	0.050
	30—39岁	251	1.70	0.81		
	40—49岁	167	1.71	0.81		
	50岁以上	40	2.05	1.06		
教学领导	30岁以下	190	3.28	0.69	4.510	0.004
	30—39岁	251	3.36	0.66		
	40—49岁	167	3.24	0.76		
	50岁以上	40	2.93	0.78		
教师发展领导	30岁以下	190	2.12	0.84	6.265	0.000
	30—39岁	251	2.35	0.83		
	40—49岁	167	2.43	0.81		
	50岁以上	40	2.58	0.79		

事后多重检验结果显示：第一,年龄在50岁以上的教师与其他年龄段的教师在教学领导方面存在显著差异（P<0.05）,年龄在50岁以上的教师在教学领导方面显著低于其他年龄段的教师。第二,年龄在30岁以下的教师与其他年龄段的教师在教师发展领导方面存在显著差异（P<0.05）,年龄在30岁以下的教师在教师发展领导方面显著低于其他年龄段的教师。第三,在参与决策方面,50岁以上的

教师与30—39岁以及40—49岁的教师存在显著差异，且均高于30—39岁和40—49岁的教师，但50岁以上的教师与30岁以下的教师没有差异。

（三）学历与教师领导

方差分析结果表明，不同学历教师在教师发展领导总体表现以及教师发展领导方面不存在显著差异（P>0.05）。在参与决策制定方面不同学历教师存在显著差异（F=6.786，P=0.000<0.05）；在教学领导方面，存在显著差异（F=5.966，P=0.001<0.05）（具体见表4-6）。

表4-6　　　不同学历教师的教师领导水平差异性检验

维度	学历	人数	均值	标准差	F	P
教师领导	中师	32	2.58	0.90	1.084	0.355
	专科	114	2.40	0.74		
	本科	447	2.39	0.56		
	硕士及以上	55	2.46	0.52		
参与决策	中师	32	2.33	1.10	6.786	0.000
	专科	114	1.85	0.96		
	本科	447	1.69	0.76		
	硕士及以上	55	1.80	0.83		
教学领导	中师	32	2.97	0.99	5.966	0.001
	专科	114	3.16	0.78		
	本科	447	3.30	0.67		
	硕士及以上	55	3.54	0.55		
教师发展领导	中师	32	2.49	1.01	1.109	0.345
	专科	114	2.29	0.87		
	本科	447	2.33	0.81		
	硕士及以上	55	2.17	0.84		

事后多重检验结果显示：第一，学历为中师的教师在参与决策方面与其他学历教师存在显著差异，学历为中师的教师在参与决策方面

显著高于专科、本科以及硕士学历的教师（P<0.05），这可能是由于中师学历的教师多为学校中的老教师，他们相比其他教师较多地参与学校决策。第二，在教学领导方面，学历为中师的教师显著低于本科学历教师以及硕士学历教师；学历为专科的教师显著低于硕士学历教师，这表明在教学领导方面本科学历和硕士学历教师要高于中师以及专科学历教师。第三，在教师发展领导方面，不同学历的教师均没有显著差异。

（四）教龄与教师领导

方差分析结果表明，不同教龄的教师在教师发展领导总体表现、参与决策、教学领导方面不存在显著差异（P>0.05），不同教龄教师在教师发展领导方面存在显著差异（F=7.188，P=0.000<0.05）（具体见表4-7）。

表4-7　　不同教龄的教师的教师领导表现差异性检验

维度	教龄	人数	均值	标准差	F	P
教师领导	5年以下	170	2.35	0.57	1.305	0.272
	6—15年	217	2.39	0.62		
	16—25年	194	2.47	0.62		
	26年以上	67	2.42	0.66		
参与决策	5年以下	170	1.78	0.74	1.177	0.318
	6—15年	217	1.70	0.81		
	16—25年	194	1.74	0.86		
	26年以上	67	1.92	0.97		
教学领导	5年以下	170	3.30	0.69	2.607	0.051
	6—15年	217	3.28	0.67		
	16—25年	194	3.34	0.72		
	26年以上	67	3.06	0.79		
教师发展领导	5年以下	170	2.09	0.82	7.188	0.000
	6—15年	217	2.32	0.86		
	16—25年	194	2.48	0.81		
	26年以上	67	2.38	0.75		

事后多重检验显示：5年以下教龄的教师在教师发展领导方面显著低于6—15年教龄的教师、16—25年教龄的教师以及26年以上教龄的教师，这表明教龄在教师发展领导方面产生了影响，教龄长的教师比教龄短的教师对其他教师的专业发展所起的领导作用要大。

（五）地域与教师领导

方差分析的结果表明，不同地区的教师在教师领导总体水平方面不存在显著差异（$P>0.05$），在参与决策、教学领导以及教师发展领导方面存在显著差异（$P<0.05$）（具体见表4-8）。

表4-8 不同地区教师的教师领导表现差异性检验

维度	性别	人数	均值	标准差	F	P
教师领导	西部地区	188	2.41	0.73	0.895	0.409
	中部地区	231	2.37	0.53		
	东部地区	229	2.44	0.59		
参与决策	西部地区	188	1.79	0.96	3.104	0.046
	中部地区	231	1.65	0.73		
	东部地区	229	1.84	0.80		
教学领导	西部地区	188	3.12	0.83	6.498	0.002
	中部地区	231	3.33	0.65		
	东区地区	229	3.36	0.64		
教师发展领导	西部地区	188	2.45	0.93	3.510	0.030
	中部地区	463	2.26	0.76		
	东部地区	229	2.26	0.81		

事后多重检验显示：第一，中部地区教师在参与决策方面显著低于东部地区教师。第二，在教学领导方面，西部地区教师显著低于中部地区教师和东部地区教师。第三，在教师发展领导方面，西部地区教师显著高于中部地区和东部地区，但中部地区教师和东部地区教师之间没有显著差异。

四 基本结果

从问卷调查及访谈结果的分析中,可以得出如下结论:

一是采用 SPSS 16.0 软件包检测了"中小学教师领导调查问卷"的信度,得出整个问卷的克隆巴赫 a 系数达到 0.879,大于 0.7,表明问卷内部一致性信度较高,可以认为问卷的题项较为合理,能够测量中小学教师领导的表现状况。

二是关于中小学教师领导的状况,其一,中小学教师领导的整体表现水平较低。其二,在教师领导的三个维度中,教学领导表现较好,教师发展领导表现较弱,教师参与决策表现最弱。其三,个体因素与教师领导的差异检验结果表明,第一,不同性别的教师在教师领导总体表现、教学领导方面不存在显著差异($P>0.05$),在参与决策、教师发展领导方面存在显著差异($P<0.05$)。男性教师在参与决策方面显著高于女性教师;男性教师和女性教师在教师发展领导方面存在显著差异,男性教师在教师发展领导方面的表现要高于女性教师。第二,不同年龄的教师在教师领导总体表现方面不存在显著差异($P>0.05$),在教学领导以及教师发展领导方面存在显著差异($P<0.05$)。首先,年龄在 50 岁以上的教师与其他年龄的教师在教学领导方面存在显著差异($P<0.05$),50 岁以上教师在教学领导方面显著低于其他年龄的教师。其次,年龄在 30 岁以下的教师与其他年龄的教师在教师发展领导方面存在显著差异($P<0.05$),30 岁以下教师在教师发展领导方面显著低于其他年龄的教师。第三,不同学历教师在教师发展领导总体表现以及教师发展领导方面不存在显著差异($P>0.05$),在参与决策、教学领导方面存在显著差异($P<0.05$)。首先,学历为中师的教师在参与决策方面与其他学历教师存在显著差异,学历为中师的教师在参与决策方面显著高于专科、本科以及硕士学历的教师($P<0.05$)。其次,在教学领导方面,学历为中师的教师显著低于本科学历教师以及硕士学历教师;学历为专科的教师显著低于硕士学历教师,这表明在教学领导方面本科学历和硕士学历教师要高于中师以及专科学历教师。第四,不同教龄的教师在教师发展领

导总体表现、参与决策、教学领导方面不存在显著差异（P>0.05），不同教龄的教师在教师发展领导方面存在显著差异（P<0.05）。5年以下教龄的教师在教师发展领导方面显著低于6—15年教龄的教师，16—25年教龄的教师以及26年以上教龄的教师，这表明教龄在教师发展领导方面产生了影响，教龄长的教师比教龄短的教师对其他教师的专业发展所起的领导作用要大。第五，不同地区教师在教师领导总体水平方面不存在显著差异（P>0.05），在参与决策制定、教学领导以及教师发展领导方面存在显著差异（P<0.05）。首先，中部地区教师在参与决策制定方面显著低于东部地区教师；其次，在教学领导方面，西部地区教师显著低于中部地区教师和东部地区教师；最后，在教师发展领导方面，西部地区教师显著高于中部地区和东部地区，中部地区教师和东部地区教师之间没有显著差异。

第二节　调查发现的问题

本书通过对全国中部地区、东部地区和西部地区的中小学教师进行问卷调查以及对一部分教师进行的访谈，收集了数据资料，并对数据资料进行了初步的分析。数据表明，我国的教师领导总体表现较低，按照国外研究者对教师领导划分的三个发展水平，即发达阶段（developed）、突现阶段（emergent）、受限制阶段（restricted），[1] 我国中小学教师领导处于受限制阶段。卢乃桂认为，我国的教师领导水平处在初级阶段，属于受限制的教师领导，只有极少数突现的教师领导案例。[2] 因此，我们需要探究教师领导所存在的现实困境及其原因，以促进教师领导的发展。

---

[1] D. Muijs, & A. Harris, "Teacher Leadership in Action: Three Case Studies of Contrasting Schools," *Educational Management Administration & Leadership*, 2007, 35 (1): 111–134.

[2] L. N. K. Lo, Teachers as Foot-soldiers Cultural Duties: A Reflection on Teacher Leadership and Learning Community in Chinese Schools, Paper Presented at the Second International Education Conference "Leadership in a Learning Society", Beijing, 2008.

一 忽视多数教师担当领导的角色

为了解学校领导的分布状况,问卷设计了多项选择题:你认为谁在学校中发挥领导作用?数据显示,有90.9%的教师认为,校长是学校中的领导,有47.2%的教师认为,中层干部是领导,有27.9%的教师认为,名师、骨干教师是领导,只有8%的教师认为,普通教师可以发挥领导作用(见图4-3)。从调查数据中可以看出,在学校中发挥领导作用的主体是校长和中层管理者,普通教师很少成为领导的来源。由此可见,广大教师的领导潜力尚未受到重视和开发。

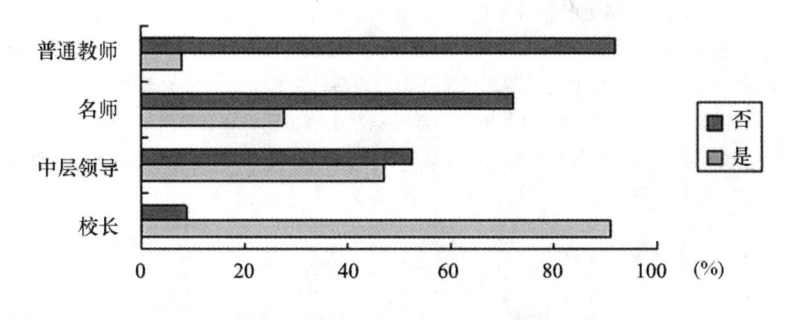

图4-3 你认为谁在学校中发挥领导作用

根据对教师的访谈,"你认为在学校中谁是教师领导者",可以找出下面一些关键词和语句,反映出教师对"教师领导"的看法。虽然"教师领导"对于教师来说是陌生的词汇,但教师还是能够根据自己已有的知识和经验来识读"教师领导"(见表4-9)。

通过调查发现,在我国中小学担当领导角色的主要是校长、中层管理人员,普通教师很少担当领导角色。学校发展教师领导的途径主要是发展教师领导者个体,选择少部分教师担任正式的领导职位,而缺乏将领导看作教师的专业角色之一。在我国教师领导的实践中,非正式的教师领导缺乏培育,忽视了大多数教师作为专业人员在领导上所应该扮演的角色,广大教师被排除在领导的角色之外,教师的领导潜能未能成为学校发展中的资源。过度地发展正式的教师领导,会削弱学校中非正式教师领导的产生。正式的领导角色容易建立,而非正式的、突现的教师领导角色在领导变革中更加有力。[①]

表4-9　　　　教师对"教师领导者"界定的关键词句

1. 教师领导者是学校中的校长。
2. 主任那些管事的人是领导者。
3. 某教师在教研组活动中,她的发言或总结总是吸引同学科教师的目光,可以将她的教学经验与所面临的问题结合起来,寻求团队的力量解决问题。
4. 德才兼备的中青年骨干教师、学科带头人。
5. 主抓教学的教学副校长。
6. 业务主任是具有影响力的教师。
7. 行政班子和年龄大的教师具有影响力。
8. 一般是在学校工作年限比较长,师德、大局意识比较强,教学成绩突出,组织能力较强,在教研组或平时生活圈子以及各类教育活动中具有影响力的教师。
9. 在我的学校里我认为最有影响力的教师是教学副主任,在管理上很有影响力。
10. 具有较强的教育教学能力,多数是学校的名师,教学能手,学科带头人,能组织好每个学科的教学。

在一些学校里,校长会选择几名优秀的教师完成任务或者完成项目,教师领导不同于委派的领导,教师领导应该超越这种委派几个教师来承担领导任务的方式,将教师置于变革的中心,让教师领导变革。[②] 委派教师承担领导任务,并不是真正地分享领导。在委派的关系中,具有权威的一方有资格做出决策,而另一方没有决策的权力。而在分享的领导中,管理者、教师领导者和教师都可以分享决策制定权,共同决定如何更好地改进学校教育教学实践。[③] 在学校的发展中,我们需要转变思维,不能把领导的责任置于少数的正式教师领导者身

[①] A. Lieberman, "Teacher Leadership: What are We Learning?" In C. Livingston (ed.), *Teachers as Leaders: Evolves Roles*, Washington, DC: National Education Association, 1992: 292-312.

[②] C. Reason, & C. Reason, *Mirror Images: New Reflections on Teacher Leadership*, Thousand Oaks, CA: Corwin Press, 2011: xi.

[③] P. A. Wasley, *Teachers Who Lead: The Rhetoric and the Realities of Practice*, New York: Teachers College Press, 1991: 164.

第四章　中小学教师领导的现状调查及分析

上。"我们仍旧生活在一种'署名'文化中——认可和地位都归于个体。"①

教师领导理论的新发展已经不再把领导仅仅局限于正式的领导职位或者头衔上，而是将领导看作每个教师的专业角色之一，每一个教师都可以成为教师领导者。组织管理顾问吉尔·扬诺夫（Jill Janov）认为，要把领导理解为行动，而不是一个角色。②"教师领导"所指的领导与传统上以权力和角色为基础的领导观大相径庭。③奥海尔（O'Hair）从建构式领导和民主领导的视角认为，教师领导注重的是领导行为而不是领导角色，比如教师合作参与行动研究团队，就是许多教师从事领导行为而不是起着完成特定任务的领导角色，教师领导是以行为为取向而不是以角色为取向的概念。④哈里斯和兰伯特认为，教师领导不是正式的角色，它较为强调一种代理的形式，赋权教师领导学校发展，促进教学和学习的提升。⑤ 教师不一定承担领导职位，但是他们可以经常参与领导，领导行动可以包括在员工会议上提出有意义的问题；在交谈中提出新的观点，分享观点和经验，用新的方式完成任务等。⑥ 教师领导不是头衔或者角色，也不是教师个人的行为，而是存在于人们的交互之中，理解这一点对于教师领导的实践至关重要。⑦

与仅仅依靠正式的教师领导者推动变革不同的是，教师领导的新

---

① [美] 沃伦·本尼斯：《领导的轨迹》，姜文波译，中国人民大学出版社2007年版，第122页。

② [美] 玛格丽特·惠特利：《领导力与新科学》，简学译，中国人民大学出版社2008年版，第21页。

③ E. M. Merideth, *Leadership Strategies for Teachers*, Thousand Oaks, CA：Corwin Press, 2007：3.

④ M. J. O'Hair, & U. C. Reitzug, "Teacher Leadership: In What Ways? For What Purpose?" *Action in Teacher Ecucation*, 1997, 19 (3)：65 – 76.

⑤ A. Harris, & L. Lambert, *Building Leadership Capacity for School Improvement*, London：Open University Press, 2003：43.

⑥ L. Lambert, *Leadership Capacity for Lasting School Improvement*, Alexandria, VA：Association for Supervision and Curriculum Development, 2003：33.

⑦ M. Collay, *Everyday Teacher Leadership: Taking Action Where You Are*, San Francisco：CA, Jossey-Bass, 2011：129.

◈ 学校发展中的教师领导研究

发展认为，教师领导是影响其他教师改进教育教学实践的过程，与职位、权力无关，能发挥领导功能的不仅是具有正式职位的领导者，而且包括没有职位或头衔的教师。领导是组织的品质，组织内所有的人都具有领导的潜能，都能发挥领导作用。这并非否认正式的教师领导的价值，而是认为学校改进不能将发展正式的领导角色作为主要手段，可以将正式的教师领导者作为学校领导网络中的一部分。

正式的教师领导者在他们具有专长的领域里可能会为教师教学改进提供帮助，但是正式的教师领导者不是在所有的领域都具有专长，在并非他们专长的领域里他们的责任是为非正式的教师领导提供帮助和支持，为他们领导作用的发挥提供平台，促进他们与其他教师的沟通和交流。在学校发展中不能只注重发展领导者个体，而应该发展领导者群体。学校领导是由多重领导者构成的，教师根据任务、情境、专长的不同来承担领导责任。脱离任务和情境，发展个别教师领导者是没有意义的。我们需要在学校组织层面发挥教师集体的领导能力。[1]

二 教师领导较多局限在课堂层面

目前，教师领导主要局限在课堂层面对学生的领导，教师是"课堂王国"的领导者，很少超越课堂在学校层面发挥领导作用。问卷设计了两个问题来调查教师在不同层面的领导情况，分别是教师对课堂的影响力和对学校事务影响力的感知情况，旨在反映教师在课堂层面的领导以及教师超越课堂在学校层面发挥领导的情况。调查结果表明，教师认为自己在课堂层面的影响力比较大，认为在课堂层面影响力很大和比较大的比例之和为74.8%，而教师在课堂以外的学校事务中较难发挥影响力，教师认为，他们在学校事务中影响力很大和比较大的比例之和为15.4%（见图4-4）。另外，在学校层面教师领导总体表现方面的得分均值为2.41，倾向于教师偶尔在学校层面发挥领导作用。教师在学校预算、资源分配等学校事务中几乎没有决策

---

[1] M. A. Smile, S. Conley, & H. M. Marks, "Exploring New Approaches to Teacher Leadership for School Improvement," In J. Murphy (ed.), *The Educational Leadership Challenge: Redefining Leadership for the 21st Century*, Chicago: University of Chicago Press, 2002: 162–188.

第四章 中小学教师领导的现状调查及分析

权,教师代表大会作为教师参与学校管理的保障政策,有名无实,流于形式,教师很少参与研究和解决全校性的问题。

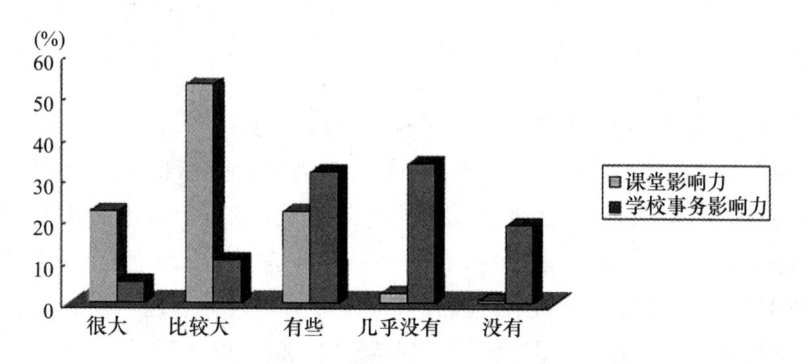

图4-4 教师在课堂和学校事务中的影响力

在对教师的访谈中,教师普遍认为,教师领导主要表现在课堂层面,在学校层面教师比较难以发挥领导作用。

ST3:教师的工作主要是在课堂上,教师在课堂上做好教学工作,就算是尽到了教书育人的责任,至于学校的决策与管理这些是校长和中层干部的事情,正所谓"不在其位,不谋其职"。

ST9教师:我认为普通教师也有领导作用,他领导的是他所关注的范围,只是领导内容不同而已,校长是全面领导,中层领导是分配专职管理的人,我们教师跟中层有点相似,我们管的就是我们这个班集体,协调全校工作,把班集体的安全、教学抓好,他们是大管理,我们是小管理。

ST11:教师在课堂教学中是领导者、指导者和组织者。普通教师在学校也能发挥领导力,教师的辖区是班级,对象是学生和课程,在学校中很多教师的责任感和使命感极高,他们把学生的发展视为自己的事。比如每天放学后,有很多教师迟迟不下班,在教室/办公室里义务辅导学生,放学后,仍有部分教师在个别辅导学生。

ST13:管理学校教学以及其他方面工作的是领导,普通教师不能发挥领导力。学校一般都是领导说了算。就本校而言,并无

学校发展中的教师领导研究

教师领导的概念，普通教师在学校无法发挥领导力。因为领导没有为教师服务的理念，在本校教师只是被监督被鞭策的对象。普通教师就是管好班级，管好学生，给学生的成长提供一个良好的环境，学校事务还是领导说了算。

在学校发展中，不同类型人员有着自己不同的势力范围，教师和校长有着自己的势力范围或者领地，不同的势力范围拥有不同程度的权力、自治权、决策权限、合法性以及由他们自己规定的并不恰当的任务和目标形成了决策的"分区制"。校长的主要工作是负责管理全校性的问题，教师的主要工作是课堂教学。由校长等专业管理人员管理学校是为了提高学校的运作效率，但是造成了"判断性决策的集中化"[1]。

学校活动分成两个分离的区域：学校范围的区域和教师区域。学校范围的区域包括管理活动，即学校的协调、管理、计划以及资源分配。教室区域包括教学和教育活动（见表4-10）。[2] 这种分区将学校分为技术和管理两个相互分离的系统，表明课堂和学校事务之间是两个相互分离的区域，对学校活动的分区使教师牺牲了对学校事务的领导，获得在课堂层面的领导与相对的自主，教师领导作用的发挥有限定的范围，他们发挥领导作用的层次非常有限，主要指向学生。

表4-10　　　　　　由学校控制分配的传统区域观点

范围	活动	团队控制
教室区域	学术和教学	教师
学校区域	分配和协调	管理者

即便当前一些学校开始重视教师参与学校事务，对教师参与学校事务的理解也是片面的，强调更多的是教师参与学校决策，而对于教

---

[1] ［美］彼得·布劳、马歇尔·梅椰：《现代社会中的科层制》，马戎、时宪民、邱泽奇译，学林出版社2001年版，第144页。
[2] ［美］理查德·迈·英格索：《谁控制了教师的工作——美国学校里的权利和义务》，庄瑜译，华东师范大学出版社2009年版，第29页。

学领导、教师发展领导方面则没有重视。且教师参与学校决策也只是被动的和形式化的参与，而不是实质性的参与。有研究者认为，教师参与学校决策与管理的形式包括三类：建议参与（suggestion involvement）、工作参与（job involvement）（包括个人工作改善和团队工作改善）、高度参与（high involvement）。按照此种划分，当前我国教师在学校中参与决策局限在建议参与和个人工作改善的参与上。

建议性参与是指提供机会让教师对学校决策发表意见及建议，比如，我国中小学校长在进行重大决策时，会召开教师代表大会，征询教师的意见，或者校长在制定决策时向个别教师咨询意见和建议。建议性参与对于学校决策所产生的影响并不大，对学校的改进很难产生影响，而且在建议性参与中，教师的意见或者建议在决策中能够被采纳的只是少数。工作参与是重新设计员工工作，提高员工的工作表现，根据参与单位的不同，可以分为个体工作改善的参与和团队工作改善的参与，我国中小学采取较多的是教师个体工作改善的参与，为一些教师例如教研组长、备课组长、教师执行校长等增加领导、协调和管理的责任。这些教师具有一定的决策和管理权，在此种模式下只有少数教师参与学校决策。[1]

从总体上看，教师在整个学校的发展运行中缺乏职业影响力。[2]教师参与学校决策具有表面性、被动性与依附性。被动性与依附性表现在教师参与学校决策是被动的参与上，即只有在管理者允许教师参与的情况下，教师才可以参与学校决策，是全员参与还是部分参与都要根据学校管理层的需要。管理层邀请教师参与决策，但是决策的议题、程序乃至最后的结果都由管理者主导，对决策的结果往往已经达成了共识，邀请教师参与决策制定只是为了获得教师的支持。学校决策依然是由校长与其他学校管理人员共享的，教师对于决策没有最终的决定权。"大多数教师都有过'分享领导'（shared leadership）的

---

[1] D. G. Pounder, "Teacher Teams: Promoting Teacher Involvement and Leadership in Secondary Schools," *The High School Journal*, 1996, 80 (2): 117 – 124.

[2] ［美］理查德·迈·英格索：《谁控制了教师的工作——美国学校里的权利和义务》，庄瑜译，华东师范大学出版社2009年版，第30页。

经历：任务从校长办公室转移出来，但是决策仍然由高层或少数人做出。"①

为了促进学校的发展，应对当代学校所面临的挑战，教师应该全面参与到学校的事务中来，将学校分为学校范围的区域和课堂区域限制了教师领导作用的发挥。在学校的发展中，不能将领导学校发展的责任只是交给学校管理者，校长负责学校层面的事务，教师负责课堂教学，这样的分区模式是错误的、低效的。教师必须超越课堂，在学校层面发挥领导作用，承担起领导学校发展的责任。

三 教师缺乏主动自觉的领导意愿

将领导定义为影响过程，意味着在特定情况下任何影响他人的人都可以成为领导者。② 当我们转变视角，不再把领导看作职位、权力，而是一种社会影响过程时，就可以发现，即便在我国官僚化的科层制内，除了正式的教师领导外，也存在非正式的教师领导。通过对教师的访谈数据分析，学校中有一些教师能通过自身言行对他人产生影响，如有些教师的教育教学方法或者专业态度能影响其他教师的教育教学实践，这些教师不一定有正式的职位和头衔，事实上，他们发挥了领导作用。

但是，这些教师并未意识到他们的行为是领导行为，他们自己实际上是教师领导者，在日常的谈话中，在资料的分享中，在教学问题的交流讨论中，他们发挥了领导作用。教师重视其他同事的教学专长，当教师有问题的时候通常知道应该向教师群体中的谁寻求帮助，但是教师并不认为这种帮助是领导行为。许多教师并不认为他们是领导者，即便他们影响他人改善了教学实践。因为他们不知道什么是"教师领导"，也不被学校管理者认同为教师领导者。

我国中小学教师领导处于无意识的状态，教师缺乏有意识的、自觉的领导观念。"领导是一个或一个以上的团体成员互动的产物，在

---

① ［美］莎朗·D. 克鲁斯、凯伦·S. 路易斯：《建构强大的学校文化：一种引领学校变革的指导》，朱炜、刘琼译，北京大学出版社2013年版，第82页。
② ［美］芭芭拉·凯勒曼编：《领导学：多学科的视角》，林颖等译，格致出版社、上海人民出版社2008年版，第133页。

这互动交流过程中,领导者能诱使他人的行为按照自己所意图的方式去做。"① 领导是有意识、有目的、主动地履行领导行动,也就是教师领导者是有意识地影响他人,教师要具有自觉的领导意愿。在我国中小学里,一些教师在教师群体中具有专长、可信性等,实际上承担了教师领导的角色,但是,这些教师缺乏领导的自觉意识,很少主动去影响其他教师改善教学实践,以及主动与其他教师分享自己的教学经验,他们对其他教师的领导是无意识的、隐形的。他们虽然对他人产生了影响,但是他们不知道自己是否影响了别人,以及如何对他人施加了影响,更不知道影响的效果如何。

ST5 教师、ST8 教师是由教师推选出来的在教师群体中具有影响力的教师,他们是教师群体中的非正式教师领导者,这两位教师是如何看待自己对他人的影响的呢?

> ST5 教师:我不知道自己如何影响别人,如果她觉得我对她能够产生影响,来学习我的做法,就对她产生了影响。大家都是一样的教师,我不能让别人来学习我的做法,那样就显得我比别人高明似的。而我采用的新的教学方式和理念,如果别人来问,肯定会毫无保留地说出来,别人不问的话自己很少主动说出,因为每个人都有自己的教学优点,适合自己的不一定适合别人,除非学校有那种公开的演讲或讨论,自己才会主动说出来。

> ST8 教师:我觉得我的专业态度、对教学的改进和学习的精神,可能会对一些教师的教学产生影响,至于是否产生影响,别人是否会因此而改进教学,我觉得这主要取决于其他教师。我觉得影响是一方面,受影响是另一方面,别人可能确实看到了他值得学习的地方,但是不愿意学习的话这种影响作用也是不存在的。

这些具有专长和丰富的教学经验的教师,在教师群体中具有一定的影响力,他们能够主动地改进教学,尝试新的教学理念,不断学习

---

① 吴金香:《学校组织行为与管理》,五南图书出版股份有限公司2000年版,第133页。

学校发展中的教师领导研究

和钻研，对其他教师具有一定的示范、引领效应。但是，他们对教学实践的探索是私人化的，个人主义的，其引领、辐射范围有限。学校中鲜有教师会主动邀请其他教师参与到对教育教学改革的探索中，向其他教师表达自己在某方面改进教育教学实践的想法，邀请其他教师共同尝试改进教育教学实践。

教师在带领其他教师改进教学实践方面的情况不容乐观，调查表明，在能够带领其他教师改进教学实践的教师比例中，"从不"占25%，"偶尔"占28.7%，"有时"占25.3%，"经常"占18.1%，"总是"占2.9%，表明教师缺乏自觉的领导意愿，很少发起和领导教学实践的变革（见图4-5）。

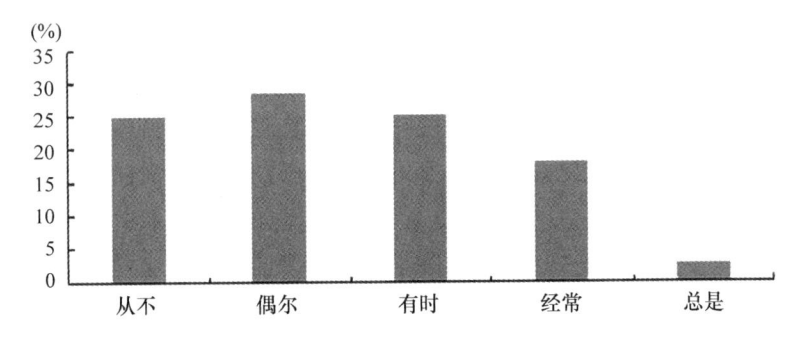

图4-5 教师带领其他教师共同改进教学实践的情况

教师领导是科特所指的"温和意义上的领导，即L级领导"，（L是英语单词"little"的首字母，意思是"小的""不重要的"）。这种"L级"的领导，虽然不显眼，较少被人重视，但是在每个组织中都存在着。例如，在柯达复印产品的厂房里，几个工人一旦想出某项改进办法，就会将改进方法的远期目标告知上司和几个工友，并极力鼓励他们实现目标。在多数情况下，这些工人不会认为自己是领袖人物，但是他们展现了"L级"的领导才能。[1] 教师领导与此类似，教师具有"L级"的领导才能，我们需要将这种"L级"的领导从零星的、自发的、无意识的、少数的转化为集体的、自觉的教师领导行

---

[1] ［美］约翰·科特：《变革的力量——领导与管理的差异》，方云军、张小强译，华夏出版社1997年版，第100—102页。

第四章　中小学教师领导的现状调查及分析

为，从而使学校获益。

四　教师领导的方式方法有待改进

通过对教师的访谈发现，在学校中普通教师发挥领导作用主要是通过公开课示范或者一对一的辅导这样的方式来进行的。比如，优秀教师通过工作态度以及公开课对其他教师产生示范影响，或者当教师有困难的时候，向有经验的教师请教等。

> ST8 老师：我觉得对我教学产生影响的方式是听公开课，通过公开课学习优秀教师是如何授课的。我觉得大部分都是通过公开课、教研的形式，我们学校的教研、公开课又多，开学初我们先是自己讲课，然后推门听课，推门听课就占了一两个月；教研组的各个老师互相听课，占了将近一个月时间，然后针对随堂课我们还要写稿，紧接着是校本部抽选听课，接下来又有集团式的、订单式的教研活动。一学期总共四个月时间，我们就搞了三个多月的各种听课活动，这个历时时间还是比较长的，大部分都是通过这种形式。

在我国中小学每学期都有固定的教师公开课、观摩课等，意在发挥优秀教师的示范、引领作用，授课教师实际上充当的是教师领导者的角色。但是，由于缺乏明确的要解决的问题，公开课、示范课本来应该作为教师领导的途径，却陷入形式主义，很难引领其他教师加入改进教学实践的探索中去。公开课、观摩课缺乏要解决的实际问题，教师领导者仅仅是提供示范，但他们不知道应该示范什么，需要解决什么问题，如何帮助其他教师解决问题，观摩者不知道应该观察什么，学习什么。教师领导的核心在于在学校建立起合作检讨教学实践的机制，引领其他教师共同探究如何改进教学实践。[1] 如果缺乏对这一点的认识，教师领导的实践就容易落入形式主义。

---

[1] B. Lord, K. Cress, & B. Miller, "Teacher Leadership in Support of Large-Scale Mathematics and Science Education Reform," In M. M. Mangin & S. R. Stoelinga (eds.), *Effective Teacher Leadership: Using Research to Inform and Reform*, New York: Teachers College Press, 2008: 55 – 76.

◈ 学校发展中的教师领导研究

公开课的授课教师对其他人所产生的影响是有限的，教师成为教师领导者往往是因为教学经验丰富，但是，这些教师不一定具有教学革新意识，他们对其他教师的引领是其已有教学经验的传授，而非带领其他教师共同改进教育教学实践。调查表明，教师在教学改革方面的热情不高，在引进并尝试新的教学实践的教师比例中，"从不"占3.4%，"偶尔"占15.3%，"有时"占36.3%，"经常"占37.2%，"总是"占7.9%（见图4-6）。对教师的访谈也同样反映了革新教学实践并不是教师所认同的教师领导者应具备的特质。在研究中请教师描述对他们产生重大影响的教师具有哪些方面的特质。我们发现，被访谈者所认可的教师领导者的特质包括具有卓越的教学技能和班级管理经验；关爱学生，爱岗敬业；拥有良好的人际关系；积极学习，刻苦钻研等。教师领导者所应具备的关键特质——创新和革新实践以及想要有所作为没有被包括在教师领导者的主要特质里。

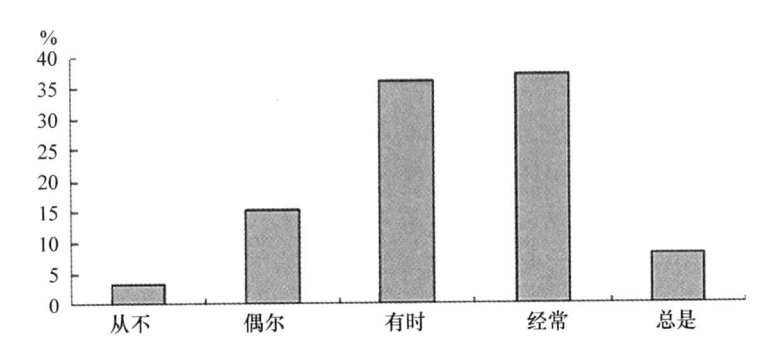

图4-6 教师引进并尝试新的教学实践情况

为了发挥教师的领导作用，教师之间的互动要从分享教学活动转变到批判性地质疑教学活动、学习目标和学生学习之间的关系上。这种转变的本质是通过分析学生的学习、教学实践和相关的专业资源，促进教师学习。在此过程中教师产生新的专业知识，并在学校内外传

第四章 中小学教师领导的现状调查及分析

播扩散。① 哈格里夫斯认为，教师和从业医生一样，都是应用型人才，医生依靠对他们的实践效果的研究来支持和改进他们的决定，而教师却不同，他们在工作中很少做研究，也很少使用研究成果。② 有效的教师领导是带领教师对专业教学实践进行探究。

上公开课、示范课等如果要体现出教师领导，就不能将其仅仅定位于经验的传授上。其价值应该在于，一方面促进教师反思，而非让教师复制授课教师已有的教学经验。教师领导者需要认识到示范课并非完美，而是对教学实践的尝试和试验，他们需要接受其他教师的意见和建议来不断完善教学实践，通过对教学的检讨和改进，为其他教师提供参考，使其他教师避免出现不必要的错误。另一方面，观摩者通过观摩反思如何改进自己的教学实践，而不是复制授课者的教学，因为即便是最佳实践，在应用到不同的学生、不同的班级时，也需要进行改进和调适。

从文化理论或者象征理论的视野来看，领导是组织成员制造意义的交互过程的一部分。领导是组织成员共同学习，集体地、合作地建构意义和知识的过程，涉及调节观点、价值观、信念、信息和假设，通过持续的对话产生新的观点，反思并且制造工作的意义，基于新的理解创造新的实践。③ 根据建构式领导的观点，教师领导是一个交互影响的过程，这个过程能够使其他教师从事意义与知识的建构。"我们一起创造及参与经验，并将经验赋予意义，而意义也从共同经验及我们的个人基模中获得。"④

教师不仅是知识的传授者，通过对专业实践的探究，教师分享专长，创造出新的专业知识，成为知识的生产者，在生产知识的过程中

---

① T. H. Nelson, "Teachers' Collaborative Inquiry and Professional Growth: Should We Be Optimistic?" *Science Education*, 2009, 93 (3): 548 – 580.

② 许爱红：《基于证据的教育及其对我国教育发展的启示》，《教育理论与实践》2011年第3期。

③ A. Harris, "Teacher Leadership as Distributed Leadership: Heresy, Fantasy or Possibility?" *School Leadership & Management*, 2003, 23 (3): 313 – 324.

④ ［美］琳达·兰伯特等：《教育领导：建构论的观点》，崔云编译，甘肃文化出版社2005年版，第37页。

教师实现领导。① 教师领导的过程是创造知识和转化知识的过程。②教师领导要超越仅仅是分享资料和观点的方式，共同探究如何解决实践中的问题。③ 问题解决可以分为两类：一类是套路型问题的解决，教师根据已有的经验、靠固定套路（现成解法）来解决问题；另一类是"探究型问题的解决"，也可以称为"问题探究"或"探究"。这类问题没有现成的答案和解决方法，需要教师努力寻找解决的办法。④ 教师领导所要解决的通常是后一类，这些问题没有现成的答案，需要教师去寻找解决的方案。

总之，当前中小学教师领导的方式方法有待改进，教师领导不能局限于与其他教师分享经验、资料、观点以及告诉其他人应该怎么做上，而是应该带领教师反思和批判他们的教学实践，使他人加入探究如何改进教学实践的过程中。教师领导是教师领导者带领其他教师对专业实践进行持续性的探究过程，他们反思教学实践中的问题，带领其他教师共同解决问题，产生新的教学实践并对其进行检验、评估。教师领导是教师之间共同分享专长、相互学习、创造意义的过程，教师领导者要使其他教师试验新的教学实践，并且检验什么样的教学方式更加有利于学生学习。⑤

五　缺乏教师专业学习共同体的支持

为教师个体赋权或者委派教师承担某项领导任务是教师领导的主要渠道。这种事先设计好的职位和责任，将教师领导的作用限制在狭隘的范围内，并且造成教师发挥领导作用的割裂。将教师领导定位于

---

① L. Darling-Hammond, "Rethinking Teacher Leadership through Professional Development Schools," *The Elementary School Journal*, 1995, 96（1）: 87–106.

② D. Frost, & J. Durrant, *Teacher-Led Development Work: Guidance and Support*, London: David Fulton Publishers, 2003: vii.

③ A. S. Allen, & K. Topolka-Jorissen, "Teacher Leadership Continuum: How Principals Develop and Support Teacher Leaders," In E. B. Hilty（ed.）, *Teacher Leadership: The "New" Foundations of Teacher Education*, New York: Peter Lang, 2011: 166–172.

④ 任长松：《"探究"概念辨析》，《全球教育展望》2014年第8期。

⑤ P. A. Wasley, *Teachers Who Lead: The Rhetoric and the Realities of Practice*, New York: Teachers College Press, 1991: 170.

第四章 中小学教师领导的现状调查及分析

教学领导者、课程开发者、项目领导者等上是不全面的,因为在此种观点下,教师领导局限于单一的角色,或者完成某种任务。[1] 教师代表大会、工会这样的基层组织并未成为教师领导的渠道,在学校中许多教师具有领导的潜力,但是学校没有为其提供发挥领导作用的渠道。

为教师提供相应的领导渠道至关重要,随着将学校看作共同体(例如学校作为学习型组织),对教师领导的架构不再强调教师在组织中的角色或者参与决策,实践共同体的概念受到重视。领导是所有教师工作的核心要素。[2] 专业学习共同体为教师领导提供了机会。由于普通教师通常不承担正式的职位,他们缺乏职位所赋予的权力和权威来影响其他教师,普通教师发挥领导的主要渠道是专业学习共同体,专业学习共同体既是学习者的共同体也是领导者的共同体,专业学习共同体为教师承担领导角色提供了支持性的环境。

莱夫和温格(Lave & Wenger)提出了"实践共同体"的概念,实践共同体的三个特征极大地影响了学校的领导方式以及由谁来领导。第一,个体可以是不止一个实践共同体的成员。第二,教师同时是学校成员、某个学科成员以及具有班级教师的身份,通过这些不同的身份,教师可以将一个实践共同体的期望传递给另一个实践共同体。不同的实践共同体,即便在同一个组织中,对于什么是好的或者最佳的实践具有不同的看法。第三,以学校或者部门作为分析单位,忽视了教师日常行动所具有的意义。以专业学习共同体作为分析单元,在专业学习共同体里,教师参与决策制定,具有共享的目的、合作性的工作,并且为自己的工作负责。换言之,教师在学习共同体中发挥领导作用。[3]

领导和学习具有密切的联系,在专业学习共同体或者实践共同体

---

[1] M. Taylor, J. Goeke, & E. Klein, *Changing Leadership: Teachers Lead the Way for School That Learn*, Teaching and Teacher Education, 2011, (27): 920–929.

[2] J. Murphy, *Connecting Teacher Leadership and School Improvement*, Thousand Oaks, CA: Corwin Press, 2005: 18.

[3] C. Day, & A. Harris, "Teacher Leadership, Reflective Practice, and School Improvement," In K. Leithwood & P. Hallinger (eds.), *International Handbook of Educational Leadership and Administration*, Boston: Kluwer, 2003: 724–749.

里，教师是在社会情境下进行学习的，而不仅仅是个人化的学习。当教师共同学习、分享、解决问题时，教师领导就会自然产生。在专业学习共同体里，受到其他教师信任的教师会得到教师群体的支持，赋权他们承担领导角色。[1] 美国学者玛格丽特认为："我们必须找到有效的方式来培养大量的新型领导者。如果我们从新的角度出发，即'群体中的领导者'（leaders-in-community）而不是'作为个体的领导者'（leaders-as-individuals），将有可能实现对很多开创型领导的有效支持。这种方式建立在这样的事实基础之上——在群体中我们学得很好，学习加速进行，人们很快就会发展出良性、健康的实践方法和发挥作用的新知识。"[2]

当把学校作为学习共同体，而不是科层组织时，就改变了学校成员之间的关系，领导是共同体成员所分享的，共同体成员根据不同的专长分享领导。在专业学习共同体里，领导是分散的。[3] 学习共同体可以使教师更加精通如何做一名教师和领导者，还可以使学校成为支持教学和有效领导的地方。[4] "人们在实践群体中的学习和发展速度最为重要。好的理念可以在成员之间快速流通，从局部范围向全局传递。这些新知识和智慧结晶因为实践者之间的信息交流，得以快速应用实施。……建立实践群体是一项经过深思熟虑的策略，能加快新的领导方式的形成，提供当前世界迫切需要的领导力。"[5]

在我国中小学里有类似专业学习共同体的特征组织，教研组、备课组等教师组织，本应该成为教师领导的平台，为教师提供领导渠

---

[1] M. Katzenmeyer, & G. Moller, *Awakening the Sleeping Giant: Helping Teachers Develop as Leaders*, Thousand Oaks, CA: Corwin Press, 2009: 7-9.

[2] [美] 玛格丽特·惠特利：《新领导主义》，吴丹苹、胡亦丹译，中国人民大学出版社2008年版，第133页。

[3] D. Muijs, & A. Harris, "Teacher Led School Improvement: Teacher Leadership in the UK," *Teaching and Teacher Education*, 2006, 22 (8): 961-972.

[4] G. Caine, & R. N. Caine, "The Learning Community as a Foundation for Developing Teacher Leaders," *NASSP Bulletin*, 2000, 84 (616): 7-14.

[5] [美] 玛格丽特·惠特利：《新领导主义》，吴丹苹、胡亦丹译，中国人民大学出版社2008年版，第138页。

道。然而，大多数教研组、备课组在学校里名存实亡，只是机械地落实学校的各项要求，教研组、备课组的目的和实施原则不同于西方所提出的"专业学习共同体"，例如，集体备课是为了确保教学内容和进度的一致性而不是为了促进教师对革新的理念进行探索。[1]

教师领导的发挥除了为教师提供领导职位外，还需要学校内各类专业学习共同体的支持，以为教师领导提供机会和平台。在专业学习共同体里，教师承担以往由正式的教师领导者所承担的责任，教师参与决策制定，分享知识和专长，学习新的知识、技能和能力，教师在共同体里互为领导者，根据兴趣和专长、任务情境承担领导责任。领导是分享的，具有不同专长的教师根据任务的不同承担领导角色，比如在组织讨论、收集证据、提出问题、撰写规划等不同阶段，教师动态地承担领导角色。教师领导者不是作为个体的领导者，而是共同体中的领导者，专业学习共同体为教师领导提供了基础。学校应该建立各类专业学习共同体，为所有的教师发挥领导作用提供渠道。

第三节 影响教师领导的因素

我国中小学教师领导发展面临着种种困境，造成这些困境的因素是多样的、复杂的。我们需要深刻理解造成这些问题背后的原因，对原因的深入了解与洞察直接关系到教师领导未来的走向与实施。

一 传统文化及观念的影响

（一）儒家文化的影响

文化是我们看不到的导致团体行为背后的驱动力，约束和规范了团体的行为。文化和领导力犹如一枚硬币的正反两面，单看其中任何一面，都无法理解它们。文化规范和影响了一个国家和组织对领导力

---

[1] L. N. K. Lo, Teachers as Foot-soldiers Cultural Duties: A Reflection on Teacher Leadership and Learning Community in Chinese Schools, Paper Presented at the Second International Education Conference "Leadership in a Learning Society", Beijing, 2008.

的界定。① 个体的行为举止受到其生活所在国家和阶层文化的影响，在一个国家中无论是生活在过去还是现在的人们，通常共享一定的社会文化。文化就像一只不死鸟，尽管社会变迁，但是深层的价值观基本保持稳定，限制了人们对于什么是领导，谁能领导等观念的认识。

霍夫斯泰德等认为，可以用四个维度代表一国之文化，并据此判断与其他国家文化的差异，包括权力距离（从低到高），集体主义—个体主义，阴柔气质—阳刚气质，不确定性规避（uncertainty avoidance）（从弱到强）。② 对学校领导的研究表明，亚洲国家具有高权力距离以及集体主义的文化特征，影响分布式领导在学校的实施。就中国文化而言，儒家文化在传统文化中占据着主导地位，因此我们需要分析儒家文化如何对我国中小学权力分布以及内群体人际关系造成影响，阻碍教师领导在中小学里的发展。③

1. 儒家伦理思想

权力距离水平是用来衡量不同国家的人对待人与人之间不平等关系的方式。权力距离可以界定为：在一个国家的机构和组织中，弱势成员对于权力分配不平等的期待和接纳程度。权力距离指数可以反映出一国中人们之间的依赖关系。在高权力距离国家中，下级对上级依赖性较大，上下级之间的情感距离较大，下级不会直接与上级商讨问题，也甚少反驳上级。④ 理解国家在权力距离上的水平，可以有助于我们理解国家采用了什么样的理论来规范人们的思想、行为。

中国社会具有高权力距离的文化，占据传统文化主导地位的儒家学说，其核心是等级制的人际关系。儒家"五伦"的伦理思想是指导中国人际关系的基本原则。孔子学说以"礼"为规范，形成中国

---

① [美] 埃德加·沙因：《组织文化与领导力》，马红宇、王斌等译，中国人民大学出版社2011年版，第8页。

② 吉尔特·霍夫斯泰德、格特·扬·霍夫斯泰德：《文化与组织：心理软件的力量》，李原、孙健敏译，中国人民大学出版社2010年版，第24页。

③ D. Ho, & L. P. Tikly, "Conceptualizing Teacher Leadership in a Chinese, Policy-driven Context: A Research Agenda," *School Effectiveness and School Improvement: An International Journal of Research, Policy and Practice*, 2012, 23 (4): 401–416.

④ 吉尔特·霍夫斯泰德、格特·扬·霍夫斯泰德：《文化与组织：心理软件的力量》，李原、孙健敏译，中国人民大学出版社2010年版，第49页。

第四章　中小学教师领导的现状调查及分析

的人伦规范，也称之为"五伦"或者"五常"，规定了君臣、父子、夫妇、兄弟、朋友之间的关系。"五伦"是建立在人们之间不平等关系之上的。所谓"父子有亲，君臣有义，夫妇有别，长幼有序，朋友有信"。人与人之间的关系是等级制的、互补的。"五伦"的思想被应用到学校管理中，形成了家长式的领导风格，下属希望获得领导者的尊重，服从领导者，领导者关心下属，为下属提供保护。因此，我国中小学文化具有高权力距离的文化特征。[①]

霍夫斯泰德总结了高权力距离社会工作场所的特征（见表4-11）：在高权力距离的环境中，人们认为上下级之间不平等的关系是天生的，以不平等的关系为基础，组织中的权力集中在少数人手中，下属要按照上级的命令行事。[②] 我国高权力距离的社会文化塑造了学校成员之间不平等的关系，校长拥有学校的最高权力，通常采用的是集权式的、科层式的领导，教师要服从校长的安排，教师和校长之间犹如

表4-11　　　　　　高权力距离社会工作场所的特征

组织中的等级制度反映了高低阶层之间业已存在的不平等
权力集中十分普遍
更多的监管人员
组织中的高层和基层之间工资差距很大
管理者依靠正式的制度和他们的上司
管理者只是告知下属要做什么
理想的老板是个仁慈的专制者，或者说是"慈父"
上下级的关系带有感情色彩
特权及地位象征是普遍存在的

资料来源：改编自吉尔特·霍夫斯泰德、格特·扬·霍夫斯泰德《文化与组织：心理软件的力量》，李原、孙健敏译，中国人民大学出版社2010年版，第61页。

[①] D. Ho, & L. P. Tikly, "Conceptualizing Teacher Leadership in a Chinese, Policy-driven Context: A Research Agenda," *School Effectiveness and School Improvement: An International Journal of Research, Policy and Practice*, 2012, 23 (4): 401–416.

[②] 吉尔特·霍夫斯泰德、格特·扬·霍夫斯泰德：《文化与组织：心理软件的力量》，李原、孙健敏译，中国人民大学出版社2010年版，第59页。

父亲和孩子的关系,这种家长式的领导风格在我国中小学广泛存在。

综上所述,传统的儒家伦理思想塑造了中国社会人与人之间的等级关系,造成了我国中小学高权力距离的特征。"要求人们'约之以礼',各安其位。此处之谓'礼',当非'三纲五常',而是已遍及所有形态的人际关系。"[1] 在这种高权力距离的文化影响下,人们接受人际不平等的关系,领导是拥有权力和地位的人,部属要服从领导者的安排,已经深入中国人的意识形态里。在学校里校长是大权在握的领导者,统管学校一切事务,而非校长与教师分享领导,教师通常不加批判地服从校长的领导。

2. 集体主义的文化

中国文化与西方文化的不同之处在于具有集体主义的文化属性。集体主义(collectivism)的社会是指个人从出生就融入强大而紧密的内群体中,这个群体为人们提供终身的保护来换取人们对群体的绝对忠诚。[2] 高权力距离的国家集体主义程度更高。中国传统儒家文化的另一特征是集体主义,在集体主义的文化里,"和谐"和"面子"是两个影响教师领导的概念。

和谐是儒家文化的一个重要内容。在集体主义的文化里,个体的目标通常让位于集体的目标,集体主义的特征之一是建构和谐、维持关系和团队凝聚力。中小学教师重视和同事建立和谐的关系,校长通常会以建立和谐的关系来调解冲突,并将建立和谐的关系作为集体行动的道德原则。在学校中,教师为了与其他教师建立和谐的关系,通常避免与他人产生冲突和争端,与他人保持一致的观点。这在一定程度上影响了教师领导的出现。教师领导需要教师参与决策,发表个人意见,允许他人分享观点。参与决策要求教师具有独立、自由、社会平等和自我导向的品质,这与强调集体主义文化的学校是具有矛盾和冲突的。因此,我们需要考虑在集体主义的文化中,如何让教师进行

---

[1] 谢维和:《教育活动的社会学分析——一种教育社会学的研究》,教育科学出版社2000年版,第95页。

[2] 吉尔特·霍夫斯泰德、格特·扬·霍夫斯泰德:《文化与组织:心理软件的力量》,李原、孙健敏译,中国人民大学出版社2010年版,第81—87页。

第四章　中小学教师领导的现状调查及分析

对话和交流，敢于发表不同的意见，为学校的决策做出贡献。①

另一个与集体主义文化相关的概念是"面子"。教师不愿意领导改革，是由于教师发起和领导的变革是对教学实践的探索，变革的结果难以预料，变革很有可能遭遇失败。如果由教师领导的革新活动失败了，会令教师丢面子。在中国社会和组织里，面子很重要。面子是社会产物，可以理解为个人社会信用（social credits）的累积物。个体所获得教育资格为他们提供了"教师"的地位，教师在学校和社会都具有"面子"。所有的教师都试图维护他们的面子，"丢脸"是可耻的，教师害怕因革新失败而丢了面子，等着校长来领导变革是比较安全的。因此，教师在学校发展中极少具有领导的自觉性和主动性，他们通常被动地实施变革。②

（二）传统教师角色的规定性

由于在社会中地位、身份的不同，人们在扮演角色的过程中表现出不同的行为方式和想法。教师习得教师角色的过程是一个社会化的过程。教师专业社会化就是教师转化成为教学专业人员的过程。在社会化的过程中教师习得作为教师所应该具有的价值观、行为、角色等。当代教师对专业价值、责任等的习得与教师的传统角色是一脉相承的，传统教师角色影响当代教师对教师角色与职责的定位。

我国教师职业历史久远，较早的教师是传统社会的"塾师"。塾师阶层是主要的教育主体。具有教育意义的"塾"，最早见于《礼记·学记》："古之教者，家有塾，党有庠，术有序，国有学。"孔颖达疏曰："周礼百里之内，二十五家为闾，共同一巷。巷首有门，门边有塾。谓民在家之时，朝夕出入，恒受教于塾，故云'家有塾'。"③至明、清时期，私塾发展空前鼎盛，在社会中形成了数目庞

---

① D. Ho, & L. P. Tikly, "Conceptualizing Teacher Leadership in a Chinese, Policy-driven Context: A Research Agenda," *School Effectiveness and School Improvement: An International Journal of Research, Policy and Practice*, 2012, 23 (4): 401–416.

② L. N. K. Lo, Teachers as Foot-soldiers Cultural Duties: A Reflection on Teacher Leadership and Learning Community in Chinese Schools, Paper Presented at the Second International Education Conference "Leadership in a Learning Society", Beijing, 2008.

③ 《十三经注疏》（下册），浙江古籍出版社1998年版，第1521页；转引自蒋纯焦《一个阶层的消失》，博士学位论文，华东师范大学，2006年。

大的塾师队伍。在我国漫长的封建社会里，塾师通常都是男性，服务于帝国的考试系统，为封建科举制度输送人才，塾师主要是由科举考试中没有获取功名的读书人担任的。在古代社会里，教师职业比较松散，不需要专门培训，私学教师只要读过几年书，参加过科举考试，就可以加入教师职业中来。

"塾师行业虽然没有统一的从业规范，但经过一千多年的发展，形成了一套基本一致的教学程序、教学模式，可供塾师自主发挥的空间相当有限。"① 传统社会教师的责任可以用唐代韩愈的名言来概括："师者，所以传道授业解惑也。"从"传""授""解"可以看出对教师角色的规定，这种传统教师职责一直延续至今。当代教师在社会化过程中受到传统教师角色规定性的影响，将教师的角色和责任限定为课堂上教书育人，他们的工作主要是在课堂教学上，鲜有教师在课堂以外发挥领导作用。

二 行政化管理体制的束缚

（一）集中化的学校管理体制

我国学校教育管理体制形成于计划经济时期，学校是教育行政部门的附属。教育行政部门控制着学校的教学、财务、人事等。尽管20世纪80年代以来，国家对教育进行了简政放权，但是我国中小学总体上还处于行政化的管理体制下，政府对学校管理集中，包揽过多，弊端仍未根除，学校并未获得应有的自主权。教育行政机构高度控制着学校和教师的工作，过多的干预，限制了教师领导的发展。在行政化的学校管理体制下，教师在发起和领导变革方面的空间极为有限，教师缺乏承担领导职责所需要的外部环境以及领导变革的动力。

中小学主要是由地方教育局管理的，学校和教育局之间是上下级的关系，学校办学要满足地方教育局的要求，学校作为执行机构要严格执行上级教育行政部门的政策，接受教育局的检查、考评和验收。

---

① 蒋纯焦：《一个阶层的消失》，博士学位论文，华东师范大学，2006年。

"我国中小学在正规管理系统内的生存环境是较逼仄和繁杂的。"① 教育局通过检查、评估、验收等工作直接干预和管理教师的工作,教育行政部门对教师的外部干预包括检查教案、课堂教学情况、教师招聘、职称评定等,学校和教师都忙于应付上级的检查,使工作符合规范化的管理。在行政化的管理模式下,教师主要是完成上级布置的教学任务,很少有发挥创意,进行革新并且领导革新活动的空间。学者吴康宁认为,政府部门对学校的超强控制,成为影响改革深入的要害性问题。②

"教师在职业场景中是被动的,教师在教什么、如何教、如何考评等方面鲜有建设性的参与。这样管理体系预设教师无知、愚笨、懒于参与决策,这是在剥夺教师的尊严。教师仅仅是学校程序中的小卒,教师用以回报的是日益冷漠与懒散。"③ 行政化的管理限制了教师的工作,自上而下的管理只会为教师提供有形的奖励,比如提升职位,这种激励对于发展正式的领导是有利的,但是对于在学校共同体中培养非正式的教师领导者是很少起作用的。④

(二)校长负责制弊端凸显

我国中小学的内部领导体制是校长负责制。1985 年《中共中央关于教育体制改革的决定》提出中小学逐步实行校长负责制。1993 年《中国教育改革和发展纲要》确定了中小学实行校长负责制。校长负责制是在教育行政部门的领导下,校长全面负责学校的工作,由党支部实施监督管理,教职工代表大会民主参与的学校管理制度。冯大鸣认为,这一制度受制于当时的历史条件,为现行校长负责制埋下了病根,校长负责制的建立是着眼于校内党政之间的权力转移,而不

---

① 叶澜:《"新基础教育论"——关于当代中国学校变革的探究与认识》,教育科学出版社 2006 年版,第 330 页。
② 吴康宁:《政府部门超强控制:制约教育改革深入推进的一个要害性问题》,《南京师大学报》(社会科学版)2012 年第 5 期。
③ 刘云杉:《从启蒙者到专业人》,北京师范大学出版社 2006 年版,第 192 页。
④ L. N. K. Lo, Teachers as Foot-soldiers Cultural Duties: A Reflection on Teacher Leadership and Learning Community in Chinese Schools, Paper Presented at the Second International Education Conference "Leadership in a Learning Society", Beijing, 2008.

是在学校建立新型民主管理制度。[1]

校长负责制在实践中变成校长的独断专制,校长成为学校唯一的领导者,强化了科层制下校长的权力和权威的中心化。校长是学校的"一把手",掌握预算、人员分配、决策等方面的权力,而教师的权力是关于班级中的决策,如何教学、管理学生等,教师在课堂以外很少具有权力。在这种模式下权力被视为"零和游戏",一方在某个领域赢得权力,就意味着另一方失去权力,导致教师领导者很难在学校出现。[2] 校长普遍缺乏赋权的观念,通常只委派个别教师承担领导任务,比如承担项目领导者、某项活动的领导者,很少将广大教师作为领导的来源。

在校长负责制下,校长承担了决策的责任,成为问题的解决专家,由校长而不是由学校共同体中的教师提供问题的解决方案。教师将本该自己承担的解决问题的责任推给校长,习惯于由校长做决策,提供解决方案。教师对校长具有很强的依赖性,存在两种依赖模式:一种是科层制依赖,依赖校长做出决策,传递信息,指导学校的工作;另一种是互相依赖,校长和教师互相依赖于旧的行为模式,校长认为教师的角色是课堂事务而不是参与学校事务,教师认为学校需要校长自上而下的管理。[3] 在现行的校长负责制下,校长采用的多是自上而下的管理方式,教师被分配很多任务,但是教师很少有采取行动的自主权,他们很少参与学校领导。

(三)学校作为单位组织的局限性

单位组织是国家行政机构,同时也是社会资源或财产的占有者。[4] 在国家与单位的关系上,国家对单位具有绝对的领导和支配权,单位服从国家的行政命令。在我国学校是一种单位组织,属于事业单位。

---

[1] 冯大鸣:《试论校长负责制的重构与再造》,《教育理论与实践》2003年第1期。

[2] K. Boles, & V. Troen, Teacher Leadership in a Professional Development School, Paper Presented at the Annual Meeting of the American Educational Research Association, New Orleans, LA, 1994.

[3] L. Lambert, Leadership Capacity for Lasting School Improvement, Alexandria, VA: Association for Supervision and Curriculum Development, 2003: 48.

[4] 李汉林、李路路:《资源与交换——中国单位组织中的依赖性结构》,《社会学研究》1999年第4期。

第四章 中小学教师领导的现状调查及分析

"单位对国家的依附,导致了单位对行政命令的一味服从和对权力的积极靠拢,单位本来应该遵循的规律便被推到单位视野之外,或者降低为次要的制约力量。一个显而易见的结果便出现了:行政单位和事业单位的高效性消失了。"[1]

作为事业单位的公立学校处于"保护性的绝缘层"中。[2] 学校一般很少面临生存危机,尽管学校之间也存在竞争,但学校很少像企业那样存在生存的竞争,公立学校一般很少面临倒闭的危机,教师很少会有失业的危机。只要能够正常运转,大多数学校没有改革的压力和危机感,也不知道从何处改革,如何改革。只是被动地听从外部的行政要求,即便是在国家推行大规模课改的情况下,依然有很多学校维持原状,保守观望。

教师对于学校单位具有依附性,一方面单位为教师提供了经济、身份等方面的保障,另一方面教师获得报酬不仅与他们的工作表现有关,还与学校管理者的主观评价有关,在单位里,学校管理者具有极强的个人权威,导致教师对学校管理者具有很强的依附性。因此,学校作为单位组织为教师提供了稳定感,身处事业单位里的教师更愿意留守在"舒适地带",而较少愿意主动改变,领导学校进行变革。刘建军认为:"对于城市来说,单位已不像西方社会中的企业或中间组织那样是代表社会自主性的力量,而是处于国家与个人的连接点上。单位既是国家权威在基层社会的代理者,又是把个人纳入集体之中以规范和保护个人为己任的吸纳者和管理者。"[3] 学校作为单位往往不能创造性地对变化的环境做出回应,稳定的环境使得学校中的教师既没有变革的压力又缺乏领导变革的动力。"教师是国家的雇员,他们是服从性的劳动力,教师服从他们的雇主(国家)和他们的控制者

---

[1] 刘建军:《单位中国:社会调控体系重构中的个人、组织与国家》,天津人民出版社2000年版,第111页。
[2] 庄西真:《从封闭到开放——学校组织变革的分析》,《教育理论与实践》2003年第8期。
[3] 刘建军:《单位中国:社会调控体系重构中的个人、组织与国家》,天津人民出版社2000年版,第66页。

(校长、学监、考试委员会、校董会)。"①

三 学校组织结构与文化的约束

(一) 科层制的组织机构

我国中小学的组织架构是由校长、中层领导、教师组成的金字塔式的科层结构。科层制是由德国社会学家马克斯·韦伯(Max Weber)提出来的，科层制组织具有韦伯所列举的五个方面的特征：劳动分工与专业化、非人格化取向、权威等级、规章制度以及职业取向。② 科层制的学校结构类似于工厂，校长相当于工厂里的工头，教师就像流水线上的工人。③ 萨乔万尼认为，官僚体制含有下列假设：在一个等级制的系统中，教师是部属；校长是值得信任的，可是你不能信任教师；教师与校长的目标、利益是不同的，因而，校长必须戒备；等级制度等同于专长，因此，校长事事都比教师懂得多；外部的绩效责任制最为有效。④

在科层制的学校中，校长是领导者，负责全校的事务；教师是部属，教师的工作主要是面向课堂。学校中谁能教学，谁能领导，具有明确的分工，领导者的工作对象是成人，教师的工作对象是学生，而不是成人。因此教师很少参与学校的领导，这种分工限制了教师对整个学校图景的了解，教师无法贡献他们的观点，以及施展才能来满足学校发展的需要。⑤ 位于底层的教师服从、执行管理者的指令和安排，教师失去了专业人员应有的权力，学校的决策都由学校管理者做出。

层级制的组织结构，使权威关系跨越几个等级层次，在学校中教

---

① 刘云杉：《从启蒙者到专业人》，北京师范大学出版社2006年版，第185页。
② [美]韦恩·K.霍伊、塞西尔·G.米斯克尔：《教育管理学：理论·研究·实践》，范国睿译，教育科学出版社2007年版，第81页。
③ D. Childs-Bowen, & G. Moller, J. Scrivner, "Principals: Leaders of Leaders," *NASSP Bulletin*, 2000, 84 (616): 27-34.
④ [美]托马斯·J.萨乔万尼：《校长学：一种反思性实践观》，张虹译，上海教育出版社2004年版，第159页。
⑤ M. Coyle, "Teacher Leadership vs. School Management: Flatten the Hierarchies," *The Clearing House*, 1997, 70 (5): 236-239.

第四章 中小学教师领导的现状调查及分析

师并不是自由的行动者,教师并不能自由地成为富兰所说的变革的代理人,教师受学校里微观政治的限制。① "一个有五个层次的层级结构中,至少有四个人可以否决一个来自底层(当然也是最接近问题的层次)的好主意。因此,和组织必然有层次一样,层级结构也必然导致变革进程的延缓。"② 由于在科层结构中的从属地位,教师发起革新的作用通常不受重视,许多教师有一些好的观念,但是由于受到行政管理者的反对而难以实现。③

教师的专业知识和专长使他们具有能力来发起和领导变革。波兰社会学家弗·兹纳涅茨基创建了知识人的社会角色分类方法,将"知识人"作为研究对象。他认为,知识与社会生活具有两种联结方式。人类对某些社会系统的参与和人类在社会系统界限内的行为,通常依赖于他们对一个特定知识系统的参与;人类参与一定的社会系统通常(虽然也许不是完全地、绝对地)取决于他将参与什么样的知识系统,以及如何参与。④ 就教师而言,教师只有具有符合教师角色的知识,才能从事专业工作。也就是说,教师具有其他类型的人群所不具备的知识,教师是"知识人",知识是教师的从业资本。吉登斯分析了行动与权力之间的关系,认为"有能力'换一种方式行事',就是说能够介入、干预这个世界,或是能够摆脱这种干预,同时产生影响事件的特定过程或世态的效果。""个体有能力'改变'既定事态或事件进程,这种能力正是行动的基础。"⑤ 教师的智力资本是知识和新观念的源头,教师具有有效行动的能力,但是在科层制机构中,教师缺乏行动的权力,成为"沉睡的巨人",难以走出"教室王国"承

---

① L. D. Gonzales, *Sustaining Teacher Leadership*: *Beyond the Boundaries of an Enabling School Culture*, Lanham, MD: University Press of America, 2004: 125.

② [美] E. 马克·汉森:《教育管理与组织行为》,冯大鸣译,上海教育出版社2004年版,第40页。

③ [美] 珍妮·H. 巴兰坦:《教育社会学:一种系统分析法》,朱志勇等译,江苏教育出版社2005年版,第349页。

④ [波] 弗洛里安·兹纳涅茨基:《知识人的社会角色》,郏斌祥译,译林出版社2012年版,第6页。

⑤ [美] 安东尼·吉登斯:《社会的构成:结构化理论大纲》,李康、李猛译,生活·读书·新知三联书店1998年版,第76页。

担领导责任。

(二) 隔离的文化

我国中小学实行的是分班负责制,即每个教师对自己所教班级的学生负责。每个教师在课堂上有较大的自主权,他们是自己"教室王国"的领导者。此外,教师是按照学科作为身份标识的,学科构成了教师对自己所属群体的认同。每个教师归于不同的组别,"部门的分隔对整个学校的沟通交流和良好的同事关系构成强大障碍"[1]。这些组别形成"次级团体",这些"次级团体"又形成了所谓的"派别主义文化",成为学校中教师合作的障碍。各个团体在内部进行交流和合作,而团体之间则处于隔离状态。同学科的教师内化了共同的价值观、利益,形成了"圈子文化"。教师之间的交流主要以本年级和本学科之间的沟通为主。以年级为单位会导致沟通障碍和员工关系碎片化,员工大量的时间都是和同年级/学科组的同事在一起,缺乏整校的视野。[2] 派别主义教师文化所展现的是一种矛盾的状态,互助只是在团体内部,在团体以外教师之间仍然是隔离的。[3]

从总体上说,我国中小学教师的工作状态是隔离的,缺乏共享与合作。里伯曼(Liberman)和米勒(Miller)对教师的调查反映了这样的现实:"教学实际上是一种孤立的事业。在教学中,如此多的人在如此狭小的空间和紧凑时间内完成如此一致的使命,但它却是在自我迫使和职业认同的孤立之中进行的,这可能是个最大的讽刺——同时也是教学的最大悲剧。"[4] 隔离、孤立的文化影响了教师之间以及教师与管理者之间的关系,教师很少就教学、学习等问题进行讨论和交流,教师与管理者之间是一种"我们—他们"的关系,很少就学校发展的目标、规章、制度进行共同的讨论。

---

[1] [英] 路易斯·斯托尔、[加] 迪安·芬克:《未来的学校——变革的目标与路径》,柳国辉译,北京大学出版社2011年版,第98页。

[2] H. J. Thornton, "Excellent Teachers Leading the Way: How to Cultivate Teacher Leadership," *Middle School Journal*, 2010, 41 (4): 36–43.

[3] 周正、许超:《对话与合作——米德与哈格里夫斯教师文化理论的比较与反思》,《教育理论与实践》2013年第10期。

[4] [美] S. D. 布鲁克菲尔德:《批判反思型教师ABC》,张伟译,中国轻工业出版社2002年版,第305页。

第四章 中小学教师领导的现状调查及分析

伯尼（Burney）认为："单个的教师……在隔绝状态下工作，在紧闭的教室门后铸造自己的教学实践方法……教师们逐渐认为自治和创造——而不是严谨的共享的知识——是其职业的标志。这样就进一步产生了高度个人化的教学方式，教学质量和效力因而千差万别。这使得每个教师发明他/她自己的知识基础——没有经过检验和测试的、独特的、可能与其他教师的知识相矛盾的知识基础。"[1] 隔离限制了教师相互之间吸收和分享好的思想，造成他们维持现状，较少对教学实践进行改进。每个教师具有不同的工作假设，缺乏一致性的工作目标，教师很少从同伴教师那里获得对教学的反馈，也很少和其他教师合作共同解决问题。孤独影响了教师学习，造成教师将解决问题的办法局限在个人的经验之内，对于复杂变革，需要许多教师合作来共同解决问题。[2]

（三）互不干涉的文化

在教师之间存在着互不干涉的文化，限制了教师之间分享专长和经验。教师奉行的是互不干涉别人的教学的原则，新手教师除非在学校行政指令下为其指定师傅，否则对教学的胜任就只能是自己在实践中摸索。学校中鲜有教师会主动提出与新手教师或者青年教师协同合作，促进彼此的专业成长。在对教师的访谈中，有教师指出："教师之间都是一样的，不能干涉其他教师的教学，如果有需要可以来问。""别人来问，我会为别人提供帮助。"教师认为，如果有需要就来问我，别的老师如果来求助，就会和其他教师分享经验和专长，如果其他教师不主动来问，就不会主动地干涉其他教师的教学。即便富有经验的教师看到一些教师在教学或班级管理中存在困难，如果这些教师不来寻求帮助，他们也不会主动地干涉其教学或者班级管理。

教学是平庸化的事业，教师之间只有年龄、教龄的不同，而没有专长、职责的不同，新手教师和经验丰富的教师在学校中承担同样的责任，每个教师都是一样的。当有教师想承担领导职责，带领其他教

---

[1] ［加］迈克尔·富兰、彼得·希尔、［澳］卡梅尔·克瑞沃拉：《突破》，孙静萍、刘继安译，教育科学出版社2009年版，第32页。

[2] ［加］迈克尔·富兰：《变革的力量：透视教育改革》，教育科学出版社2004年版，第45页。

师共同变革教学实践时，会被同事认为想出风头、逞能、想得到领导的重视，会遭到其他教师的排斥。在教师看来，主动帮助其他教师改进实践是对其他教师教学的干涉，那样显得自己比其他教师能力强，大多数教师不愿意当"出头鸟"。

"组织的许多成员都知道一些问题和缺陷，但是就不愿意讲出来，因为组织的意识形态让每一个人都认为其他人是满意的。这种情形被称为'多元性漠视'（Pluralistic ignorance）。"[①] 同时，教师认为，主动请求别人的帮助是承认自己缺乏能力，教学水平较低。互不干涉的文化限制了好的观念在教师之间的分享，抑制了对优秀教学的识别。如果这些规范依然存在，许多优秀的教师对通过合作扩大他们的影响会感到灰心。[②] 由于互不干涉文化的存在，在学校中由教师或一组教师发起和领导的改革通常会遭到反对和排斥。

（四）缺乏鼓励革新和首创精神

教师领导涉及变化和变革，需要在学校中建立鼓励教师革新的文化。对于大多数教师来说，他们乐于安于现状，满足于"舒适地带"，停留于传统教师角色的定位上，将在课堂上教书作为自己的职责，而很少关注学校的发展。教师习惯于把变革看作政府和教育行政部门的责任，被动地接受自上而下的变革，习惯于贯彻落实变革方案，而很少立足于本校的实际问题，自觉主动地发起和领导变革。教师的工作模式是一种"他控"的模式，"大陆教师在工作上基本上接受由上而下的行政指令、教师评估、教育改革和教学方式等。在心理上，他们对这些外界的控制，也不会有很大的抗拒。"[③]

教师对教学改革的热情不高，他们不热衷于探究新的教学实践，习惯于例行化的教学活动。教师每天上课、备课，却很少考虑教学实践的优化与革新，也很少观察、记录其教学行为，对其教学实践与学

---

① [美]彼得·布劳、马歇尔·梅椰：《现代社会中的科层制》，马戎、时宪民、邱泽奇译，学林出版社2001年版，第57页。

② S. M. Johnson, & M. L. Donaldson, "Overcoming the Obstacles to Leadership," *Educational Leadership*, 2007, 65（1）: 8–13.

③ 吴浩明：《香港与大陆教师文化差异研究》，《华东师范大学学报》（教育科学版）2002年第1期。

生的学习成果进行反思。对于一些工作年限较长的教师来说，教学成为例行化的活动，他们很少自觉地反思他们的教学，尝试和探究新的教学实践。"可以说教师文化不具有智识冒险的特性，不热衷于观念、价值、假设与现行措施的批判反思，使得教学工作流于信奉不曾检验的规范。"① 教师文化保守性较强，只要不危及生存、涉及生计，热心教改与创新的教师少之又少，大多数教师不愿意改变自己业已定型的教学常规。②

四 教师个人观念和技能的局限

"社会行动实际上包括了所有行为者赋予一定主观意义的人类行为。虽然韦伯的主观意义的概念并不明确，但是，所谓'理解'或解释社会学的含义是：主观意义必须与所谓'客观的''正确性'或形而上学意义上的真理区别开来。"③ 要探究影响教师领导的因素，就需要对作为教育实践者的教师，其实践的主观意图及赋予行动的意义进行解读。教师关于领导的价值观念比起外在的组织结构等方面的因素重要得多，影响教师领导的因素，最重要的是教师自己。④

保罗·威利斯以"洞察"与"局限"这两个概念分析了工人阶级"家伙们"的文化行动。"洞察"是某一文化形式中的各种念头，这些念头有助于洞察该文化形式的成员及他们在社会整体中所处的位置，而这种洞察的方式不是中立的、本质主义的或个体主义的。"局限"是指混淆和妨碍这些"念头"全面发展和表达的那些阻碍、偏离和意识形态影响。⑤ 教师有其关于"领导"的观念认识，对"领导"的认识又指导着教师的实践活动。但是教师对"领导"的洞察

---

① 余进利：《五向度课程领导框架的构建》，博士学位论文，华东师范大学，2005年。
② 卢乃桂、操太圣：《伙伴协作与教师赋权——教师专业发展新视角》，教育科学出版社2007年版，第268页。
③ 谢维和：《教育活动的社会学分析——一种教育社会学的研究》，教育科学出版社2000年版，第83页。
④ J. Murphy, *Connecting Teacher Leadership and School Improvement*, Thousand Oaks, CA: Corwin Press, 2005: 69.
⑤ [英]保罗·威利斯：《学做工：工人阶级子弟为何继承父业》，秘舒、凌华译，译林出版社2013年版，第152页。

存在极大的扭曲，妨碍教师将自己看作领导者，包括他们所认为的领导是正式的角色或者职位；不是每一个人都具有领导的才能；领导发生在教学活动以外。

(一) 领导存在于正式的职位中

"每一组织都由其系统成员所处的一组相关联的地位或位置构成，这些成员需要履行职责以实现系统目标。每一位置隐含着拥有该职位的个体被期待履行的一系列责任或义务，这些互动构成了角色。"[1]在教师的观念里，领导是为官者，校长、部室主任等这些具有职位和权力的人员才是领导者。教师所理解的教师领导与正式的职位和权威相关，即成为学校的管理者。如果在学校中问教师"谁领导学校？"大部分教师的回答都是"校长""当官的"，因为他们掌握着决策、评价和监督管理教师的权力。

在教师的心目中，权力与领导是相关的概念，教师所理解的"领导"更多地体现为职位权、统治权、霸权、控制权等。比如在访谈中，很多教师认为教师没有领导的权力，如果让教师发挥领导作用就需要给教师一个职位。

> ST6 老师认为：让教师自觉地领导是不现实的，教师本身就有很多事情，像班级活动、卫生、学生安全，以及跟家长沟通等很多细碎的东西等着教师去操心，所以说教师没有那么多的精力再想着领导大家促进学校的发展，而领导者并不站在教学方面，或者说他们有更多的时间，他们作为旁观者更能发现教学中或生活中的问题，他们提出问题，再让教师来解决，而教师也需要一个领导，这个领导需要是被任命的、有威信的，需要一个位置的肯定，作为教师还是十分安于自己所处的那个位置的。
>
> ST16 老师：普通教师基本上不会发挥领导力，因为在行政划分上没有赋予普通教师领导的权力，也没有机制和平台。从工作性质上看，普通教师工作量过重，也没有精力去做教学以外的

---

[1] [美] 珍妮·H. 巴兰坦：《教育社会学：一种系统分析法》，朱志勇等译，江苏教育出版社 2005 年版，第 136 页。

事情。普通教师没什么影响，能做好本职工作就可以了，影响大的就是校领导了，权力大。

教师对"领导"的认识存在局限性，他们把"领导"诠释为正式的角色或者职位，认为教师要想发挥领导作用，就需要"一个职位"或者"职位权力"。兰伯特认为，领导的定义经常与领导人（leader）相混淆，并且交互使用，很多人认为，领导就是领导人的工作。① 约翰·科特认为，领导在日常生活中具有两种不同的含义。一是领导指有助于引导和动员人们的行为和/或其思想的过程。二是领导指具有正式领导职位的一群人，希望他们起到前者所指的作用。后者对于我们理解领导的含义造成了混淆。因为在此含义下，人们认为领导是具有领导职位的人。②

这种将领导等同于职位权的看法具有片面性。权力包括两种类型：职位权和个人权力。职位权是正式的权力，来自具体的工作角色或者职位任命；个人权力是个体行动的结果。教师领导者主要依赖个人权力对他人产生影响，教师领导者对他人的影响取决于人际关系、能力等因素。③ 对于教师领导来说，专业权力是教师领导的基础，是否具有职位权并不重要，具有教学专长是教师赢得尊重和认可的基础。实际上，有很多非正式的方式可以让教师发挥积极的影响，承担领导职责。当教师将领导视为个体所担任的正式职位时，教师就很难认为自己可以承担领导职责，而如果我们用更加宽泛的概念来理解领导，将领导视为与同事共同学习，那么每个教师都有可能承担领导职责。④

（二）领导不是人人都具有的才能

教师缺乏领导自信和领导技能是教师拒绝成为领导者的重要原

---

① ［美］琳达·兰伯特等：《教育领导：建构论的观点》，崔云编译，甘肃文化出版社2005年版，第28页。

② ［美］约翰·科特：《变革的力量——领导与管理的差异》，方云军、张小强译，华夏出版社1997年版，第2页。

③ M. Katzenmeyer, & G. Moller, *Awakening the Sleeping Giant: Helping Teachers Develop as Leaders*, Thousand Oaks, CA: Corwin Press, 2009: 29.

④ L. Lambert, "Leadership Redefined: An Evocative Context for Teacher Leadership," *School Leadership & Management: Formerly School Organization*, 2003, 23 (4): 421 – 430.

因。教师对"领导"存在错误的洞察,从教师对教师领导的主体辨认中可以看出,教师所认定的教师领导者主要包括两类人员:一类是学校中的正式领导者,他们具有组织上的合法权威;另一类是在特定领域具有专长的专家教师,教师认为,这些教师具有领导的才能。从教师对教师领导的认知来看,其认知存在着文化上的逻辑,认为一些教师比其他教师更具有权威性。[1]"从根本上说,洞察中存在着一种错误的、尚未被承认的关联,或者准确地说是一种'部分'关联。正是这种文化'洞见'和偏见的结合,将个人合法性和认同的力量直接注入个体行为,而该行为最终使人陷入困境。"[2]

教师不认为每个人都具有领导的潜能,他们不相信自己具有能力来领导他人,教师认为,即便自己想改进教学,提出需要改进的问题,其他教师也不一定有兴趣与其共同探究。我们关于领导力的认知受到过去经历的影响,在某种程度上,我们对领导力的判断是基于家庭、学校、社会以及与领导者的接触或者观察中所学习到的东西。我们在自己的经历中所形成的无意识的观点,决定了我们的行动。通常我们没有认识到我们对自我表现和领导才能所设置的限制,影响了我们对自身领导能力的判断。[3]

教师通常认为,某些正式的教师领导者具有领导的技能、性格,可以领导他人,而普通教师只会教学,不具有领导的才能。我们不能将领导视为只有少数个体所具有的特质和技能,如果将领导视为天赋才能,教师就很难相信自己可以从事领导工作。教师领导需要教师具有领导的自信,能够自我赋权,所谓自我赋权不是指教师支配或者操控他人,而是具有展现知识、技能和从事领导工作的自信。

此外,教师缺乏领导的知识和技能。在我国中小学教师职前准备和在职教育中,缺乏对教师领导知识和技能的培训,教师不理解何为

---

[1] S. M. P. Scribner, & J. Bradle-Levine, "The Meaning (s) of Teacher Leadership in an Urban High School Reform," *Education Administration Quarterly*, 2010, 46 (4): 491–522.

[2] [英] 保罗·威利斯:《学做工:工人阶级子弟为何继承父业》,秘舒、凌华译,译林出版社2013年版,第119页。

[3] [美] 沃伦·本尼斯、琼·戈德史密斯:《领导力实践》,姜文波译,中国人民大学出版社2007年版,第48页。

"教师领导",更缺乏领导他人的技能。诸如合作的技能、促进的技能、解决冲突的技能、组织团队的技能等。知识和技能的不足,使教师游离于领导之外。突现的(emergence)领导不会发生,除非教师认识到他们的领导潜能,具有领导自信和技能,否则教师领导就难以出现。[1]

(三) 领导发生在教学活动之外

在教师的观念里,领导是管理活动,是发生在教学活动之外的,教师很少将领导看作在学校里为学生和同事的学习提供支持。[2] 在教师看来,领导和教学是相互排斥的,领导是校长以及行政管理人员的职能,与教师无关,教师的工作只是在课堂上教育好自己的学生。"不在其位,不谋其职"可以说是教师对自身角色的解读,领导和教学是相互分割的领域。

教师洞察到了学校实践中所存在的问题,而且对这些问题具有自己的真知灼见。例如,"现在学校不重视教学,重视安全,学校应该以教学为重"。"现在的教案检查方式具有形式主义,并且浪费教师的时间,很多教师都是抄教案,并没有真正地体现教案的作用。"作为专业人员,教师具有知识、能力,有自主发展和革新的强烈愿望,他们对学校里所存在的问题有深刻的洞见与不满,甚至对于如何解决问题都有好的办法和意见,但他们不愿意公开表达出来,更难转化成为集体解决问题的行动。教师认为,解决问题是校长的事情,教师说了也没有用,面对学校实践中的问题,教师更多的是发牢骚和抱怨,而不是采取行动解决问题。

基于这样的认识,教师将自身的能动性局限在课堂领域,教师是课堂王国的领导者。在教师看来,领导发生在教学活动以外,属于行政管理人员的范畴,在学校里即便是有经验的教师的工作也主要是聚焦自己的课堂,而很少超越课堂发挥领导作用,教师没有认识到作为专业人员在学校发展中需要承担领导的责任。

---

[1] V. R. Helterbran, "Teacher Leadership: Overcoming 'I Am Just a Teacher' Syndrome," *Education*, 131, (2): 363-371.

[2] M. Collay, *Everyday Teacher Leadership: Taking Action Where You Are*, San Francisco, CA: Jossey-Bass, 2011: 83.

同时，教师也缺乏领导的时间。从工作性质上看，普通教师工作负担过重，日常的教学工作耗费了教师大量的精力，他们没有时间和精力去做教学以外的事情。教师将大部分时间都用在教学上，上课、批改作业、备课、迎接行政部门的各种检查，这些活动占据了教师在学校中的大量时间。承担领导角色需要教师付出额外的时间和精力，他们缺乏时间在一起合作、交流、规划、试验等。为了发展教师领导，要为教师提供必要的时间，教师需要时间与他人合作、参与探究等。

综上所述，我国中小学教师领导所面临的种种问题与困境，限制了教师领导的发展，造成这些问题的原因是多方面的，既包括传统文化及观念的影响，也包括学校组织环境、个人观念等方面的影响因素，厘清我国教师领导所存在的问题及其影响因素，有利于推动教师领导的实施。

第五章　发展教师领导的
　　　　方向与策略建构

　　我国中小学教师领导发展中存在着种种困境，面对困境，我们不仅要进行探究，而且要采取适当的方式来应对，从而走上正确之路。本章主要探讨教师领导的未来发展走向以及促进教师领导发展的策略。教师领导的未来发展路向要从注重发展教师领导者个体转向发展教师领导者集体，超越传统委托或者任命少数教师承担领导角色的模式，促使学校共同体内每个教师都发挥领导的潜能。教师领导的发展需要建立一个四位一体的支持系统，从教师个体、国家政策、学校环境以及教师教育等方面，共同为教师领导的发展提供支持。

第一节　发展方向：促进每个教师
　　　　发挥领导的潜能

　　每个教师都具有领导的潜能，都可以成为领导者。库泽斯和波斯纳在《领导力》中认为，普通人成为领导者需要五种领导行为：以身作则、共享愿景、挑战现状、使众人行、激励人心。约翰·科特在《变革的力量——领导与管理的差异》中提出，领导过程包括确定经营方向，联合群众，促动和激励他人。福斯特认为，教师领导包括三个要素：收集和使用证据，在实践中尝试以及合作领导、管理变革。[1]我们无意于提炼一个教师领导的框架来模式化教师领导，而在于为教

---

[1] J. Durrant, & G. Holden, *Teachers Leading Change: Doing Research for School Improvement*, Thousand Oaks, CA: Paul Chapman, 2006: 58.

师如何领导提供一个大致的参考方式,使教师明白应该如何成为教师领导者以及教师领导者应该采取哪些行动,促进教师在学校发展中发挥领导潜能。

一 倡导批判性反思教学实践

"保罗·费雷勒将批判性思考作为变革的一种非暴力途径。"[①] 批判性反思对于教师领导来说是至关重要的,需要贯穿整个领导过程。批判性反思可以帮助教师明确教育教学实践中需要改进的问题,监控改进的过程,发现改进中所存在的问题,评价改进的结果。教师要批判性地检讨已有的教育教学实践,对教育教学中所存在的各种"理所当然"的价值观、假设、教学行为进行批判和澄清,批判性反思有助于我们发现实践中的问题,从而改进教育教学实践。

美国学者舍恩提出了"反思性实践者"的观点,对于教师领导有着极大的意义,教师领导者应该成为反思性实践者。舍恩提出在"实践中反思",所谓"实践中反思"是指实践者在行动的过程中对实践的反思。随着教师对工作的胜任,他们的教学实践逐渐稳定,教学实践成为重复和例行化的活动,有可能失去对他们正在做什么的思考。教师对实践的反思,可以使他们发现和批判例行化行动中的内隐知识,对实践产生新的理解。"当人们在行动中反思时,他便成为实践脉络中的一位研究者。他不依靠现存的理论与技术类别去行动,反而是建构一个新理论来解释这个特殊案例。"[②]

批判性反思应该成为教师日常工作的一部分。教师在工作中要对学生的学习、教学实践之间的关系进行批判性反思,而不是沿着自己的轨迹盲目前进。

反思是人的本能,但不是所有的反思都是批判性的反思。只有当反思具有以下两个目的时,才是批判性反思:第一是试图了解教学中的权力如何能够加强、塑造和扭曲教育过程和教育交往。第二是对教

---

① [美]玛格丽特·惠特利:《新领导主义》,吴丹苹、胡亦丹译,中国人民大学出版社 2008 年版,第 170 页。

② [美]唐纳德·A. 舍恩:《反映的实践者:专业工作者如何在行动中思考》,夏林清译,教育科学出版社 2007 年版,第 55 页。

第五章　发展教师领导的方向与策略建构

学中的假定和实践提出质疑，它们看起来会让我们的教学变得更容易，但实际上却与我们的长远利益背道而驰。批判性反思的核心需要教师寻找"假定"。所谓假定（assumption）是我们每个人所持有的自以为正确的关于世界以及自我处境的观念，这些观念的正确性在我们看来是不言自明的。在很多方面，我们会用自以为正确的假定来赋予自己和我们的行动以意义。那些潜在的假定决定了我们如何思考和行动，因此我们必须了解那些潜在的假定。[1]

仅靠个人的努力去寻找假定是比较困难的。反思不能停留在个人层面，因为个人反思具有局限性，对于很多习以为常的观念，单凭个人的力量是难以引起注意的，反思需要借助他人或者集体的力量来进行，需要在与他人的对话及群体的讨论中探讨解决问题的途径。[2] 批判性反思可以采取多种形式：反思观念、假设、过去的实践；在行动中反思，在实践中反思；在对话和指导中进行集体反思。学校必须重视教师反思，将反思作为行动的前提。通过反思可以产生新的观念，如果学校共同体认为产生的新观念值得尝试，就要积极创造条件对新观念进行尝试。[3]

美国学者布鲁克菲尔德（S. D. Brookfield）提出批判性反思需要教师从多种视角审视实践。批判性反思可以用不同方式立体地审视我们的实践：第一，我们作为教师和学习者的自传；第二，学生的视角；第三，同事的感受；第四，理论文献。[4] 福斯特（Frost）介绍了一些有助于教师反思的方法。为了反思的发生，可以采取以下行动：其一，记录工作日志；其二，与同事和批判性的朋友进行讨论；其三，撰写批判性叙事。

---

[1] ［美］S. D. 布鲁克菲尔德：《批判反思型教师ABC》，张伟译，中国轻工业出版社2002年版，第2—10页。

[2] 王有升：《理念的力量：基于教育社会学的思考》，教育科学出版社2007年版，第257—258页。

[3] L. Lambert, *Building Leadership Capacity in Schools*, Alexandria, VA: Association for Supervision and Curriculum Development, 1998: 23.

[4] ［美］S. D. 布鲁克菲尔德：《批判反思型教师ABC》，张伟译，中国轻工业出版社2002年版，第37页。

1. 记录工作日志

可以记录下工作中的一些事件和想法，记录工作日志有助于深化反思的过程。工作日志可以记录在日记本、空白纸张、电脑文档等多种载体上。可以选择在固定的一天或一周的某个时间进行记录，比如某一节课后、某一个具有意义的会议后，记录下事件、谈话、观点等。通过记录工作日志可以使教师的实践经验显性化地呈现出来，有助于深化反思。

2. 讨论

教师需要与团队中的其他教师展开讨论，在讨论中能使自己的想法更加清晰，并且获得批判性反馈。也可以选择某个信任的人作为批判性的朋友，进行讨论。

3. 撰写批判性的叙事

叙事是指记录一些事件并且对故事进行评论，但是讲述故事和进一步的阐释都无法真实地表达事件，叙事的作用在于识别问题，进行系统的、批判性的反思。批判性的叙事包括在改进工作中所出现的问题（课程、管理、社会、哲学观、政治方面的）；自己的专业学习和专业发展、角色和责任；自己专业关注点和价值观的变化，轶事和非正式的观察，可以反映出你所开展的改进工作的影响；课程、组织和个人发展的未来需要和目标；对于学校政策和更广泛的教育政策的意义。[①]

二 建构教师个人的变革愿景

教师必须在观念上改变"谁能领导，谁能教学"的心智模式。"心智模式是决定我们对世界的理解方法和行为方式的那些根深蒂固的假设、归纳，甚至就是图像、画面或形象。"教师需要改变心智模式，"心智模式的修炼要从审视自己开始——学习如何把我们内心的、有关世界的图像披露出来，让它们'浮出水面'，并进行严格仔细的

---

① D. Frost, & J. Durrant, *Teacher-Led Development Work: Guidance and Support*, London: David Fulton Publishers, 2003: 27 - 29.

第五章 发展教师领导的方向与策略建构

审查"[1]。教师要认识到领导是每个教师专业角色的一部分，是教师的专业权利和责任，每一个教师都可以成为领导者。

教师的角色要从为"我的班级"负责转变到为"我们的学校"负责，以共同体的视野关注学校发展，而不仅仅是将眼光局限在我的班级、我的学生之上，敢于冲破主流文化、惯例等的束缚，热衷于研究新的教学实践，具有学习的热情，拒绝平庸，从被动服从者转变成积极的领导者。当教师将领导视为在共同体里互惠的、有目的的学习时，就有可能发现有很多机会可以展现领导才能。[2]"领导者的培养始于自身，并终于自身；只有自己才能深入触及内心，才能把握想要实现的渴望，才能献身于比个人提升更崇高的目标、价值或愿景。"[3]

教师要澄清自己的价值观，了解自己具有什么样的专长，对自身的缺点和能力有所了解，明白自己的兴趣和关注点。教师如果想在学校发起有意义的变革，就需要澄清自己的价值观和想法，对于他们想改变学校实践的哪些方面有明确的认识。教师需要深刻理解在学校当前的情境下，进行哪些方面的改进会使他人从变革中获益，将自己对变革的关注点与学校的愿景结合起来，从而确定需要进行改进的焦点问题，建构个人的变革愿景。

教师要积极寻找改进教育教学实践的机会，不满足于现状，认识到尽管学校当前取得了一些成功，但是通过改进还可以变得更好，需要采取行动进一步改善教育教学实践。[4] 教师要勇于寻求领导的机会，识别机会或者认定问题，主动承担领导责任，而不是等待机会。[5] 对于学生学习中出现的问题，教师不能只是抱怨，将其归因于学生，而

---

[1] [美]彼得·圣吉：《第五项修炼：学习型组织的艺术与实践》，张成林译，中信出版社2009年版，第9页。

[2] L. Lambert, *Leadership Capacity for Lasting School Improvement*, Alexandria, VA: Association for Supervision and Curriculum Development, 2003: 18.

[3] [美]沃伦·本尼斯、琼·戈德史密斯：《领导力实践》，姜文波译，中国人民大学出版社2007年版，第25页。

[4] C. Denielson, *Teacher Leadership That Strengthens Professional Practice*, Alexandria, VA: Association for Supervision and Curriculum Development, 2006: 30

[5] T. Jakson, J. Burrus, K. Bassett,, & R. D. Roberts, Teacher Leadership: An Assessment Framework for an Emerging Area of Professional Practices, Educational Testing Service, 2010.

要善于思考，发现问题，以领导的勇气来解决问题，勇于挑战现状。

三 实施基于证据的决策制定

在教师领导中需要建立"基于证据"的思想，在领导变革的过程中要注重证据的运用。当教师识别了一个机会或者认定某个方面需要改进的时候，还需要进一步收集相关的证据，运用信息为决策提供依据。数据可以成为改进教学实践的催化剂。[①] 学校改进问题的确定以及决策的制定，是基于证据的。

以往学校制定决策是基于权威而不是基于证据。在证据文化下不一定会做出普遍同意的决策，但是会做出令人满意的决策。[②] 在教师领导的变革中，教师要收集证据，而不是仅仅凭各方面观点来确定改进的问题。改进的焦点问题可以源于教师想要尝试某种新的教育理念，也可以是在对学校既有问题的洞察上发现问题与不足，然而，对于学校改进的焦点问题的确定不能仅凭经验和直觉，而是要建立在对学生学习相关证据分析的基础上。

教师要学会利用证据来改进教学和学习实践，将数据与日常教学改进联系起来。收集反映学生学习的证据，及时了解和掌握学生已经学会了哪些内容，哪些方面是学生尚未掌握的。教师需要在收集数据和证据的基础上，利用信息反思和改变他们的教学实践。[③] 与学生学习相关数据的收集，有助于教师发现需要关注的问题，为确定改进的焦点以及解决问题的方案提供决策依据，为领导变革提供证据支持和必要信息，使其他教师相信变革的合理性。

数据包括内部数据和外部数据。内部数据有助于我们理解当前学校中的现实情况，内部证据可以是直接的数据，也可以是观察所得到

---

① R. Dufour, "What Is a 'Professional Learning Community?'" *Educational Leadership*, 2004, 61 (8): 6-11.

② D. Reeves, *Reframing Teacher Leadership to Improve Your School*, Alexandria, VA: Association for Supervision of Curriculum Development, 2009: 68.

③ M. M. Mangin, & S. R. Stoelinga, "Teacher Leadership: What It Is and Why It Matters," In M. M. Mangin & S. R. Stoelinga (eds.), *Effective Teacher Leadership: Using Research to Inform and Reform*, New York: Teachers College Press, 2008: 1-9.

第五章 发展教师领导的方向与策略建构

的发现。教师领导者不应将证据仅仅理解成学生的考试成绩,证据的来源可以是多渠道的,比如出勤率,学生作业,对学生、教师、家长等的调查,[1] 以及从其他渠道收集到的与学生学习相关的证据,教师要倾听学生的问题,观察学生的肢体语言、分析学生的作文等。[2] 可以收集经过研究证明有效的教学方法作为外部数据。[3] 学校的内部数据和实践中经过证明的最佳实践可以为确定改进问题和解决方案提供支持。

四 联合其他教师的实践行动

"激发他人是领导者的任务。"[4] 教师领导不是教师领导者识别一个机会或者发现一个问题,独自去解决问题,而是教师领导者联合其他教师,群策群力共同解决教育教学实践中所存在的问题,联合他人是教师领导者的重要任务。

教师领导者要能够清晰地向他人表达变革的愿景,使他人意识到革新活动会带来什么样的益处,从而调动和激励他人参与变革,获得他人的支持,以促成变革的发生。教师如果认识到在当前情景下,对学校教育教学实践某个方面的改进可以使学生从中受益,需要向团队其他成员表达出来,告诉他人自己的兴趣、关注点,让别人知道自己的想法。如果不向其他教师表达自己的想法,别人就不会知道你在关注什么,更不会从中受益。

教师领导者要开诚布公地向其他教师表达自己的想法,哪些地方需要改变,改变具有什么样的好处。"为了让他人清楚地看到自己的梦想,为了让他人追随自己,领导者必须传达他们的愿景。传达与联合相辅相成。"[5] 在联合其他教师之前,教师领导者应对要解决的问

---

[1] C. Denielson, *Teacher Leadership That Strengthens Professional Practice*, Alexandria, VA: Association for Supervision and Curriculum Development, 2006: 29-30.

[2] Ibid., 87.

[3] E. M. Merideth, *Leadership Strategies for Teachers*, Thousand Oaks, CA: Crowin Press, 2007: 26.

[4] [美] 约翰·加德纳:《论领导力》,李养龙译,中信出版社 2007 年版,第 211 页。

[5] [美] 沃伦·本尼斯:《领导的轨迹》,姜文波译,中国人民大学出版社 2007 年版,第 24 页。

题有深入的了解和思考,通过阅读、咨询相关人员等,对于想进行的革新实践做出一定的准备。然后再动员其他教师加入对实践的改进尝试中来。比如,教师如果想改进作文的批改方法,就需要了解其他方法的优越性和如何操作,咨询相关教师的意见,在对要解决的问题有深刻洞见的基础上,动员其他教师加入对实践的改进中来。

教师领导者联合其他教师的方式有很多,可以小团体的形式或者以全校范围的改进项目等形式。教师领导者可以邀请对某项改进工作感兴趣的教师,在课余时间与他们共同讨论对问题的看法,这种非正式的讨论可以逐渐发展成教师固定的每周或者每月对教学问题和学生学习的探究,形成工作团队。此外,教师领导者不仅要使其他教师参与到变革中来,而且需要激发教师对变革的承诺,能够持续地参与变革。在经历变革项目初始阶段的热情之后,教师的教学实践又会重新回复到原有的方式上。教师领导者需要维持教师对变革的承诺,具有促进的技能和团队处理的技能,例如倾听、问题解决、尊重别人的观点等。[1]

教师领导旨在带领其他教师共同改善教学实践,对于改进实践的想法和观点需要在实践中进行尝试与试验,从而寻找改进教学的最佳实践。最佳实践不能直接从外部输入,不同的学校、教师要在课堂实践中进行尝试、适应和调整。在实践中进行试验和尝试可以采取以下策略。[2]

1. 建立开放性的课堂,互相观摩课堂教学

团体中每个教师的课堂都是开放的,允许其他人观摩。开放课堂,相互观摩课堂是教师领导的关键。教师对教学实践的改进是一个试验的过程,需要接受其他教师的意见反馈和批评,通过不断的调适,建立新的教学实践。开放的课堂可以使别人知道教师对教学实践的改进做了哪些方面的工作,存在哪些不足,使教师之间可以相互学习、评价、规划教学工作。可以通过以下方式建立开放的课堂:团队

---

[1] C. Denielson, *Teacher Leadership That Strengthens Professional Practice*, Alexandria, VA: Association for Supervision and Curriculum Development, 2006: 34.

[2] D. Frost, & J. Durrant, *Teacher-Led Development Work: Guidance and Support*, London: David Fulton Publishers, 2003: 42 – 43.

成员共同商讨，建立规则，确定需要观察谁的课堂，使用什么样的观察标准、确保观摩是相互的和互惠的。

2. 共同规划

团队成员需要共同参与对教学实践改进的规划，共同决定要进行什么样的教学试验，如何观察、评估等。共同规划会增加团队成员对试验的积极性和控制感，促进成员之间的对话，增进成员之间的理解。

3. 对行动进行评估

对教师改进教学的试验要进行评估，通过及时、有效的评估，能够使教师知道试验是否具有价值，是否值得应用和推广。对试验的评估可以通过收集课堂观察的数据以及学生的反馈等作为评估的证据。

4. 指导和辅导

改进教学实践需要教师发展新的专业技能，对实践的改进不是简单地选择做什么事情，然后就去实施。变革需要教师尝试新的实践，共同工作，学习如何才能将事情做得更好。这就需要在某些领域具有专长的教师承担起领导的职责，为其他教师提供辅导和指导。教师领导者可以设立工作坊，或者其他形式的教师专业发展活动，为教师提供改进教学实践所需要的知识和技能，向教师介绍已有的相关研究成果。在工作坊中的专业发展活动可以包括对新的课程、革新的教学实践的探讨等。

五　乐于与他人分享变革成果

教师领导者需要对教学试验的结果进行批判性反思，分析从中学习到了什么，将试验的结果在学校内外分享，扩大研究的影响，使更多的教师了解试验的成果，加入改进中来。当教师在学校里改进他们的实践时，分享他们的成果就会增加教师集体的智慧。当越来越多的教师加入对实践的改进中，学校就会成为学习共同体，更多的教师就愿意承担风险，领导变革。

在课堂上进行的教学试验所获得的成果，需要在团队以外进行扩散和分享。教师领导者需要使其他教师了解新的教育教学实践，通过对好的实践的具体描述，使学校其他教师加入对实践的尝试中。分享试验的结果不是一个简单的过程，教师领导者可以开设研讨会或者工作坊，使同事了解试验的结果。具体来说，可以通过以下步骤在组织中分享试验结果：

第一，理解从试验中学习到了什么，教师领导者需要系统地反思从试验中学习到了什么；第二，使试验的结果可视化；第三，选择适当的策略公开试验结果，可以向学校管理者咨询什么样的沟通方式比较有效。要选择合适的策略公开试验结果，比如在教研日进行演讲或者将试验结果发布在每周的公告上，向学校管理者提供关于试验结果的简报；将有关试验的信息在组织中进行宣传和流动，吸引同事加入改进的对话中来。

简单的扩散试验结果并不一定是有效的，同事可能会阅读公告或者倾听演讲，但是他们可能不会采取行动，因此，需要选择合适的策略使其他教师加入对改进结果的讨论中来，与其他学校或者网络合作；教师也可以选择在专业杂志、网络等渠道发表研究成果，扩大研究的影响。[①]

综上所述，教师要从观念上认识到每一个教师都可以成为教师领导者，具有领导的自觉意识，主动地承担起领导的责任，发起和领导学校变革。只有教师参与和领导学校变革，学校变革才有可能获得成功。

第二节 条件保障：制定促进教师领导发展的政策

教育行政部门要为教师领导提供方向性的指引，完善和制定促进教师领导发展的相关政策，为教师领导提供顶层设计与价值导向，为教师发挥领导作用提供政策保障。

---

① D. Frost, & J. Durrant, *Teacher-Led Development Work: Guidance and Support*, London: David Fulton Publishers, 2003: 48 – 50.

第五章 发展教师领导的方向与策略建构

一 确立基于教师领导的学校自主发展

学校自主发展是教师领导的前提,学校自主发展为教师领导提供了空间和条件。只有学校具有办学的自主权,具有一定的决策、财政、人事等方面的权力,教师才具有参与学校领导的空间。同时,学校自主发展所需要的不是校长"英雄式"的领导,而是教师和校长共同领导学校的发展。

(一) 创建有利于教师领导的教育行政管理制度

长期以来,我国教育行政实行的是集权化的管理体制,教育行政部门既是办学单位,又是教育事务的管理者和监督者。20世纪80年代以来,世界上很多国家的教育改革呈现出去中心化的趋势,英、美、澳等国家教育管理出现下移的趋势,国家下放管理权力,学校获得更多的自主权,学校在日常运行和发展方面,获得了一定的自由度。学校管理从外部控制式走向自我管理,是学校管理变革的发展趋势,人们普遍认为,拥有自我决策权的学校要好于集权化管理下的学校。

这种分权式管理使用较多的说法是"校本管理",还有一些诸如"实地管理""自我管理""学校自治"等。校本管理于20世纪80年代发端于美国,逐渐成为具有影响性的学校管理改革运动。"校本管理"主要包括两个方面的内涵:学校拥有更多的办学自主权;与学校相关联的利益相关人参与学校决策,如教师、家长、学生等。"校本管理"重视权力的下放,教育行政部门给予学校更多的决策权,这也是我国教育管理所关注的问题。

1985年,我国《关于教育体制改革的决定》指出:"改革管理体制,在加强宏观管理的同时,坚决实行简政放权,扩大学校办学自主权。"传统的中央集权化的管理方式发生了变化,学校逐步有了一定的办学自主权。尽管与西方的校本管理运动存在一定的差异性,但是二者都重视学校管理权力的下放和给予学校办学自主权,表明我国学校管理体制的改革逐渐走向以学校为本位的改革,强调学校自主办学、自主管理。

与西方校本管理运动所不同的是"校本管理"重视的是将学校管

理权从上级教育行政管理部门下放给学校,学校具有一定的财政预算权、人事权、课程设置权等;而我国教育管理体制改革是将中央政府的权力下放到地方政府,实行分级管理,以县级政府为主,扩大中小学的办学自主权主要是落实中小学校的法人地位,完善校长负责制、岗位责任制和按劳分配制。学校虽然在教学、课程、预算经费等方面具有一定的权力,但是还受到种种限制,并不具有充分的办学自主权,下放给学校的权力主要集中在校长手里。[1]

为了发展教师领导,必须创新教育行政管理制度,重新定位政府的职能,给予学校更多的办学自主权,使学校真正具有课程、教学、人事、经费等方面的权力,促使学校自主发展。政府对学校的管理和干预应具有一定的边界,学校自主并不意味着政府放弃监管,放弃干预,政府应该从直接的干预转向间接的宏观调控,通过立法、拨款、信息服务、资源分配等间接手段对学校进行宏观调控,把原本属于学校的权力还给学校,使学校从政府决策的执行机构转变成拥有自主决策权的机构,实现自主发展。由于政府官员具有"经济人"的理性特征,他们倾向于扩大政府的权力范围和规模,因此必须通过制定相关的法律法规来限定政府的教育行政职能。我国尚没有专门的教育组织法来确定教育行政机关的职能、权力,因此有必要制定教育行政组织法,对学校变革中政府的职能、范围、权力等做出详细的规定。[2]

(二) 重塑体现教师领导思想的校长负责制

中华人民共和国成立以来我国中小学领导体制经过发展,逐步确立了校长负责制。从校长负责制的历史发展轨迹来看,主要是党政权力关系的转移,而不是着眼于建立集体领导的模式。第一代校长负责制弊端凸显,第二代校长负责制应该实现自主管理学校,这种自主管理学校是个宽泛的概念,在第二代校长负责制下的自主管理学校应该实现权力由政府向学校的转移,学校(而不是校长个人)从政府手

---

[1] 黄德平:《西方校本管理与我国学校管理体制的比较》,《外国中小学教育》2003年第8期。

[2] 李春玲:《理想的现实建构:政府主导型学校变革研究》,浙江大学出版社2007年版,第195页。

中接过权力以及校长权力的依法分散行使。① 作为学校中具有专业知识和特长的教师要与校长一起行使权力。

我们需要重塑和完善校长负责制，建立校长和教师集体领导的新一代的校长负责制。新的校长负责制所重视的不再是校长个人英雄式的领导，而是在学校中建立领导者共同体。领导者共同体是学校领导的新范式，不同层级的教师都要参与学校领导。领导者共同体扩大了学校的领导密度，新一代的校长负责制应该体现出以下内容：

其一，所有的教师都可以从事领导活动；其二，领导包括正式的教师领导和非正式的教师领导；其三，教师承担领导职责并不意味着脱离教学工作；其四，教师领导的重心是教学和学习，致力于所有学生和成人的学习；其五，教师要成为反思性实践者，解决教学和学习中的问题；其六，专业发展工作是嵌入式的、长期的、有规划的、有目的的、有差异的和有系统的；其七，教师领导者享受领导机会和担责任，对学生的学习负责。②

新一代的校长负责制是以校长为主要负责人，教师可以参与学校领导的新型领导体制。校长的身份不是直接的管理者，而是促进者和支持者，学校领导权力在员工之间分享，教师和校长共同领导学校的发展。校长和教师之间是平行式的领导关系，平行领导包括三个特点：相互信任、共享目标、允许个体表达自己的想法。校长和教师在领导方面相互合作，具有不同的分工。教师负责领导教与学，校长则负责战略性的工作。③

二 将教师领导内化到教师生涯发展规划中

学校发展需要教师"草根式的领导"，政策制定者应该鼓励每一个教师承担领导职责，重新设计教师的角色和工作，将教师领导纳入

---

① 冯大鸣：《美、英、澳教育管理前沿图景》，教育科学出版社2004年版，第187—188页。

② M. L. Krovetz, & G. Arriaza, *Collaborative Teacher Leadership: How Teachers Can Foster Equitable Schools*, Thousand Oaks, CA: Corwin Press, 2006: 3.

③ F. Crowther, S. S. Kaagen, M. Ferguson, & L. Hann, *Developing Teacher Leaders: How Teacher Leadership Enhances School Success*, Thousand Oaks, CA: Corwin Press, 2009: 53–68.

教师的职业生涯发展规划中。对教师领导的顶层设计要从科层制生涯阶梯（career ladder）朝着生涯点阵（carrer lattice）发展。科层制生涯阶梯是让教师在科层制内承担职责或扮演角色，这是当前教师发挥领导作用的主要途径，对于大多数教师来说，他们并不想步入管理者行列，教师需要有更多的机会来承担领导职责。教师领导是以有机的方式突现的，更多地类似于生涯点阵而非生涯阶梯，一种更加动态互换的角色，领导的角色和责任取决于学校的需要。[1] 我们需要把教师职业生涯看作点阵状的，扩展对领导的认识，以适应当代学校发展的要求。[2]

（一）明确教师领导的性质，以改进教育教学实践为目的

国家要为教师领导的实施提供政策性和纲领性的指导，明确教师领导的目的，教师领导的目的是帮助广大教师改善教育教学实践，实施教师领导的目的不是识别哪个教师是最优秀的教师，而是教师之间分享他们的专长和兴趣，彼此互相学习。[3] 教师领导不是为了改善教师个人工作，而是为了促进教师集体教学能力的提高。只有澄清教师领导的目的，才能走出对教师领导认识的混乱与模糊，为教师领导的实践提供方向和指引，克服目前教师领导所存在的弊端。教学改进、组织学习、有效的专业发展是教师领导的概念基础。如果教师领导缺乏这些核心理念，就不能在学校中发挥应有的作用。[4]

在教师领导的有关制度设计中，要克服正式的教师领导的弊端，正式的教师领导者要以服务广大教师为取向，为一线教师提供示范和指导，带领普通教师改善教育教学实践，促使学校组织内外建立起各类专业学习共同体，而不应该是功利性的定位，诸如培养和再生产名师，真正地让名师、骨干教师等教师领导者发挥领导作用。改变批量

---

[1] K. R. Howey, "Why Teacher Leadership?" *Journal of Teacher Education*, 1988, 39 (1): 28 - 31.

[2] B. Beery, F. M. Hess, "Expanded Learning, Expansive Teacher Leadership," *Phi Delta Kappan*, 2013, 94 (5): 58 - 61.

[3] A. Cody, "Two Ways to Lead," *Educational Leadership*, 2013, 71 (2): 68 - 71.

[4] M. M. Mangin, "The Influence of Organizational Design on Instructional Teacher Leadership," In M. M. Mangin & S. R. Stoelinga (eds.), *Effective Teacher Leadership: Using Research to Inform and Reform*, New York: Teachers College Press, 2008: 77 - 98.

第五章 发展教师领导的方向与策略建构

生产骨干教师的"工程"行为,在发展正式的教师领导者时,不能以行政强制的方式规定名师的数量、产生名师的时间,批量生产骨干教师。

要扩大正式教师领导者的引领、辐射范围。以名师工作室为例。名师工作室不能只是着眼于工作室内成员的培养和发展,而应该扩大名师的领导范围,名师工作室要成为一个学习者和领导者的共同体,在教学科研上要以教育教学中的实践问题为研究主题,而不能脱离对学生学习和教学实践的研究,片面强调课题项目,要深入教学实践中去,了解一线教师的教学实践情况,发现教育实践的问题,带动一线教师成长。

(二)创建以发挥教师专长为主的正式的教师领导职位

正式的教师领导角色的建立要以发挥教师的教学专长为基础,是非监督性的,不是让教师担任管理者或准管理者,而是发挥优秀教师的教学专长。要引导学校建立以校为本的正式的教师领导角色,呼吁社会、个人和官方等共同支持教师领导,创建教师领导职位。在正式的教师领导者的选拔上,不能单向的、由教育行政部门定义正式的教师领导者的条件。以骨干教师为例。在骨干教师的选拔上要从现在的教师自由申报、学校组织、政府评定的方式,转变成以教师为选拔主体,在学校中由校长等管理人员和教师共同建立"骨干教师评定小组"。在选拔条件上不能以资历、获奖情况、论文数量等作为评判标准,而要从教学专长、可信性、人际关系等方面进行综合评定。

评定小组要对申请者的课堂教学情况进行观察,以确定申请者是否具有教学专长,是否能够胜任课堂教学。对于申请者人际关系以及可信性的考察,评定小组可以对申请者的同事进行会谈,通过会谈了解申请者在学校中的人际关系情况,只有在同事中具有良好的人际关系的教师,才能受到教师的尊重和认可,在教师群体中具有一定的信誉,使其他教师愿意接受其领导。此外,申请者需要具有改进教育教学实践的热情,可以要求申请者就自己认识到的教育教学实践中所存在的需要改进的问题提供一份解决方案。

（三）非正式的教师领导是未来教师领导发展的着力点

从教师领导的国际发展动态来看，教师领导从注重发展正式的教师领导者朝向发展非正式的教师领导者，人们逐渐认识到学校中的每个教师都可以发挥领导作用。未来学校的发展与变革，依托的是越来越多的教师以非正式的方式发挥领导作用。在我国未来教师领导的发展中，着力点不是设计更多的教师领导职位或头衔，而是构建以共同体为本的教师领导，让越来越多的教师承担非正式的教师领导。霍兰德（Holland）认为，也许到了2030年，"教师领导者"这一术语会成为"教师"，"领导者"这个术语会是多余的。[1] 在学校中我们要促进教师集体领导而非教师个体领导，教师领导促进学校发展是教师集体在学校中承担领导职责，共同为学校发展贡献力量。

在制度设计上应该明确教师领导是每一位教师专业工作的一部分，使教师领导嵌入教师的专业生活中。要将领导是每个教师的权利和责任纳入教师法或者相关的教师政策中，以政策规范引导教师改变对自身身份的认同，帮助教师将领导看作每一个专业人员的权利和责任，使教师认识到他们要为学校的发展和变革负责。同时，要以政策法规引导各地中小学探索教师领导的模式，教育行政部门要对我国中小学现有的教师领导模式进行调查和总结，对于好的范例要进行宣传和扩散，按照教师领导的理念给予引导，鼓励中小学创新教师领导的模式。

三 将教师领导体现到教师评价制度体系中

教师评价能够对教师的行为起到约束和引导作用。教师领导的发展，一方面有赖于教师具有领导的自觉性与能动性，另一方面依靠外在制度的规范和保障，将教师领导纳入教师考评体系中，能够激励教师承担领导责任。

（一）建立对正式教师领导者的评价机制

在政策上要将教师领导和对领导的问责结合起来，领导还意味

---

[1] M. J. Holland, J. Eckert, & M. M. Allen, "From Preservice to Teacher Leadership: Meeting the Future in Education Preparation," *Action in Teacher Education*, 2014, 36 (5-6): 433-445.

第五章 发展教师领导的方向与策略建构

着对结果的负责。① 对正式教师领导者要建立起明确的考评机制，当前对骨干教师、名师工作室等的考评指标不利于发挥教师的领导作用，比如要求他们做规定次数的公开课，发表一定数目的科研论文，对于骨干教师、领衔名师等正式教师领导者的考核不能急功近利，追求科研成果。应该明确界定正式教师领导者的角色和责任，正式的教师领导者的职责应以带领其他教师改进教育教学实践为主，对他们的考评要涉及参与学校决策制定、教学领导以及教师发展领导方面的表现，要求他们定期和校长见面分享信息，共同规划学校如何改进。

对正式教师领导者的领导能力进行考核，包括合作的能力、建立团队的能力、解决问题的能力等。正式的教师领导职位要有任期规定，在规定的期限内，正式的教师领导者自身要具有教学革新的意识，带领其他教师共同尝试新的教学实践，积极建立团队，成为团队的领导者或成员。同时，正式的教师领导者要具有赋权的意识，当自身的专长不能解决当前的问题时，要鼓励其他教师积极承担领导职责。在对正式的教师领导者的评价中要引入同伴评价、第三方评价以及自我评价，对正式的教师领导者的表现进行评估。

此外，要将教师领导作为考核指标纳入教师职称评聘中。《中小学教师专业技术水平评价标准条件》是中小学教师聘任专业技术职务的评价标准，要将教师领导作为教师评聘高一级别专业技术职务的指标，重视教师在改进教育教学实践方面的表现。对于正高级教师、高级教师等高职称教师的聘任要以是否领导教育教学实践的改革为主，当前对于高职称教师在教师领导方面的要求只是体现在教师指导方面，缺乏对高职称教师在领导教育教学实践变革方面的重视，因此，未来在教师聘任评价标准中，要重点围绕课堂教学示范、教学革新、指导新教师、辅导青年教师、为教师提供专业发展类活动等方面进行考评，切实发挥优秀教师在领导教育教学实践变

---

① M. Katzenmeyer, & G. Moller, *Awakening the Sleeping Giant: Helping Teachers Develop as Leaders*, Thousand Oaks, CA: Corwin Press, 2009: 10.

革方面的作用。

(二) 以评价促进非正式教师领导的产生

在教师的评价制度中要充分显现出对教师领导思想的重视,教师评价制度要有明确的发展教师领导的目标,要将教师对学生、对学校的贡献纳入教师评价中,激发教师的内部动机,使教师积极主动地承担领导角色,以教师评价促进更多的非正式教师领导的产生。

传统的教师评价主要着眼于教师个人的工作表现。对于教师的评价不能仅仅针对教师个体的工作进行评价,要增加对教师团队工作的评价,促进教师之间的合作,识别并且奖励教师团队工作和合作。[1] 例如,新加坡重视教师领导,教师评价主要是为了促进教师合作和专业参与。在新加坡的教师评价体系里重视教师在"解决长期的基本问题……影响学校与外部世界的关系",以及"解决影响教师效能的问题"方面的能力。[2] 同时,我们要改变以往只是以学生的学业成绩作为标准的评价准则,增加同伴评价,为教师公开交流和展示教学实践创造空间。[3] 对教师的评价要以促进群体的合作与学习为导向,鼓励教师基于改进教育教学实践与其他教师分享教学专长。

此外,鼓励教师为同事的在职发展提供专业活动,对教师在从事在职培训中所付出的时间给予学分。例如,美国一些州鼓励教师分享专业知识,成为其他教师的指导教师。在马萨诸塞州,承认教师在从事在职培训中所付出的时间为专业学习,并授予"专业发展学分"。甚至承认专家教师在准备和从事这类在职培训项目时所付出的时间为专业学习形式并授予"专业发展学分"[4]。

教师评价制度要使教师感受到承担领导角色是受到重视和表扬的。对于教师来说,领导变革需要付出额外的努力,承担风险、压

---

[1] Teacher Leadership Exploratory Consortium, Teacher Leader Model Standards, Washington, DC: TLEC, 2011: 24.

[2] B. Berry, "Going to Scale with Teacherpreneurs," *Phi Delta Kappan*, 2014, 95 (7): 8 – 14.

[3] A. Liberman, & L. Miller, *Teacher Leadership*, New York, NY: Teachers College Press, 2004: 9.

[4] 约翰·D. 布兰思福特等编:《人是如何学习的》,程可拉等译,华东师范大学出版社2002年版,第212页。

力，要为教师领导提供必要的激励。当教师感觉他们的领导实践受到重视和表扬时，就会提高他们的动机。激励机制包括物质激励和精神激励。对教师领导的支持应该在薪酬和个人发展空间上有所体现。在物质激励方面，可以为教师领导提供基金，或者与教师绩效工资挂钩，激发教师领导变革的热情。为教师提供经济奖励，只是促进教师"做能获得奖赏的事情"。靠奖赏并不能得到真正地参与。这种参与是斤斤计较的参与，如果奖赏不再，参与就不在，还应该为教师提供精神奖励，精神奖励的价值不亚于物质奖励。精神奖励可以让教师体验到内心的满足，成功的喜悦。教师领导应该成为教师道义上的动力，使教师出于道德的目标来进行领导。

（三）对校长实施教师领导的成效进行评价和问责

校长是促进教师领导发展的关键，校长要主动放权，与教师共同分享领导，因此有必要以评价为手段，促进校长赋权于教师领导。在校长的专业标准或任职资格里以及学校领导的政策文本中，规定校长要具有赋权的意识，要求校长改变传统的管理者角色，从管理一个有序的环境到为了促进学生的学习和学校发展与他人分享领导。校长要积极引导和鼓励学校内教师专业学习共同体的建立，在对校长的评价中，要将分享领导和创建合作文化的能力、建设专业学习共同体的能力等纳入校长工作评价中。

对于校长在实施教师领导方面的评价可以采取自我评价和外部评价相结合的方式。自我评价可以让校长对其推进教师领导的工作写出总结报告，促使校长不断进行自我反省，反思其在推进教师领导的工作中是否提供了支持。外部评价包括教师评价和教育行政部门的评价。可以访谈教师，请教师谈论他们对校长是否放权、允许教师参与决策等方面的感受。教育行政部门要对中小学校长实施教师领导的成效进行评价和问责，作为校长考评的关键性指标，在对校长的评价中应注重奖惩性评价与发展性评价的结合，重视对校长的发展性评价，提高校长在学校中促进教师领导发展的能力。

四 开发教师领导专业标准与认证制度

在国家层面要制定教师领导标准，建立教师领导证书认证制度，为教师领导的发展提供参考和指导。

(一) 为教师领导提供证书认证

在我国要建立旨在促进教师领导发展的证书认证制度，在国内尚缺乏此类证书认证机制，为此我们可以借鉴美国教师领导认证资格体系。美国很多州建立了教师领导职位，并且为教师领导者提供认证，如加利福尼亚州、伊利诺伊州、路易斯安那州等。[1]

从20世纪80年代开始，美国全国教学标准委员会（National Board for Professional Teaching Standards，NBPTS）为优秀教师颁发国家教学协会认证证书，该证书颁发具有三个目的：开发标准和评价，提高教学专业化；识别和认证优秀教师；促进教师领导。通过对1282名教师进行调查，发现获得该证书的教师比没有获得该证书的教师更多地参与领导活动。[2] 具有教学专长是成为教师领导者的关键要素之一，获得NBPTS证书标志着教师能够满足较高的教学标准要求。调查表明，大部分获得此证书的教师成为教师领导者，他们为认证资格证书的候选人提供指导，辅导新教师或经验不足的教师、开发项目和资料、为学生学习提供支持等。[3]

获得NBPTS证书的教师需要达到较高的教学标准，NBPTS证书有效期10年，在获得证书的第8—9年需要重新更换证书。获得该证书需要自愿申请参加对教师的评价项目。申请人需要参与认证培训，完成10项对申请人的评价，其中四项评价是对教学实践的档案袋评价，六项评价是对教师教学内容知识的评价。NBPTS证书有25个种类，涵盖16个学科或者发展领域。整个认证过程需要1—3年，在此期间，申请人需要熟悉认证领域的标准，准备档案袋评价的相关内容，包括提交三份课堂教学录像和实例，另一份是家人、社区以及同

---

[1] P. E. Poekert, "Teacher Leadership and Professional Development: Examining Links between Two Concepts Central to School Improvement, Professional Development in Education," 2012, 38 (2): 169 – 188.

[2] M. Cannata, & R. McCrory, "Exploring the Influence of National Board Certified Teacher in Their Schools and Beyond," *Educational Administration Quarterly*, 2010, 46 (4): 463 – 490.

[3] J. Patterson, & J. Patterson, "Sharing the Lead," *Educational Leadership*, 2004, 61 (7): 74 – 78.

事对学生的学习会有哪些方面影响的资料。教师申请 NBPTS 证书需要付费。①

借鉴美国 NBPTS 证书认证制度,我国教育行政部门可以为优秀教师的教学提供认证,通过认证来促进教师领导。具体来说,我们需要划分认证的学科或者发展领域,制定较高的教学标准,科学划分证书的种类,建立系统的认证过程。在认证过程中,可以结合档案袋评价、专家评价、同行评价等多种形式,对教师的教学水平进行评价。同时,为教师申请认证提供系统的支持,建设与认证相关的网站,制定认证指南等。

(二) 制定教师领导标准

国家教育行政部门要为中小学教师领导制定统一的标准,教师领导标准可以为教师领导的选拔、培训、实施等提供必要的参考。

2011 年 5 月 5 日,美国考试服务中心所属的教师领导研究协会(Teacher Leadership Explorator Consortiun,TLEC)颁布美国《教师领导示范标准》(Teacher Leader Model Standards)。《教师领导示范标准》确定了教师领导的领域,以及每种领导力所期望的教师领导者的行动及对教师领导者的期望。为教师承担资源提供者、教学专家、课程专家、课堂支持者、学习促进者、导师、学校团队领导者、数据教练以及职前教师、培训教师提供参照,使教师学习成为共同体成员,成为教师领导者的关键技能。

《教师领导示范标准》包括七个领域,为教师承担领导职责扩大了机会。第一,培养合作的文化,支持教师发展和学生学习;第二,利用研究来改进实践和学生的学习;第三,为了持续改进而促进专业学习;第四,促进教师教学和学生学习的提高;第五,为了学校和地区的发展,促进评估和数据的利用;第六,促进学校与家庭和社区的合作;第七,提倡和引导学生学习和专业发展。② 但是有研究者认为,

---

① "National Board for Professional Teaching Standards. Choosing Excellence: National Board Certification. Q & A Guide for Teachers and Other Educators," http: // eric. ed. gov/? q = National + Board + for + professional + teaching + standard&id = ED504288,2013 - 12 - 01.

② Teacher Leadership Exploratory Consortium,Teacher Leader Model Standards,Washinton,DC: TLEC,2011.

美国《教师领导示范标准》存在一定的问题,该标准所假设的教师领导者是正式任命的角色。[1]

借鉴国外经验,我国需要制定中小学教师领导标准,教师领导标准的假设要基于领导是每个教师专业角色的一部分,为正式的和非正式的教师领导者提供指导,扩大教师领导的机会。中小学教师领导标准应该包括三个层面:课堂、学校、社区。由于本书主要涉及的是学校层面的教师领导,在此着重阐述学校层面教师领导标准,在学校层面教师领导包括参与决策制定、教学领导以及教师发展领导三个领域,在每个领域制定具体的行为细则。

第三节 实践要求:创造有利于教师领导的学校环境

每一个教师都可以成为领导者,我们不是要识别哪一个教师是领导者,要求教师去领导,而是要为教师领导提供适宜的环境。当学校成为专业化的场所,教师感受到领导变革是受到鼓励和欢迎的时,他们就会焕发出新的活力,成为了不起的领导者。

一 以共同愿景激发教师参与

(一)什么是共同愿景

彼得·圣吉在《第五项修炼:学习型组织的艺术与实践》中提出,共同愿景不是理念,而是人们内心的愿望,共同愿景是人们对"我们想要创造什么"的回答,"个人愿景是人们在自己头脑里的图景和画面,而共同愿景则是整个组织中人们内心的图景。这些图景让组织有一种共同性,它贯穿整个组织,从而在其各式各样的活动中保持一种连贯性和一致性"[2]。

共同愿景在促进教师领导中发挥了两个作用:第一,教师领导不

---

[1] D. Frost, "From Professional Development to System Change: Teacher Leadership and Innovation," *Professional Development in Education*, 2012, 38 (2): 205 – 227.

[2] [美] 彼得·圣吉:《第五项修炼:学习型组织的艺术与实践》,张成林译,中信出版社 2009 年版,第 203 页。

第五章　发展教师领导的方向与策略建构

是教师各自为政的行动，而是在共同愿景指导下的行动，是共同体成员在理解和认同学校愿景的前提下，教师对他人施加影响的过程。愿景为教师领导提供了方向，有利于教师在领导变革的过程中选择学校改进的优先事项，帮助教师做出恰当的判断。如果缺乏共同的愿景，教师领导的革新活动有可能朝着不同的方面，变成毫无章法以及零散的革新项目，妨碍学校发展。共同的愿景对教师既起到推动作用，又起到约束作用，使教师将个人利益与学校利益结合起来，朝着共同的方向发展。

第二，共同愿景将具有不同性格、特质、专长的教师结合在一个共同的愿望下。它能够激发教师的专业承诺，使教师勇于尝试和承担风险，投入实现愿景的探索中，将教师凝聚起来，在具有差异化的教师中建立共同的认同感。共同的愿景可以改变教师与学校的关系，使学校变成"我们的学校"，而不再是"校长的学校"，彼此进行专业分享与互动，互相支持并且分担领导责任。

(二) 如何建立共同愿景

共同愿景不是校长或学校管理团队强加于组织成员的愿景，强制性的愿景只是让教师顺从和服从，不能激发教师的奉献和承诺精神。共同愿景是建立在教师的个人愿景基础之上的，代表了教师的个人意愿，是每个教师都承诺为之努力的愿景。在学校中建立共同愿景，需要激励教师去开发个人愿景，在激励个人愿景时，校长可以和其他教师分享自己的愿景，同时鼓励教师与大家分享他们的愿景。

个人愿景整合成共同愿景的过程，犹如彼得·圣吉所说的"全息摄影"（hologram），是"用不同的相干光源相互干涉而形成的三维立体图像"。共同的愿景可以反映出教师个体的愿景。建立共同的愿景，首先需要放弃传统观念，在传统观念中，愿景是来自于组织中的高层领导者，教师所需要的只是完成任务，实现组织目标。其次，分享对于建立愿景来说是至关重要的，真正被分享的愿景，是大家在个人愿景沟通与交流的过程中浮现出来的，学校成员不仅需要自由表达自己的梦想，还要学会倾听他人的梦想，在倾听中，新的洞见与可能性才会逐渐浮现出来。① 教师不愿意履行与他们的愿景无关的外部强加的变革,每个教师都有个人愿景,并且愿意为之努力工作,学校的愿景要基于教师个人的愿景,在教师个人愿景的基础上形成共同的愿景可以促进教师领导的发展。

二 改变校长传统角色的定位

校长是发展教师领导的关键因素。在发展教师领导的组织中,校长应该做什么?校长在推动和实施教师领导的过程中扮演着必不可少的角色,校长要成为"领导者的领导者"②。校长作为"领导者的领导者",要培养教师的能力,以使他们不再需要直接领导。③ 校长要像一名生物学家而不是经理一样思考,正如园丁不能要求植物生长一样,校长也不能要求教师来领导,但是校长能够培育并建立一个使教师成为领导的领域。④

(一) 传播教师领导的理念

校长在观念上要认识到学校的发展需要校长和教师的共同领导,从以"我"为主的领导,转变成"我们"合作的领导。校长不是某些人所说的"舞台上的圣人",而是"旁边的指导者"⑤。校长要改变角色认识,他们不再是教师的老板或者监督者,而是教师的同伴,与教师共同分担责任,满足学生的学习需要。⑥ 校长要从教师的"上司""老板"转变为伙伴,学会丢掉"等级"这根拐杖开展工作,认

---

① [美]彼得·圣吉:《第五项修炼:学习型组织的艺术与实践》,张成林译,中信出版社2009年版,第208—213页。

② D. Childs-Bowen, G. Moller, & J. Scrivner, "Principals: Leaders of Leaders," *NASSP Bulletin*, 2000, 84 (616): 27 – 34.

③ [美]托马斯·J. 萨乔万尼:《道德领导:抵及学校改善的核心》,冯大鸣译,上海教育出版社2002年版,第144页。

④ [美]雪莉·霍德主编:《学习型学校的变革——共同学习,共同领导》,胡咏梅、张智等译,中国轻工业出版社2004年版,第160页。

⑤ [美]吉纳·E. 霍尔、雪莱·M. 霍德:《实施变革:模式、原则与困境》,浙江教育出版社2004年版,第247页。

⑥ E. B. Hilty, " 'Leading against the Grain': Redefining Teacher Leadership in the 21st Century," E. B. Hilty (ed.), *Teacher Leadership: The "New" Foundations of Teacher Education*, New York: Peter Lang, 2011: 288.

识到每一个教师都有权利、责任和能力成为领导者。要转变工作方式，不是运用权威去命令教师，而是通过影响、促进、指导和辅导来领导教师。①

校长的首要任务是促进教师的变革代理意识，将领导力分布于学校中的各个层面，培养教师领导者来改进教育教学实践。由于教师对如何承担领导职责没有经验，校长需要向教师介绍教师领导的理念，在学校的员工会议上或与教师的日常交谈中，经常公开地表达培育和鼓励教师领导的想法，使员工强烈感觉到校长对教师领导的支持和鼓励。校长应告诉全体员工，学校需要他们的领导，可以通过小范围的讨论传播这一理念，也可以一对一的形式讨论或者在小群体内讨论，但是最终要让全体员工都知晓。② 值得强调的是，有时候一些教师有承担领导的意愿，但是他们不能识别或者抓住机会去发挥领导才能，校长要积极邀请教师承担领导的责任，使教师意识到学校有哪些地方存在变革的需要。例如校长或者其他管理者可以向教师表明："我们需要帮助在……方面"，这种对教师参与领导的邀请，有利于教师领导者的浮现，同时也有助于教师将个人的变革愿景与学校的发展目标相结合。③

（二）赋权教师

在学校的发展中校长承担了太多的责任，校长要学会适当的放权，与教师分享权力。在组织范围内分享领导，不仅不会使校长失去权力，反而会有效地增加校长的影响力。沃伦·本尼斯描述了通过授权领导的组织所具有的特征：人们感到自己很重要；学习和能力受重视；人人都是群体中的一员；工作是令人兴奋的；质量受到重视；奉献创造成果。④ 通过授权可以使教师在学校中具有专业人的地位，具

---

① L. Lambert, *Leadership Capacity for Lasting School Improvement*, Alexandria, VA: Association for Supervision and Curriculum Development, 2003: 43-44.

② T. Whitaker, "Informal Teacher Leadership—The Key To Successful Change in the Middle Level School," *NASSP Bulletin*, 1995, 79 (567): 76-81.

③ P. H. Phelps, "Helping Teachers Become Leaders," *The Clearing House*, 2008, 81 (3): 119-122.

④ ［美］沃伦·本尼斯、琼·戈德史密斯：《领导力实践》，姜文波译，中国人民大学出版社2007年版，第184—185页。

有领导变革的行动权力。

校长要鼓励教师根据其兴趣和专长主动承担领导职责，而不是委派几个教师承担领导职责。校长要学会倾听教师的观点，征求教师的意见，采纳其建议，搁置争议，不再为教师怎样做而发布命令和要求，校长要将解决问题的权力还给教师，学校的决策不再是由少数几个人决定，而是征询老师的意见，他们认为该怎么做，询问教师对问题的想法以及教师期望什么样的结果，邀请教师参与到问题的解决中来。

但是这并不意味着校长不能发表意见，"领导还是能做出决定的。当英雄主义领导要求团队按照自己的方案来解决问题的时候，后英雄主义领导却可以要求团队抓住那些仍未解决的重要问题。"例如，"我们今天的工作就是要决定怎样削减预算"，而不是"预算已经被削减了，你就这么办吧"，或者（通过暗示）"你自己去猜吧，直到猜到我所要的结果"。教师参与决策制定并非让校长不再承担组织运行和决策的责任，有效率的领导一般至少使用四种决策方法：独立决策、将问题推给别人、咨询后再决策、共同决策（如多数一致的方法）。① 在做出有关学校的核心战略决策时要使用共同决策，让教师和校长共同承担决策的责任。

（三）识别非正式的教师领导

由于我国当前教师领导处于初级阶段，为了发展教师领导，校长要能识别非正式的教师领导者，使他们发挥领头羊的作用，鼓励他们承担领导责任。校长需要识别具有潜能和能为组织做出贡献的教师。② 虽然从理论上说，每个教师都可以成为领导者，但是从我国教师队伍的现状以及学校的管理体制来看，这一目标的实现充满困难，需要优先发展一些潜在的领导者。

每个学校都有一些教师受到其他教师的尊重和认同，识别这些教

---

① 《有效领导》，侯剑、李特朗译，商务印书馆2008年版，第112页。

② H. L. Bishop, A. Tinley, & B. T. Berman, "A Contemporary Leadership Model to Promote Teacher Leadership," *Action in Teacher Education*, 1997, 19 (3): 77–81.

师并且让他们领导其他教师,是学校变革的一个途径。① 潜在的教师领导者是那些教师经常求教的人,教师在遇到教学、管理上的问题时会经常向他们求教,在教师群体里具有较高威信的教师。这些教师在学校中往往不被学校领导所重视。识别这些默默的领导者,扩大他们的影响对于学校发展有着重要作用。校长要与潜在的教师领导者进行互动,倾听他们的想法,支持这些教师发起变革。识别非正式的教师领导者的方法可以在员工大会上看哪些教师的讲话引起了其他教师的注意,哪些教师能够获得同伴的尊重和认可等。

三 建立教师专业学习共同体

在科层制的学校组织中很难发展教师领导,应该建立让教师共同学习、领导和合作的组织结构。新的组织结构可以让教师建构团队、公开讨论教学、给教师时间去共同规划、共同解决问题等。②为了促进教师领导的发展,需要改变学校组织结构,建立教师专业学习共同体。

(一)建立扁平化的组织结构

学校应该颠倒金字塔式的结构,科层制的组织结构要逐步让位给非层级的组织,扁平化的组织有利于教师领导的发展。肯·布兰查德(Ken Blanchard)提出了"颠倒组织金字塔"的理念,当金字塔处于正的方向时,金字塔的顶端是 CEO、主席、董事会,在金字塔的底部是雇员,员工倾向于为老板工作。而在颠倒的金字塔中,员工处于上层,管理者处在底部,金字塔颠倒过来,角色就发生了变化。在正向的金字塔中,老板是责任人,在颠倒的金字塔中,员工成了责任人,管理者为员工服务。③ 在颠倒的金字塔式的组织里,领导力发展将走向大众化,学校的权威不再集中在少数的管理者手中,每一个教师都

---

① T. Whitaker, "Accomplishing Change in Schools: The Importance of Informal Teacher Leaders," *Clearing House*, 1995, 68 (6): 356 - 357.

② M. Katzenmeyer, & G. Moller, *Awakening the Sleeping Giant: Helping Teachers Develop as Leaders*, Thousand Oaks, CA: Corwin Press, 2009: 93 - 94.

③ 德鲁克基金会主编:《未来的领导者》,方海萍等译,中国人民大学出版社2006年版,第75—81页。

可以发挥领导作用。

此外，还需要在学校中建立扁平化的组织结构。扁平化的组织结构，是指学校的管理跨度大，管理层次减少。扁平化的组织结构，打破了科层等级，将学校的决策权向下转移，信息在组织内的流动不再是单向的而是双向的，中级管理层在学校变得不是那么重要，决策权被下放到自主形式的团队里。未来的学校组织结构具有某些特征，"临时性"可以作为此种特征的概括，在扁平化的学校组织中，将出现更多的临时系统，这些临时系统是围绕问题而组织的专门小组或者团体，这些小组按照有机的方式，而不是机械的方式来安排，根据问题而不是既定的角色期望来发展。组织中的管理人员成为各个小组之间的协调者或者"连接栓"。组织的结构图不再是由层次化的职能小组构成，而是由各种不同的团体构成。

（二）为教师领导提供时间，改变学校员工会议

学校需要为教师领导提供时间，安排时间让教师讨论考试的结果、学生的学习、让教师互相观课都是学校结构的调整，这种结构的微小调整，可以让教师共同学习、共同领导。[①] 为教师提供的领导时间，要安排在教师的日常议程中，不能在教师的正常工作时间以外再增加时间。在中小学里，一般每周都有固定的教研时间，以往的教研活动都是上级安排的，按学科组织的教研活动，学校可以将教研时间还给教师，由教师组织教研活动，具有相同兴趣和问题的教师可以在每周固定的教研时间里聚集在一起。

员工大会可以为教师领导提供机会。我国中小学一般每周都要召开员工会议，这些会议通常由学校管理者来主持，较多地属于上传下达或者工作安排的性质，会议主要是学校管理者关于学校事务的告知或者通告，员工会议很少成为教师之间/教师和校长之间分享实践，交流沟通的平台，这种传统的员工会议通常是低效的。应该重构员工会议，允许教师来领导员工会议，让员工会议具有新的

[①] M. Katzenmeyer, & G. Moller, *Awakening the Sleeping Giant: Helping Teachers Develop as Leaders*, Thousand Oaks, CA: Corwin Press, 2009: 93.

功能和目的，使教师在学校具有主人翁感。[1] 学校管理者可以将通告教师的事项以文件或者电子邮件形式传达给教师，改变员工会议的功能，将员工会议发展成教师分享教育教学实践、交流观点与经验的平台。在员工会议上可以让试图改进教育教学实践的教师，表达他们的观点和想法，展示他们收集的数据，吸引其他教师加入改进的工作中。

设计良好的员工会议要符合以下标准：其一，建立清晰的共同体规范；其二，会议由一位具有技能的促进者和一位过程观察者共同管理；其三，会议的议程要以教学和学习实践中的问题为核心；其四，在参与者之间分配工作；其五，会议的议程要由领导团队来决定，包括结果、过程和责任，允许反思、对话、探究和行动，以及提前分配好会议时间；其六，会议要能够审视重要的问题以及相关的证据。为了在有限的时间里进行深入的思考以及共同规划，需要做到以下几点：第一，要认识到当前现实与想要完成的目标之间的差距；第二，确定优先事项的目标，目标要是具体的、可测量的，以学习为中心；第三，将最佳实践与当前实践联系起来；第四，认识到员工发展的优先方式；第五，分析结果，重新确定焦点。[2]

（三）建立不同的任务团队或者实践共同体

教师团队是学习共同体的一种形式。[3] 学校要建立各种教师团队，这些团队将与学校的正式组织结构共存于学习共同体中。学校领导团队、自我管理团队、研究小组、行动研究团队、跨学科团队、同伴指导这些具有共同体性质的组织结构都有利于发展教师领导。在这些形式各异的团队里，领导是分散的，可以是多个领导者正式地轮换承担团队的领导工作，也可以是教师在不同的时候在团队里担任临时的领导职责。每个学校可以根据自身情况做出选择，以下列出几种形式的

---

[1] H. J. Thornton, "Excellent Teachers Leading the Way: How To Cultivate Teacher Leadership," *Middle School Journal*, 2010, 41 (4): 36-43.

[2] L. Lambert, *Leadership Capacity for Lasting School Improvement*, Alexandria, VA: Association for Supervision and Curriculum Development, 2003: 13.

[3] L. J. Vernon-Dotson, & L. O. Floyd, "Buiding Leadership Capacity Via School Partnerships and Teacher Teams," *The Clearing House*, 2012, 85 (1): 38-49.

团队。

1. 校本委员会或者学校领导团队

在学校建立学校领导团队,创造机会让教师参与学校管理。由校长和教师共同组织领导团队或者校本委员会。学校领导团队要具有开放性,任何教师只要有兴趣都可以加入,领导团队的成员要来自学校的不同层面,可以是由教师提名和挑选的,也可以是教师自愿加入的。领导团队的会议要具有公开性,所有的教师只要有意愿均可以参加会议。领导团队的成员也可以是流动的,在领导团队里,教师可以共同设计课程和教学实践、分享观念、共享资料、提出建议。领导团队和校长一起分析数据、规划、建议,监管和实施学校改进计划。[1]

2. 行动研究团队

行动研究或教师研究是教师领导的新形式,教师领导者要成为行动研究者。在学校中要建立行动研究团队,行动研究是由中小学教师实施的,以课堂为基础展开的研究,教师成为研究者,对他们的教学实践进行检视,以进一步改进教学,提高学生的学习成绩。行动研究包括五个阶段:(1)形成问题;(2)数据收集;(3)数据分析;(4)报告结果;(5)行动规划。[2] 作为教师领导策略的行动研究,不是教师个体进行行动研究,而是教师群体共同参与行动研究,所有的团队成员对于研究的规划和实施都具有同等的责任。行动研究团队认定一个实践中的问题,进行研究,从而产生新的实践。[3] 教师从事行动研究,有利于改进教学实践。[4]

3. 自我管理团队

自我管理团队是促进教师领导的重要组织形式。自我管理团队可以使组织的工作和任务被组织成员广泛分享和参与,为教师成为领导

---

[1] L. A. Lambert, "Framework for Shared Leadership," *Educational Leadership*, 2002, 59 (8): 37-40.

[2] T. J. Diana Jr., "Becoming a Teacher Leaders through Action Research," *Kappa Delta Pi Record*, 47 (4): 170-173.

[3] L. A. Lambert, "Framework for Shared Leadership," *Educational Leadership*, 2002, 59 (8): 37-40.

[4] J. S. Lee, D. Sachs, & L. Wheeler, "The Crossroads of Teacher Leadership and Action Research," *The Clearing House*, 2014, 87 (5): 218-223.

第五章 发展教师领导的方向与策略建构

者提供机会。自我管理团队是企业界引入的一种团队工作模式。自我管理团队是将组织内的员工分成多支团队,每个团队负责某项特定的综合性任务。自我管理团队有两个特点:第一,团队完成一项工作,这项工作是由几个相互依赖的任务组成的,团队成员彼此依赖去完成各自的任务。第二,自我管理团队具有很大的自主权,可以计划、组织和控制工作活动,而很少受到管理层的干预。[1]

自我管理团队是教师领导的新途径,可以成为行政领导(administrative leadership)的替代。从两个层面可以将自我管理团队看作教师领导的重要来源。第一,自我管理团队及其工作成果可以促进学校改进;第二,自我管理团队可以对其成员发挥社会和规范影响,改变团队成员的思想、观念和行为。通过建立良好的关系和共同工作,成员之间可以互相影响,互相领导。[2] 自我管理团队是组织对员工新的授权方式,组织的决策管理层转向具有较高自我管理程度的团队。

4. 学习小组

学习小组是指一群教师自发组织起来的团队,团队成员共同阅读理论性的文献以及与教学相关的案例,阅读与教学、课程方面相关的专业书籍,围绕教育教学实践中的问题,共同就阅读心得进行讨论交流。通过在学习小组中的学习,可以挑战教师的观念,并且使教师接受新的观念,形成集体层面的理解,催生新的、更好的教育教学实践。[3]

5. 跨学科团队

跨学科团队是由不同学科、不同年级的教师组成的团队。跨学科团队打破了教师以学科、年级为身份标识的"圈子文化",使不同学科、年级的教师共同合作,发挥彼此的不同专长,共同解决教育教学

---

[1] [加]史蒂文·L. 麦克沙恩、[美]玛丽·安·冯·格里诺:《组织行为学》,机械工业出版社2012年版,第199—200页。

[2] M. A. Smile, S. Conley, & H. M. Marks, "Exploring New Approaches to Teacher Leadership for School Improvement," In J. Murphy (ed.), *The Educational Leadership Challenge: Redefining Leadership for the 21st Century*, Chicago: University of Chicago Press, 2002: 162 – 188.

[3] L. A. Lambert, "Framework for Shared Leadership," *Educational Leadership*, 2002, 59 (8): 37 – 40.

实践中的问题，可以有效地促使教育教学实践的改进。① 在跨学科团队里，教师可以在更大范围内发挥领导作用，使原本只是某一学科、某一年级关注的问题，转变成多个学科、多个年级关注的问题，跨学科团队为教师领导提供了机会。

四 创建教师领导的学校文化

（一）专业探究的文化

在学校里要建立专业探究的文化，专业探究的文化有利于教师领导的发展。探究文化具有这样的特征：以教师的好奇心为基础的文化，教师能够质疑问难；形成教师向学者转变（学者型教师）的文化，教师能够自觉自愿地开展研究性活动，把自己的教学实践变成分析性实践；不是指那些自发的零星的询问性活动，而是"把探究作为教育过程的广泛的相当普遍的舆论"。教师不仅能够进行独立的探究，而且能够与他人协作，共同寻求好的理解。②

探究包括持续的学习、反思和分析个人教学实践以及学校的活动和政策，在研究的基础上做出决策。教师或者学校以多样化的方式不断地追问："我们该如何改进实践？对于学生来说这是最好的决策吗？什么数据或者信息是决策的基础？"③ 同时，还需要追问："我们如何使学生更好地学习？什么样的教学方式真正有效？如何定义我们自己作为一个教师？通过对这些问题的思考，重新认识自己的工作。"④ 合作探究可以使教师具有领导者的视野，批判性地审视学校实践，反思学校教育教学实践中各种理所当然的假设、价值观等，从而思考如何改进自己和同伴的教育教学实践，并且尝试新的教育教学实践。

管理者要使每位教师都愿意参与到对专业实践的探究中，认识到

---

① D. Muijs, & A. Harris, "Teacher Leadership in Action: Three Case Studies of Contrasting Schools, *Educational Management Administration & Leadership*, 2007, 35（1）: 111 - 134.
② 熊川武：《反思性教学》，华东师范大学出版社1999年版，第90—91页。
③ M. J. O'Hair, & U. C. Reitzug, "Teacher Leadership: In What Ways? For What Purpose?" *Action in Teacher Education*, 1997, 19（3）: 65 - 76.
④ L. Lambert, *Building Leadership Capacity in Schools*, Alexandria, VA: Association for Supervision and Curriculum Development, 1998: 81 - 82.

第五章　发展教师领导的方向与策略建构

他们的教学并非完美，为了不断满足学生学习的需要，要持续地改进教学。校长要致力于改变学校现状，推动有利于学校变革的讨论和交流，对于变革具有开放的观念，鼓励教师承担风险、勇于探索和创新，支持教师开展教育教学试验。支持教师领导的文化，是支持创意在组织中自由流动的文化，鼓励首创精神的文化。教师领导的标志就是教师能够主动革新。[①] 校长要将承担风险和试验的理念融入组织文化中，使变革的行为植根于组织规划和组织成员的认同。当建立起这种支持的文化时，教师就会有勇气进行试验，承担风险，去做他们以往不敢做的事情。

所有的组织和个人在本质上都反对变革，学校管理者需要帮助教师减少对变革的畏惧。[②] 让教师发起和领导变革，需要建立安全的变革环境，而不是逼迫教师去领导变革。为了鼓励教师勇于承担风险，可以让教师在员工会议或者管理会议上与他人分享改进实践的做法或者观念，例如，"我最近尝试在课堂上采用……方式促进学生的学习"。当教师与他人分享他们的经验，并且发现正在做的教学试验和承担的风险是具有价值的时，就会促使教师承担教学风险。[③]

任何对教学试验的尝试都有失败的风险，校长对教师承担风险的行为要鼓励和支持，对教师的失败要免于惩罚和批评，要和教师一起承担风险，为教师的失败承担负责。[④] 校长要和教师一起从失败中寻找经验和教训，把失败当作学习的机会。如果教师不敢承担做错事的风险，那么教师就不敢创造、革新。在学校文化中要修正对失败的看法，鼓励教师从错误中学习，从而找到创造性地解决问题的方案。校长对待教师革新失败的包容态度，不仅可以让教师鼓起勇气，寻求改进教学的方法，同时，也可以让更多的教师乐于在

[①] C. Denielson, *Teacher Leadership That Strengthens Professional Practice*, Alexandria, VA: Association for Supervision and Curriculum Development, 2006: 129.

[②] R. C. Ash, & J. M. Persall, "The Principal as Chief Learning Officer: Developing Teacher Leaders," *NASSP Bulletin*, 2000, 84 (616): 15–22.

[③] P. H. Phelps, "Helping Teachers Become Leaders," *The Clearing House*, 2008, 81 (3): 119–122.

[④] C. Denielson, *Teacher Leadership That Strengthens Professional Practice*, Alexandria, VA: Association for Supervision and Curriculum Development, 2006: 126.

学校中引入新的教育理念、承担变革的责任。在鼓励尝试和试验的文化中，教师就不会担心对实践的改进会遭到其他教师的诋毁、批评和惩罚。

当教师领导的变革获得成功时，校长要学会肯定教师领导者的贡献，在学校中营造庆功的文化，可以是开庆祝会、进行私下的或公开的表扬。通过召开庆祝会和表彰会，建立教师集体的认同感，激励他们为学校做出更大的贡献。同时，还可以在组织内讲述教师领导者的故事，吸引其他教师关注这些教师领导者的努力。新的领导范式的建立非常困难，即便发生在人们的眼皮底下，他们有可能会认为这些教师领导者的行动是暂时偏离了常规，一切还会回复到日常的惯例中。通过对各种庆功、故事、简报的持续关注，人们才可能会看到它们，知道教师领导是什么样的，从而为之努力。

(二) 尊重和信任的文化

传统的领导观是以领导者自我为出发点与他人建构关系的。以自我为出发点与他人建构关系，往往暗示着我比他人有更高的智慧，不能对他人的知识、观念予以充分尊重。[①] 我们需要以他人为出发点建构关系，以他人为出发点需要我们尊重他人，与他人真诚交往，而不是把他们的想法强加给他人。学校管理者不能认为自己的观点优于教师的观点，要使教师感到自己的想法很重要，倾听教师的观点和意见，可以采取多种途径使教师感到他们的意见会受到尊重和重视。比如，校长与提出建议的教师共同讨论，或者校长让具有想法的教师在教职工会议上提出他们的想法，并且请其他教师共同参与讨论。[②] 只有当学校管理者尊重教师，把教师看作专业人员，相信教师具有专业判断和自主决策的能力时，才能使教师感觉到具有领导的权力，应该对学校共同体做出更大的贡献。

[①] [加] 卡罗琳·希尔兹、马克·爱德华：《学会对话：校长和教师的行动指南》，文彬译，教育科学出版社2009年版，第56—57页。

[②] C. Denielson, *Teacher Leadership That Strengthens Professional Practice*, Alexandria, VA: Association for Supervision and Curriculum Development, 2006: 42.

第五章　发展教师领导的方向与策略建构

相互尊重并且识别同事的优点是建立积极的专业关系的关键。[①] 教师需要理解和尊重共同体成员的差异，认识到每个教师都具有不同的专长，教师之间不同的专长、特质、兴趣是学习的重要资源。只有承认他人与自己的不同之处，才能向他人学习，承认他人的洞察力和智慧将会使自己从中获益。此外，当教师之间不能形成完全一致的意见或发生争议的时候，要互相尊重对方的观点，明白与自己不同的意见不是对个人观点的挑衅，每个人的意见都是善意的，教师要理解这些争议都是为了学生的利益。当面临争议时，要对收集的证据进行审视，从而集体协商出关于改进的一致性意见。[②]

信任是建立教师领导的基础，信任有利于促进教师的自我效能、合作、承诺、集体愿景以及组织归属感。[③] 教师之间的相互信任，能使他们正视教育教学实践中的问题，而不是企图掩饰或者对此视而不见。只有教师之间充分信任，教师才能够敢于质疑现状，挑战现状，分享信息和观点，引入并尝试新的教育教学实践。在一个信任的学校文化中教师领导者会被同伴以及学校管理者所识别。[④] 在创建组织信任的文化中，校长发挥榜样作用，校长要相信教师具有革新的能力，能够对什么样的实践是有利于学生的做出判断。

（三）对话与合作的文化

对话与合作是教师领导的基础。在对话与合作的文化里，变革将成为每一个教师优先考虑的事情，学校中的问题将以有意义的方式由教师共同来解决。在合作的文化中，教师将自己看作共同体的一部分，而不是孤立的个体，共同为工作负责。安迪·哈格里夫斯将教师文化分为个人主义教师文化、派别主义教师文化、自然合作的教师文

[①] J. C. Fariman, & S. V. Mackenzie, "How Teacher Leaders Influence Others and Understand Their Leadership," *International Journal of Leadership in Education: Theory and Practice*, 2015, 8 (1): 61–87.

[②] C. Denielson, *Teacher Leadership That Strengthens Professional Practice*, Alexandria, VA: Association for Supervision and Curriculum Development, 2006: 49.

[③] N. Ghamrawi, "Trust Me: Your School Can Be Better—A Message from Teachers to Principals," *Educational Management Administration & Leadership*, 2011, 39 (3): 333–348.

[④] H. L. Bishop, A. Tinley, & B. T. Berman, "A Contemporary Leadership Model to Promote Teacher Leadership," *Action in Teacher Education*, 1997, 19 (3): 77–81.

化、人为合作的教师文化。① 创建合作的教师文化要避免由学校管理者计划、安排的强制性的人为合作，合作应该是出于教师的意愿、自主地形成自然合作的文化。在自然合作的文化中，教师坦诚地接受彼此教学的差异性，相互观摩、分享资源和观点，从而为教师领导创造有利的条件。

对话是建立在合作基础上的，按照布劳的观点，对话不仅是交谈，而且是人类存在的一种方式。② 交谈有两种类型：对话和讨论。讨论的目的是让自己的观点取胜，让别人接受自己的观点。对话不是为了让自己的观点获胜，而是让大家赢得胜利。③ 当一个小组为了达成共识而做出决定时，需要采用讨论的方式，权衡利弊，做出合适的选择。而专业学习共同体所需要的是组织成员都参与到学习中，能够对探究的问题表达不同的意见，在对话中碰撞出思想的火花，萌发出新的思想观点，而不是寻求共识。

对话的英文是"dialogue"，彼得·圣吉认为，深度会谈是团队成员"悬挂"（即暂时忘掉）假设和成见而进入真正的"共同思考"的过程。希腊文"dio-logos"是指意义（思想）在一组人群里的自由流动和沟通，它使集体得以实现个人无法完成的洞悉和领悟。④ 教师作为学习者需要悬置自己的假设，尊重别人的观点，参与到对话中，持续地建构他们的理解。如果共同体成员没有参与到这样的学习中，他们很有可能反对引入新的观念，认为实施革新会打破他们的例行工作。⑤ 在对话中要向他人开放自我，信守承诺，投入理解他人的过程之中，与他人共同建立一个"第三空间"，倾听不同教师的观点和声音。通过真诚提问，让问题引领教师共同进入探索和发现的空间，促

---

① 周正、许超：《对话与合作——米德与哈格里夫斯教师文化理论的比较与反思》，《教育理论与实践》2013 年第 10 期。

② ［加］卡罗琳·希尔兹、马克·爱德华：《学会对话：校长和教师的行动指南》，文彬译，教育科学出版社 2009 年版，第 57 页。

③ ［美］彼得·圣吉：《第五项修炼：学习型组织的艺术与实践》，张成林译，中信出版社 2009 年版，第 235 页。

④ 同上书，第 10 页。

⑤ L. Lambert, M. Collay, M. E. Dietz, K. Kent, & A. E. Richert, *Who Will Save Our Schools? —Teachers as Constructivist Leaders*, Thousand Oaks, CA: Crowin Press, 1996: 69.

使教师共同行动。对话使教师之间能够互相理解，形成共享的意义和观念，促使教师采取一致性的集体行动。

学校管理者需要在员工中建立对话的关系。对话要具有下面几个要素：共享的目的；寻求理解；反思观念和经验；揭示观念和信息；尊重性地倾听。[1] 对于如何进行成功的对话，伯斯提出了开展对话的三条规则：参与、承诺、互惠。这三个规则可以被应用到对话文化的建构中：第一，参与是指对话需要每个教师的共同参与，教师自由、自愿地参与到对话中，并且在参与中要尊重其他人的意见和观点。第二，承诺是指参与对话的教师要实现互相理解。第三，互惠是指在对话中，不存在某些教师具有特权或者是专家、教师之间要互相尊敬和关心，使对话对于每个教师来说都是互惠互利的。[2]

学校管理者要在各种场合抓住时机，鼓励、引导和示范对话。教师可以在各种正式和非正式的场合展开对话性互动，学校大厅、办公室、各种会议均能成为教师对话的场所。当教师具有对话的能力和素质，彼此之间能够进行真诚对话时，就会改变教师之间的关系，增进教师之间的理解，互相开放自我，形成新型的关系，他们就能找到动力推动学校向前发展，积极领导教育教学实践的变革，促进学校的发展。

第四节　配套措施：强化促进教师领导的教师教育

领导力是可以后天习得的，发展教师领导除了教师个人的主观努力和外部环境的优化外，还需要采取有效的教育措施为教师提供支持，建立从职前教师培养到职后教师教育一体化的培养体系。在我国中小学教师教育中，关于教师领导的理论尚未被纳入教师教育中，大部分领导培训都是为校长提供的，诸如部门主任、教研组长等很少接

---

[1] L. Lambert, *Leadership Capacity for Lasting School Improvement*, Alexandria, VA: Association for Supervision and Curriculum Development, 2003: 34.

[2] ［加］卡罗琳·希尔兹、马克·爱德华：《学会对话：校长和教师的行动指南》，文彬译，教育科学出版社2009年版，第61—62页。

受相关的领导知识和技能的培训,对他们的培育多是采用"做中学"的方式,在工作中体会和学习如何成为教师领导者。① 从国际教师领导教育的经验来看,大学学位课程教育、教师专业发展学校、教师领导培训项目等,都在发展教师领导的过程中起着积极作用。

一 将教师领导理念融入教师教育之中

在中小学教师教育中,应该融入教师领导的理念,无论教师是否成为领导者,都应该学习教师领导的理论,这不仅有利于开发教师的领导潜能,也有利于教师在工作中与教师领导者合作。在教师教育中,校长和教师要共同接受领导培训,打破以往两种领导形式的界限。② 教师领导者培训和管理者培训要有不同的侧重点。管理者的培训要学习如何赋权教师以及如何使教师参与学校领导。校长必须使教师了解关于学校背景、环境方面的信息,成为员工发展的促进者,帮助教师理解学校教育的环境、发展领导技能、领导特质,使教师参与到学校领导中来。③

在教师领导教育中,需要为教师提供领导知识和技能的培训。对于教师领导者应该具备哪些方面的知识和技能,已有的研究成果为我们提供了借鉴。费尔普斯(Phelps)提出了培养教师领导者的模型(见表5-1),涵盖了教师领导者所要具备的知识、技能、特质。在知识方面,教师要具有学校变革和学校文化的知识,对于教育改革的建议要有所了解,理解服务型领导的理念。在技能方面,应该培养教师建立愿景、共情、提出问题、合作和人际关系等技能。在特质方面,教师领导者应承担风险、持之以恒、敢于挑战等。④

---

① 吴百禄:《教师领导研究》,高雄复文图书出版社2010年版,第199页。
② C. Hackney, & J. Henderson, "Educating School Leaders for Inquiry Based Democratic Learning Communities," *Educational Horizons*, 1999, 77 (3): 67-73.
③ L. M. Richardson, "Helping Teachers Participate Competently in School Leadership," *School Leadership*, 76 (4): 202-205.
④ P. H. Phelps, "Helping Teachers Become Leaders," *The Clearing House*, 2008, 81 (3): 119-122.

第五章　发展教师领导的方向与策略建构

表5-1　教师领导模型：必备的知识、技能、特质

知识	技能	特质
变革（过程和原理）	建议	承担风险、持之以恒
学校文化	共情	敢于挑战
改革建议	提出问题	服务
服务型领导	建立愿景、合作、人际关系网络	效率、弹性

谢里尔（Sherrill）认为，教师领导教育应该贯穿教师职业生涯发展的三个阶段：职前阶段、入职阶段、在职阶段，每个阶段都需要具有不同的领导知识和技能。教师领导者需要具备的核心能力包括示范课堂教学；具有有效教学和学习的知识；了解成人发展理论；具有监督展示知识；培育受教师喜欢的特质；带领同事反思和探究；具有教和学相关研究的知识（见表5-2）。[①]

表5-2　教师职业生涯发展三阶段对教师领导者的要求

职前阶段	入职阶段	在职阶段
了解职前教师课程	关注早期教师生涯	能够评估学区和教师的需要
重视与高校教师合作的价值	示范有效的人际关系技能和指导技巧	了解如何积极地影响学校文化并与管理者建立积极的人际关系
以差异化的、互动的方式促进职前教师和大学教师的研讨会	发展人际关系，促进初任教师的成长和发展	从事以行动研究和实践为中心的探究活动
通过成人学习理论分析其工作方式	收集课堂观察所获得的数据并提供建设性的反馈	改善同事的教学方法
基于理论和研究提供反馈		掌握促进有效的工作坊和演讲技能

综上所述，教师领导者需要具备一定的知识和技能。

第一，教师要成为领导者，必须具有丰富的学科知识，成为教学

---

① J. A. Sherrill, "Preparing Teachers for Leadership Roles in the 21st Century," *Theory into Practice*, 1999, 38 (1): 56-61.

方面的专家，这就需要为教师提供关于教学和课程方面的培训，使教师知道什么样的教学实践是好的实践，精于教学。第二，教师要了解成人是如何学习的，什么样的方式可以促进成人学习。因此，教师需要知晓成人学习的理论、教师职业发展阶段的理论等。第三，教师需要学习关于学校变革的理论来为管理变革做准备，了解学校是如何运转的以及在学校中如何发起和维持变革。第四，教师需要学习有关领导的知识和技能，需要掌握的领导技能包括合作的技能、促进的技能、沟通的技能、建立团队的技能、解决冲突的技能等。

在我国的教师教育中，可以按照教师职业发展的不同阶段，建构不同职业发展阶段的教师需要具备的领导能力体系，并将其纳入教师教育中。在职教师的培训中可以将教师领导的学习作为必修课程，重新设计关于教师培训的学分，重新规划在职教师继续教育的课程和学分，将教师领导的学习纳入教师培训的相关课程、活动、工作坊中。

二 大学和中小学合作促进教师领导

大学和中小学要建立伙伴关系，共同培育教师领导。在大学和中小学合作中要遵循以下原则：

第一，在观念上要认识到大学和中小学教师都同样具有生产和运用知识的能力；在实践上要消除层级制，给予所有成员同样的话语权，建立互惠的关系。第二，在观念上要认识到理论和实践是不可分割的，它们正如一枚硬币的两面。在实践中要共同阅读文献，开发理论，并且将理论运用到实践中。第三，在观念上要认识到教师应为自己的学习负责并且要为其他人的学习负责；在实践中要建立合作的议事日程，灵活的合作学习结构，回应教师的需求和兴趣，建立共同的学习话语。第四，在观念上要认识到合作学习依靠诚实的、非评价的讨论；在实践中要为展示观念，尝试和反思新的实践，提供和接受反馈的机会。第五，在观念上要认识到教师学习领导需要创设有利的环境：即要建立起互惠且能够自由交换观念、理论联系实际、合作和诚实讨论，有机会尝试领导的真诚环境；在实践中要能够跨越大学和中

第五章　发展教师领导的方向与策略建构

小学的界限，为教师领导提供机会。[1]

在大学和中小学的合作中，建立教师专业发展学校是培育教师领导的重要模式。教师专业发展学校源于美国20世纪80年代末。教师专业发展学校是由大学的教育院系与学区的一所或多所中小学建立合作的关系，融新教师的培养和在职教师继续教育为一体的机构，专业发展学校通常是在学校已有的基础上建立起来的，有些在学校中设有独立的行政机构，有些则附属于已有的学校机构。

在教师专业发展学校里，教师的角色和责任发生变化，专业发展学校为教师提供了发表意见的平台。此外，专业发展学校期望教师超越课堂，在学校、学区以及专业共同体中发挥影响。这些因素促使专业发展学校成为培育教师领导者的沃土。许多教师在专业发展学校里担任领导角色，这些领导角色不同于正式任命的领导角色，而是自然浮现出来的领导角色。[2] 专业发展学校有利于优秀教师为新教师提供辅导，有利于教师开展行动研究，以及与大学形成合作的关系，教师成为问题的解决者和变革的代理人。在专业发展学校里，领导和学习是密不可分的，教师领导是每一个教师的角色之一。[3] 在专业发展学校里，领导是分布的和集体的，很少强调一个人的、正式的领导角色。[4]

在美国较有代表性的教师专业发展学校有约翰·霍普金斯大学（Johns Hopkins University），该校有两个发展教师领导的项目：面向新教师培养的教育文学硕士（Master of Arts in Teaching，M. A. T.），为有经验教师开设的教育科学硕士学位（Master of Science in Education，M. S. ED.）。M. A. T. 课程需要学习教学、专业发展、学校变革等相

---

[1] L. Miller, "School-University Partnerships and Teacher Leadership: Doing It Right," *The Educational Forum*, 2015, 79 (1): 24–29.

[2] K. Boles, & V. Troen, Teacher Leadership in a Professional Development School, Paper Presented at the Annual Meeting of the American Educational Research Association, New Orleans, LA, 1994.

[3] S. J. Odell, "Preparing Teachers for Teacher Leadership," *Action in Teacher Education*, 1997, 19 (3): 120–124.

[4] J. York-Barr, & K. Duke, "What Do We Know about Teacher Leadership? Findings from Two Decades of Scholarship," *Reviews of Educational Research*, 2004, 74 (3): 255–316.

关内容。中小学有经验的教师参与到项目中，他们充当角色示范者、共同学习者、同事、教练以及监督者，作为辅导教师为实习教师提供帮助，并且参与到学校改进的活动中。此外，辅导教师和实习教师一起参加专业会议。

M. S. ED. 项目是面向有教学经验的教师，项目的目的是让教师成为课堂教学专家，同时还能在学校发挥领导作用。主要课程内容，一是提升教学策略课程；二是学习行动研究课程；三是学习专题研究课程；四是学习学校系统变革课程；五是学习有关评价课程。[①]

美国新泽西州的菲尔莱·狄更斯大学（New Jersey's Fairleigh Dickinson University）与学校建立了专业发展学校联盟，以"教师作为教育领导者"为主题，该联盟的工作主要有三个方面：第一，开展职前教师教育；第二，关注新教师和在职教师的专业发展；第三，提高大学和中小学的效能以及教学和学习的能力。以此为目的，实施了很多策略来促进教师的专业发展，其中，教师领导是主要的策略。该联盟将教师领导界定为"教师致力于个人的、集体的专业发展以及终身学习，支持和促进有效的教育实践的过程，促使学校成为学习共同体，提高学生的学习水准"。鼓励教师在专业发展学校里承担领导责任，促进教师持续的专业发展及改进学校教学。以此定义为指导，设计了教师专业发展的指导框架：一是专业发展和成长；二是改进教学和评价；三是提高学校效能；四是学生咨询（student advocacy）；五是专业化。教师专业发展学校的学习时限是5年，完成学习的学生被授予学士学位、州教师证书以及硕士学位。课程的设计主要是为了使教师具备成为教育领导者所应有的知识、特质和能力，课程主要包括三个方面：第一，个人发展与人际关系；第二，专业发展；第三，组织实务。[②]

奥德尔（Odell）对三所大学的教师领导准备项目进行了总结，认为三所大学的项目尽管在结构上存在差异，但是都与中小学建立了

[①] R. Clemson-Ingram, & R. Fessler, "Innovative Programs for Teacher Leadership," *Action in Teacher Education*, 19 (3): 95 – 106.

[②] E. M. Forster, "Teacher Leadership: Professional Right and Responsibility," *Action in Teacher Education*, 1997, 19 (3): 82 – 94.

伙伴关系。三所大学的项目的基本原则是一致的，都是将中小学校看作学习共同体，教学、学习、领导是密不可分的。教师领导被视为每一个共同体成员的责任，由教师自觉承担领导责任，而不是来自委派或者任命。每所大学的项目都提供了培育教师领导者的核心要素：教学策略、合作、探究、对持续变革的适应性。具体来说，第一，有效的教师领导者必须是一个优秀的教师，能够胜任教学工作。第二，每所大学的项目都为教师提供了合作的经历，比如完成课程作业、合作研究等。第三，通过合作研究、课程作业、撰写研究报告，反思、撰写日志、在专业会议上发表论文，提高教师的反思和探究能力。第四，每所大学的项目都为教师提供了关于变革管理的培训。[1]

对大学和中小学合作案例的总结表明，大学和中小学在培育教师领导方面要做到以下几点：第一，学习和领导是相互联系的。大学和中小学在合作中要将学习置于中心地位，这样才有可能使教师学会领导。第二，在观念和行动方面，在合作中需要建立共同的价值观，以价值观为指导采取行动，避免偏离培育教师领导者的使命。第三，合作双方需要意识到彼此的优势与不足，创造机会让教师承担领导角色，试验新的观念。[2]

三 开设教师领导的相关课程或专业

在我国要建立以大学为本位的教师领导教育模式，在大学开设与教师领导相关的课程或者专业。目前，大学开设教师领导课程的高校凤毛麟角，未来可以在师范院校或者综合性大学的师范专业开设教师领导课程，为未来的教师提供教师领导教育。教师领导相关课程的开设，可以使未来的教师不仅学习如何教学，而且学习如何领导，使学生具有在未来的教师职业生涯中承担领导的愿景，理解领导不是权力、地位，而是每个教师专业角色的一部分。

在高等院校里可以开设教师领导硕士专业，鼓励中小学教师进修

---

[1] S. J. Odell, "Preparing Teachers for Teacher Leadership," *Action in Teacher Education*, 1997, 19 (3): 120 – 124.

[2] L. Miller, "School-University Partnerships and Teacher Leadership: Doing It Right," *The Educational Forum*, 2015, 79: 24 – 29.

教师领导专业硕士。教师领导硕士专业可以采取在线课程、远程教育、在校学习等多种学习形式。美国许多大学开设了教师领导硕士学位（Teacher Leader Master，TLM）课程，为在职教师提供教师领导学历教育。教师领导硕士学位为教师提供了系统学习领导技能和领导实践的机会，比如美国莫瑞拉州立大学教师领导硕士学位，由教师领导核心课程组成，包括班级管理、课程开发、满足学生多样性的教学需要，研究如何改进教学。此外，教师领导者候选人需要完成两项领导项目（例如一个班级层次的项目，一个学校/学区层次的项目）。[1]

教师领导硕士课程和传统的教育管理或者领导硕士课程有所区别，传统的教育管理或者领导硕士课程主要致力于组织管理、监督等。在美国，尽管各个学校的教师领导课程不同，但是总体看来，都强调探究为本的教学、指导和辅导、文化回应（cultural responsive）、专业发展设计、课程开发、技术理解。许多项目要求学位候选人完成实习工作或者与学校领导者合作完成毕业论文（capstone project），抑或是完成以实践为基础的研究项目。[2]

借鉴国外发展教师领导硕士学历的经验，我国教师领导硕士专业可以设置为专业硕士类型，在招生对象上以在职教师为主，在教学中要重视理论和实践的结合，在课程设置上要包括教育教学方法与技能；课程开发相关知识、行动研究相关知识以及领导知识与技能等，在课程内容上要兼顾教学、课程和领导相关的内容。同时，课程要强调实践性和应用性，要让教师践行教师领导，可以为教师安排基于问题的领导任务，让教师在真实的情境中理解和运用领导知识和技能。在具体的领导角色中学习。[3]

四 建立聚焦于教师领导的教育项目

国家和地方教育行政部门可以开发教师领导相关培训项目，为教

---

[1] J. Xu, & G. Patmor, "Fostering Leadership Skills in Pre-Service Teachers," *International Journal of Teaching and Learning in Higher Education*, 2012, 24 (2): 252 – 256.

[2] A. Rebora, "Teacher-leadership Degree Aim to Fill Career Gaps," http://www.edweek.org/ew/articles/2012/10/31/10leaders.h32.html, 2012 – 10 – 31.

[3] L. M. Richardson, "Helping Teachers Participate Competently in School Leadership," *School Leadership*, 76 (4): 202 – 205.

师领导的培育提供支持。美国在发展教师领导的过程中，建立了许多教师领导培训项目，这些培训项目既有国家层面的，如"全国写作项目"（National Writing Project，NWP），还有地方层面的，例如数学教育、平等和领导（Mathematics Education, Equity, and Leadership，MEEL）。[①] 教师领导相关培训项目的实施，为教师领导的培育提供了支持。

美国"全国写作项目"对于发展教师领导卓有成效，该项目鼓励教师在培训中分享和践行领导工作。"全国写作项目"在每年暑假对优秀教师进行一个月的集中培训。项目由教师负责组织，教师轮流进行教学示范和讨论。参加项目的教师发展成为写作方面的专家和领导者，使他们具有能力在学校中领导其他教师改进读写教学。"全国写作项目"的实践主要包括：将每个参与的教师作为重要的贡献者；将教师看作专家；创造平台为教师提供分享、对话和批判的机会；将学习的自主权交给学习者；在实践情境中学习，为教师提供参与共同体的机会，并且采用探究的立场；分享领导；重新思考专业认同，并且将此与专业学习共同体联系起来，项目中的教师共同分享教学中的问题、观点和经验，该项目为教师提供了学习的机会，在共同体中工作以及承担领导责任。[②] 从美国"全国写作项目"中我们可以看出，在教师领导的培训项目中可以将教师的专长作为重要的资源，重视教师之间的互相学习，分享经验，使教师在培训中践行领导。

在地方层面有学区或者学校本位的教师领导者培训项目。比如设立在科罗拉多州的道格拉斯学区，学区里的每所学校都设置了教学资源教师（building resource teachers，BRTs）。BRTs的选拔标准是：第一，具有5年在学区成功任教的经验；第二，完成规定学时的进修；第三，有帮助成人学习的经验；第四，符合每个学校制定的具体标准。符合BRTs选拔标准的教师要接受为期九天的专业培训，培训课程包括：（1）个人与专业的衔接；（2）学校文化；（3）促进变革；

[①] N. L. A. Zimpeher, "Design for the Professional Development of Teacher Leaders," *Journal of Teacher Education*, 1988, 39（1）: 53-60.

[②] Lambert, L. Leadership Capacity for Lasting School Improvement, Alexandria, VA: Association for Supervision and Curriculum Development, 2003: 37.

(4) 监督与训练；(5) 有效的专业发展；(6) 教师领导的过程；(7) 其他工作嵌入式的学习与支持。例如，为了解学校和学区的教育目标，教师每月要接受一次培训；每两个月举办 BRTs 交流学习；接受学区教师发展中心主任的个别指导；接受学区教师发展中心主任和所在学校校长的联合督导。BRTs 承担着多种角色，包括教学辅导教师，教练，咨询者，社区联络者，校长、家长、教师和辅助专业人员的资源。BRTs 不承担管理学生纪律或者教师评价，他们的工作主要是与其他教师合作，聚焦教学与学习。[1]

教师领导者培训的项目可以是多样的，既可以是教师在项目中分享领导，项目本身就为教师领导提供了学习和实践的机会；也可以是围绕某个明确的教师领导者角色，为正式的教师领导者提供培训。当前，我国正在开展的"国培计划"实际上就是国家层面开展的教师领导培训项目，在"国培计划"中，我们可以借鉴国外教师领导培训的内容，将教师领导的理念渗透到培训中。同时，教育行政部门、社区以及非营利性组织都可以积极开发教师领导培训项目，促进教师领导的发展。

综上所述，教师领导的建构是个复杂的过程，需要外部因素和内部因素的相互作用，教师领导的发展需要系统的支持。教师是实施教师领导的关键，只有教师具有自觉的领导意识，愿意领导变革，才有可能承担领导责任。外部因素的支持同样不容忽视，教师领导的实施需要国家政策的顶层设计和引导，国家政策为教师领导在实践中的探索提供纲领性、方向性的指引，明确教师领导的性质、目的以及未来的发展方向。学校作为教师工作的环境，学校组织结构、学校文化、校长的支持等都为教师领导提供了重要的外部条件。此外，我们还需要将教师领导的理念融入教师教育中，使高校、教师进修学校、中小学以及商业机构等各种力量联动起来，为教师领导者的培育贡献力量。

---

[1] J. York-Barr, & K. Duke, "What Do We Know about Teacher Leadership? Findings From Two Decades of Scholarship," *Reviews of Educational Research*, 2004, 74 (3): 255–316.

结　　语

一　研究结论

刘峰在《领导大趋势》中写道，20世纪的中国是英雄辈出的时代，21世纪的中国不再是一个英雄的时代，而是一个属于平民、普通人的时代，英雄时代需要英雄主义的行政领导，平民时代需要平民主义的领导。[①] 同样，为了21世纪学校的成功，我们需要转变思维，不能把领导的责任置于少数几个人之手，学校将不再盛行校长"英雄式的领导"，而是走向校长和教师共同领导学校发展之途。未来学校的发展所依靠的不是领导者个体，而是领导者集体，学校将成为教师领导不断涌现的地方。教师领导与职位、权力相分离，教师不论是否具有职位，都将在学校发展中承担领导角色，成为变革的发起者和领导者。

教师领导为学校发展与变革提供了新的理论视野，本书旨在对教师领导理论进行系统梳理和架构，并以此为基础，对中小学教师领导的现状进行考察与分析。从政策和实践两个角度尝试勾勒中小学教师领导的现实图景，并对教师领导发展中所存在的问题及其原因进行深入的分析，进而提出我国中小学教师领导发展的未来走向及促进教师领导发展的策略。通过研究得出了以下结论：

1. 教师领导所具有的特征是集体性、探究性、合作性、情境性。教师领导是一种集体现象，在专业学习共同体里，教师根据兴趣、专长、情境的不同动态地担当领导角色，共同改进教育教学实践。根据

[①] 刘峰：《领导大趋势》，中国言实出版社2003年版，第177页。

教师领导的来源、作用对象以及任务类型，可以将教师领导划分为不同的类型，包括正式的教师领导和非正式的教师领导；课程层面的教师领导、学校层面的教师领导以及社区层面的教师领导；支持性的教师领导和发展性的教师领导。笔者认为，教师领导的构成主要包括三个维度：参与决策、教学领导和教师发展领导。发展教师领导对于当代学校具有重要的价值，首先，教师领导的最大获益者是学生，有利于学生学业成绩的提高；其次，教师领导是教学专业区别于其他专业的重要标志，有利于教师的专业化；最后，教师领导有利于促进学校的持续发展。

2. 我国教师领导相关政策所存在的特点是：第一，教师领导相关政策的理论假设是"完全理性"假设，认为通过制定标准，选择符合条件的教师，就能使这些教师发挥领导作用。同时，教师领导的相关政策设计是基于传统领导观，将领导等同于职位、权力，以角色为本，为教师个体赋权，选择少数教师担当领导角色。第二，在行政部门的主导下，发展教师领导的途径是从纵向上为教师提供具有等级的职位，对教师领导者的区分是以等级的高低来划分的，而不是从横向上发展教师领导，以教师专长的不同区分教师领导者，充分发挥优秀教师的专长。这导致教师为了追求个人利益而竞争，违背了教师领导所强调的教师合作与共享。第三，对教师领导的性质认识不清，缺乏将教师领导视为一种学习的观点，教师领导与教师学习相互割裂。领导是共同体成员互惠的、有目的的学习，教师领导的过程既是领导的过程也是学习的过程。第四，教师领导过于重视行政管理，忽视了对领导的强调。管理和领导具有一定的差异，管理主要是维持现状，领导倾向于变革，教师领导应该超越管理，发挥教师在变革中的领导作用。

3. 对我国中小学教师领导现状的调研结果表明，中小学教师领导总体表现较弱。在教师领导的三维构成中，教学领导较强，教师发展领导次之，教师参与决策最弱。教师个体特征对教师领导有着显著的影响。中小学发展教师领导所存在的问题主要表现在以下方面：第一，过于重视发展正式的教师领导者，忽视了对非正式教师领导者的培育，没有将广大教师作为领导的资源。第二，教师领导的作用范围主要局限于课堂层面，教师是"课堂王国"的领导者，而在学校决策、教学改进、教师发展等学校层面的事务中，难以发挥领导作用。第三，教师缺乏自觉的领导意愿，一些教师在学校中实际上发挥了领导作用，但是他们并未意识到他们的行为是领导行为，他们实际上是教师领导者。第四，教师领导渠道不畅，缺乏建设教师专业学习共同体，为教师领导提供机会。第五，教师领导发挥作用的方式方法有待改进。分析表明，传统文化及观念、行政化的教育管理体制、学校组织结构和文化以及教师的个人观念和技能都是影响教师领导的因素。

4. 未来我国中小学教师领导应该注重领导者集体的发展而非领导者个体，教师领导的发展途径包括正式的教师领导和非正式的教师领导，未来教师领导的发展方向要从重视发展正式的教师领导转向发展非正式的教师领导，学校的发展依托的是越来越多的非正式的教师领导者，使领导成为每个教师的专业角色之一。我们要为教师领导的发展提供系统的支持，从教师个体、国家政策、学校环境、教师教育四个方面形成合力，共同促进教师领导的发展，创造条件让每个教师承担领导角色，为学校发展贡献专长和智慧。

二　研究展望

在研究的过程中，有很多问题是笔者笔墨未及的领域，这些问题是教师领导研究的新的生长点与未来可能的研究方向。

1. 教师领导标准的制定。教师领导标准是教师领导实践的纲领性指引和参照，为实践领域对教师领导的探索提供参考。未来在政策和理论研究领域都需要重视对教师领导标准的研究，制定中小学教师领导标准的细则。

2. 教师领导教育研究。本书对教师领导教育的研究并未深入，教师领导教育是一个值得深入的研究领域，应该系统地研究国外教师领导教育中的课程设置、课程内容以及实践活动，在此基础上探索如何在我国进行教师领导教育，对教师领导者的能力指标、教师领导教育的模式等进行进一步的探讨。

3. 教师领导的经验模式总结与调查。未来应该进一步总结我国中小学存在哪些有关教师领导的经验模式，对其好的方面加以宣传和传播，对其存在的问题以教师领导的理论进行指导。

4. 本书主要探讨学校层面的教师领导，实际上，教师领导不只体现在学校层面，教师还可以在更广泛的范围里发挥领导作用。在未来的研究中，教师如何超越学校界限，在社区、专业协会乃至国家层面发挥领导作用，应该成为研究的问题。

总之，教师领导在我国是一个尚未深入的研究论域，尚有很多问题需要我们思考和解决，由于笔者研究能力的不足以及时间和精力的限制，对这些问题没有进行探讨。

参考文献

蔡进雄：《教师领导的理论、实践与省思》，《中等教育》2011 年第 2 期。

陈盼：《国际视野下的中小学教师领导力开发》，《基础教育》2009 年第 8 期。

陈峥：《新课程改革下的教师领导与教师专业发展》，华中师范大学出版社 2012 年版。

杜芳芳：《从行政控制到专业引领——学校教学管理变革取向研究》，博士学位论文，华东师范大学，2011 年。

杜小宜、叶凤良主编：《提高中小学教师领导力：促进有效教学的实证研究》，中国轻工业出版社 2013 年版。

冯大鸣：《沟通与分享：中西教育管理领衔学者世纪会谈》，上海教育出版社 2002 年版。

冯大鸣：《美、英、澳教育管理前沿图景》，教育科学出版社 2004 年版。

宫留记：《资本：社会实践工具——布尔迪厄的资本理论》，河南大学出版社 2010 年版。

《哈佛管理前沿》《哈佛管理通讯》编辑组编：《有效领导》，侯剑、李特朗译，商务印书馆 2008 年版。

黄显华、朱嘉颖：《课程领导与校本课程发展》，教育科学出版社 2005 年版。

金建生：《中小学教师领导研究》，博士学位论文，西北师范大学，2007 年。

孔维民：《东西领导者行为分析：领导心理学新论》，山东人民出版社 2007 年版。

赖志峰、张盈菲:《教师领导的研究成果之初步分析》,《庶民文化研究》2012 年第 6 期。

李春玲:《理想的现实建构:政府主导型学校变革研究》,浙江大学出版社 2007 年版。

李汉林、李路路:《资源与交换——中国单位组织中的依赖性结构》,《社会学研究》1999 年第 4 期。

李政涛:《论教育研究的中国经验与中国知识》,《高等教育研究》2006 年第 9 期。

廖建桥编:《管理学》,华中科技大学出版社 2010 年版。

刘峰:《领导大趋势》,中国言实出版社 2003 年版。

刘建军:《单位中国:社会调控体系重构中的个人、组织与国家》,天津人民出版社 2000 年版。

刘云杉:《从启蒙者到专业人》,北京师范大学出版社 2006 年版。

卢乃桂、操太圣:《伙伴协作与教师赋权——教师专业发展新视角》,教育科学出版社 2007 年版。

孟繁华等:《学校发展论》,教育科学出版社 2011 年版。

倪传荣、周家荣:《骨干教师队伍建设研究》,沈阳出版社 2000 年版。

蒲蕊:《教师在学校改进中的领导作用》,《教育科学研究》2012 年第 5 期。

任长松:《"探究"概念辨析》,《全球教育展望》2014 年第 8 期。

孙锦明:《中学校长领导力研究》,博士学位论文,华东师范大学,2009 年。

王瑛:《高校外语教师专业领导力研究》,博士学位论文,华东师范大学,2012 年。

王有升:《理念的力量:基于教育社会学的思考》,教育科学出版社 2007 年版。

王有升:《理想的限度:学校教育的现实建构》,北京大学出版社 2003 年版。

吴百禄:《教师领导研究》,高雄复文图书出版社 2010 年版。

吴浩明:《香港与大陆教师文化差异研究》,《华东师范大学学报》

（教育科学版）2002年第1期。

吴康宁：《政府部门超强控制：制约教育改革深入推进的一个要害性问题》，《南京师大学报》（社会科学版）2012年第5期。

吴清山：《学校革新研究》，高等教育文化专业有限公司2011年。

吴颖民：《国外对中小学教师领导力问题的研究与启示》，《比较教育研究》2008年第8期。

吴遵民、李家成：《学校转型中的管理变革——21世纪中国新型学校管理理论的构建》，教育科学出版社2007年版。

熊川武：《反思性教学》，华东师范大学出版社1999年版。

叶澜：《实现转型：新世纪初中国学校变革的走向》，《探索与争鸣》2002年第7期。

叶澜：《新世纪教师专业素养初探》，《教育研究与实验》1988年第1期。

于琛、宋凤宁、宋书文：《教育组织行为学》，北京师范大学出版社2009年版。

余进利：《五向度课程领导框架的构建》，博士学位论文，华东师范大学，2005年。

袁慧芳、彭虹斌：《基于分布式领导的教师领导研究述评》，《外国教育研究》2011年第8期。

曾艳、黎万红、卢乃桂：《课程改革中教师成为学习领导者的路径探索——基于一项实证研究的探讨》，《教师教育研究》2014年第1期。

曾艳、黎万红、卢乃桂：《学习的领导：理解教育领导的新范式》，《全球教育展望》2014年第4期。

张佳伟、卢乃桂：《学校改进中教师领导研究述评》，《教育学报》2010年第3期。

张兆芹、卢乃桂、彭新强：《学习型学校的创建——教师组织学习力新视角》，教育科学出版社2011年版。

赵健：《学习共同体的建构》，上海教育出版社2008年版。

中国科学院"科技领导力研究"课题组：《领导力五力模型研究》，《领导科学》2006年第9期。

钟晨音、徐长江：《教师领导的理念及其实现》，《教师教育研究》2011年第3期。

周春良：《卓越教师的个性特征与成长机制研究——基于163位特级教师的调查》，博士学位论文，华东师范大学，2013年。

庄西真：《从封闭到开放——学校组织变革的分析》，《教育理论与实践》2003年第8期。

[波兰]弗洛里安·兹纳涅茨基：《知识人的社会角色》，郏斌祥译，译林出版社2012年版。

[德]斐迪南·滕尼斯：《共同体与社会：纯粹社会学的基本概念》，林荣远译，北京大学出版社2010年版。

德鲁克基金会主编：《未来的领导者》，方海萍等译，中国人民大学出版社2006年版。

[加]卡罗琳·希尔兹、马克·爱德华：《学会对话：校长和教师的行动指南》，文彬译，教育科学出版社2009年版。

[加]莱文：《教育改革——从启动到成果》，项贤明、洪成文译，教育科学出版社2004年版。

[加]迈克尔·富兰、彼得·希尔、[澳]卡梅尔·克瑞沃拉：《突破》，孙静萍、刘继安译，教育科学出版社2009年版。

[加]迈克尔·富兰：《变革的力量：透视教育改革》，教育科学出版社2004年版。

[加]迈克尔·富兰：《学校领导的道德使命》，教育科学出版社2005年版。

联合国教科文组织国际教育发展委员会编：《学会生存——教育世界的今天和明天》，教育科学出版社1996年版。

[美]E.马克·汉森：《教育管理与组织行为》，冯大鸣译，上海教育出版社2004年版。

[美]K.哈利斯：《教师与阶级：马克思主义分析》，唐宗清译，桂冠图书公司1994年版。

[美]S.D.布鲁克菲尔德：《批判反思型教师ABC》，张伟译，中国轻工业出版社2002年版。

[美]埃德加·沙因：《组织文化与领导力》，马红宇、王斌等译，中

国人民大学出版社 2011 年版。

［美］芭芭拉·凯勒曼编：《领导学：多学科的视角》，林颖、周颖译，格致出版社、上海人民出版社 2008 年版。

［美］彼得·布劳、马歇尔·梅椰：《现代社会中的科层制》，马戎、时宪民、邱泽奇译，学林出版社 2001 年版。

［美］彼得·诺思豪斯：《领导学：理论与实践》，吴荣先等译，江苏教育出版社 2002 年版。

［美］彼得·圣吉：《第五项修炼：学习型组织的艺术与实践》，张成林译，中信出版社 2009 年版。

［美］伯尼·特里林、查尔斯·菲德尔：《21 世纪技能：为我们所生存的时代而学习》，洪友译，天津社会科学院出版社 2011 年版。

［美］戴维·W. 约翰逊、罗杰·T. 约翰逊：《领导合作型学校》，唐宗清等译，上海教育出版社 2003 年版。

［美］厄内斯特·波伊尔：《基础学校：一个学习化的社区大家庭》，王晓平等译，人民教育出版社 1998 年版。

［美］亨利·A. 吉鲁：《教师作为知识分子——迈向批判教育学》，朱红文译，教育科学出版社 2008 年版。

［美］吉尔特·霍夫斯泰德、格特·扬·霍夫斯泰德：《文化与组织：心理软件的力量》，李原、孙健敏译，中国人民大学出版社 2010 年版。

［美］吉纳·E. 霍尔、雪莱·M. 霍德：《实施变革：模式、原则与困境》，浙江教育出版社 2004 年版。

［美］加里·尤克尔：《组织领导学》，中国人民大学出版社 2004 年版。

［美］理查德·L. 达夫特：《领导学原理与实践》，机械工业出版社 2005 年版。

［美］理查德·迈·英格索：《谁控制了教师的工作——美国学校里的权利和义务》，庄瑜译，华东师范大学出版社 2009 年版。

［美］琳达·兰伯特等：《教育领导：建构论的观点》，崔云编译，甘肃文化出版社 2005 年版。

［美］罗伯特·G. 欧文斯：《教育组织行为学——适应型领导与学校

变革》，窦卫霖、温建平译，中国人民大学出版社2007年版。

［美］玛格丽特·惠特利：《领导力与新科学》，简学译，中国人民大学出版社2008年版。

［美］玛格丽特·惠特利：《新领导主义》，吴丹苹、胡亦丹译，中国人民大学出版社2008年版。

［美］莎朗·D.克鲁斯、凯伦·S.路易斯：《建构强大的学校文化：一种引领学校变革的指导》，朱炜、刘琼译，北京大学出版社2013年版。

［美］唐纳德·A.舍恩：《反映的实践者：专业工作者如何在行动中思考》，夏林清译，教育科学出版社2007年版。

［美］托马斯·J.萨乔万尼：《道德领导：抵及学校改善的核心》，冯大鸣译，上海教育出版社2002年版。

［美］威廉·G.坎宁安、保拉·A.科尔代罗：《教育管理：基于问题的方法》，赵中建译，江苏教育出版社2002年版。

［美］韦恩·K.霍伊、塞西尔·G.米斯克尔：《教育管理学：理论·研究·实践》，范国睿译，教育科学出版社2007年版。

［美］沃伦·本尼斯：《领导的轨迹》，姜文波译，中国人民大学出版社2007年版。

［美］沃伦·本尼斯、琼·戈德史密斯：《领导力实践》，姜文波译，中国人民大学出版社2007年版。

［美］雪莉·霍德主编：《学习型学校的变革——共同学习，共同领导》，胡咏梅、张智等译，中国轻工业出版社2004年版。

［美］约翰·G.加布里埃尔：《有效的教师领导手册》，王永华、李梅珍译，教育科学出版社2009年版。

［美］约翰·I.古得莱得：《一个称作学校的地方》，苏智欣译，华东师范大学出版社2006年版。

［美］约翰·W.克雷斯威尔：《研究设计与写作指导：定性、定量与混合研究的路径》，崔延强译，重庆大学出版社2007年版。

［美］约翰·加德纳：《论领导力》，李养龙译，中信出版社2007年版。

［美］约翰·科特：《变革的力量——领导与管理的差异》，方云军、

张小强译,华夏出版社1997年版。

[美]詹姆斯·库泽斯、巴里·波斯纳:《领导力》,李丽林、杨振东译,电子工业出版社2004年版。

[美]詹姆斯·麦格、雷戈·伯恩斯:《领袖》,常键、孙海云等译,中国人民大学出版社2007年版。

[美]珍妮·H.巴兰坦:《教育社会学:一种系统分析法》,朱志勇等译,江苏教育出版社2005年版。

[挪威]波·达林:《理论与战略:国际视野中的学校发展》,范国睿译,教育科学出版社2002年版。

[英]阿尔玛·哈里斯、丹尼尔·缪伊斯:《教师领导力与学校发展》,许联、吴合文译,北京师范大学出版社2007年版。

[英]阿尔玛·哈里斯主编:《分布式领导——不同的视角》,冯大鸣译,上海教育出版社2012年版。

[英]保罗·威利斯:《学做工:工人阶级子弟为何继承父业》,秘舒、凌华译,译林出版社2013年版。

Alexandrou, A., & Swaffield, S. "Teacher Leadership and Professional Development: Perspectives, Connections and Prospects." *Professional Development in Education*, 2012, 38 (2).

Allen, A. S., & Topolka-Jorissen, K. "Teacher Leadership Continuum: How Principals Develop and Support Teacher Leaders," In E. B. Hilty (ed.), *Teacher Leadership: The "New" Foundations of Teacher Education.* New York: Peter Lang, 2011.

Anderson, K. D. "The Nature of Teacher Leadership in Schools as Reciprocal Influences between Teacher Leaders and Principals." *School Effectives and School Improvement*, 2004, 15 (1).

Angellel, P. S., & DeHart, C. A. "Teacher Perceptions of Teacher Leadership: Examining Differences By Experience, Degree, and Position." *NASSP Bulletin*, 2011, 95 (2).

Ash, R. C., & Persall, J. M. "The Principal as Chief Learning Officer: Developing Teacher Leaders." *NASSP Bulletin*, 2000, 84 (616).

Ballek, K., O'Rourke, A., Provenzano, J., & Bellamy, T. "Seven

Keys in Cultivating Principals and Teacher Leaders." *Journal of Staff Development*, 2005, 26 (2).

Barth, R. S. "School: Community of Leaders," In A. Lieberman (ed.). *Builiding Successful Cultures in Schools*, New York: Teachers College Press, 1988.

Barth, R. S. "Teacher Leader." *Phi Delta Kappan*, 2001, 82 (6).

Beachum, F., & Dentith, A. M. "Teacher Leaders Creating Cultures of School Renewal and Transformation." *The Educational Forum*, 2004, 68 (3).

Beery, B., & Hess, F. M. "Expanded Learning, Expansive Teacher Leadership." *Phi Delta Kappan*, 2013, 94 (5).

Berry, B., & Ginsberg, R. "Creating Lead Teachers: From Policy to Implementation." *Phi Delta Kappan*, 1990, 71 (8).

Berry, B. "Going to Scale with Teacherpreneurs." *Phi Delta Kappan*, 2014, 95 (7).

Berry, B. "Teacherpreneurs: A More Powerful Vision for the Teaching Profession." *Phi Delta Kappan*, 2011, 92 (6).

Bishop, H. L., Tinley, A., & Berman, B. T. "A Contemporary Leadership Model to Promote Teacher Leadership." *Action in Teacher Education*, 1997, 19 (3).

Blegen, B. M., & Kennedy, C. "Principals and Teachers, Leading Together." *NASSP Bulletin*, 2000, 84 (616).

Boles, K., & Troen, V. Teacher Leadership in a Professional Development School. Paper Presented at the Annual Meeting of the American Educational Reasearch Association, New Orleans, LA, 1994.

Brondyk, S., & Stanulis, R. "Teacher Leadership for Change," *Kappa Delta Pi Record*, 50 (1).

Brooks, J. S., Scribner, J. P., & Eferakrho, J. "Teacher Leadership in the Context of Whole School Reform." *Journal of School Leadership*, 2004, 14 (3).

Caine, G., & Caine, R. N. "The Learning Community as a Foundation for

Developing Teacher Leaders. " *NASSP Bulletin*, 2000, 84 (616).

Cannata, M., & Mc Crory, R. "Exploring the Influence of National Board Certified Teacher in Their Schools and Beyond. " *Educational Administration Quarterly*, 2010, 46 (4).

Childs-Bowen, D., Moller, G., & Scrivner, J. "Principals: Leaders of Leaders. " *NASSP Bulletin*, 2000, 84 (616).

Clemson-Ingram, R., & Fessler, R. "Innovative Programs for Teacher Leadership. " *Action in Teacher Education*, 1997, 19 (3).

Cody, A. "Two Ways to Lead. " *Educational Leadership*, 2013, 71 (2).

Coggins, C., & McGovern, K. "Five Goals for Teacher Leadership. " *Phi Delta Kappan*, 2014, 95 (7).

Collay, M. *Everyday Teacher Leadership: Taking Action Where You Are*. San Francisco, CA: Jossey-Bass, 2011.

Cowdery, J. "Getting It Right: Nurturing an Environment for Teacher-Leaders. " *Kappa Delta Pi Record*, 2004, 40 (3).

Coyle, M. "Teacher Leadership VS. School Management: Flatten the Hierarchies. " *The Clearing House*, 1997, 70 (5).

Cranston, N. C. "Teachers as Leaders: A Critical Agenda for the New Millennium. " *Asiapacific Journal of Teacher Education*, 2000, 28 (2).

Crowther, F., Kaagen, S. S., Ferguson, M., & Hann, L. *Developing Teacher Leaders: How Teacher Leadership Enhances School Success*. Thousand Oaks, CA: Corwin Press, 2009.

Darling-Hammond, L., Bullmaster, M. L., & Clbb., V. L. "Rethinking Teacher Leadership through Professional Development Schools. " *The Elementary School Journal*, 1995, 96 (1).

Davidson, B. M., & Dell, G. L. A School Restructuring Model: A Tool Kit for Building Teacher Leadership. Paper Presented at the Meeting of the American Educational Research Association, Chicago, 2003.

Day, C., & Harris, A. "Teacher Leadership, Reflective Practice, and

School Improvement." In K. Leithwood & P. Hallinger (eds.). *International Handbook of Educational Leadership and Administration*, Boston: Kluwer, 2003.

Denielson, C. *Teacher Leadership That Strengthens Professional Practice*. Alexandria, VA: Association for Supervision and Curriculum Development, 2006.

Diana Jr., T. J. "Becoming a Teacher Leader through Action Research." *Kappa Delta Pi Record*, 2011, 47 (4).

Dianne L., & Taylor, D. L. "Shool-Level Effects of Teacher's Participation in Decision Making." *Educational Evaluation and Policy Analysis*, 1994, 16 (3).

Donaldson, G. A. "What Do Teachers Bring to Leadership?" *Educational Leadership*, 2007, 65 (1).

Doyle, L. H. "Leadership for Community Building: Changing How We Think and Act." *The Clearing House: A Journal of Educational Strategies, Issues and Ideas*, 2004, 77 (5).

Dufour, R. "What Is A 'Professional Learning Community?'" *Educational Leadership*, 2004, 61 (8).

Durrant, J., & Holden, G. *Teachers Leading Change: Doing Research for School Improvement*. Thousand Oaks, CA: Paul Chapman, 2006.

Emira, M. "Leading To Decide or Deciding to Lead? Understanding the Relationship between Teacher Leadership and Decision Making." *Educational Management Adiministration & Leadership*, 2010, 38 (5).

Fariman, J. C., & Mackenzie, S. V. "How Teacher Leaders Influence Others and Understand Their Leadership." *International Journal of Leadership in Education: Theory and Practice*, 2015, 8 (1).

Farris-Berg, K. A. "Different Model for School Success: Empower Teachers." *Phi Delta Kappan*, 2014, 95 (7).

Feiler, R., Heritage, M., & Gallimore, R. "Teacher Leading Teachers." *Educational Leadership*, 2000, 57 (7).

Forst, D., & Harris, A. "Teacher Leadership: Towards a Research Agenda." *Cambridge Journal of Education*, 2003, 33 (3).

Forster, E. M. "Teacher Leadership: Professional Right and Responsibility." *Action in Teacher Education*, 1997, 19 (3).

Frost, D., & Durrant, J. "Teacher Leadership: Rationale, Strategy and Impact." *School Leadership & Management: Formerly School Organization*, 2003, 22 (2).

Frost, D., & Durrant, J. *Teacher-Led Development Work: Guidance and Support*. London: David Fulton Publishers, 2003.

Frost, D., & Durrant, J. "Teachers as Leaders: Exploring the Impact of Teacher-Led Development Work." *School Leadership & Management: Formerly School Organization*, 22 (2).

Frost, D. "From Professional Development to System Change: Teacher Leadership and Innovation." *Professional Development in Education*, 2012, 38 (2).

Fullan, M. "Broadening the Concept of Teacher Leadership," In S. Caldwell (ed.). *Professional Development in Learning-Centred Schools*, Oxford, OH: National Staff Development Council, 1997.

Fullan, M. "Teacher Leadership: A Failure to Conceptualize," In D. R. Walling (ed.). *Teachers as Leaders: Perspectives on the Professional Development of Teachers*, Bloomington, Phi Delta Kappa Educational Foundation, 1994.

Gigante, N. A., & Firestone, W. A. "Administrative Support and Teacher Leadership in Schools Implementing Reform." *Journal of Educational Adminstration*, 2008, 46 (3).

Gonzales, L. D. *Sustaining Teacher Leadership: Beyond the Boundaries of an Enabling School Culture.* New York: University Press of America, 2004.

Gonzales, S., & Lambert, L. "Teacher Leadership in Professional Development Schools: Emerging Conceptions, Identities, and Practices." *Journal of School Leadership*, 2001, 11 (1).

Grant, C. "Emerging Voices on Teacher Leadership: Some South African

Views." *Educational Management Administration & Leadership*, 2006, 34 (4).

Grenlee, B. "Building Teacher Leadership Capacity through Educational Leadership Programs." *Journal of Research for Educational Leaders*, 2007, 4 (1).

Gronn, P. "Distributed Leadership as a Unit of Analysis." *The Leadership Quaterly*, 2002, 13 (4).

Harris, A. "Distributed Leadership and School Improvement." *Educational Management Administration & Leadership*, 2004, 32 (1).

Harris, A. "Teacher Leadership as Distributed Leadership: Heresy, Fantasy or Possibility?" *School Leadership & Management: Formerly School Organization*, 2003, 23 (3).

Hart, A. W. "Creating Teacher Leadership Roles." *Educational Administration Quarterly*, 1994, 30 (4).

Hart, A. W. "Reconceiving School Leadership: Emergent Views." *The Elementary School Journal*, 1995, 96 (1).

Helterbran, V. R. "Teacher Leadership: Overcoming 'I Am Just A Teacher' Syndrome." *Education*, 131 (2).

Hickey, W. D., & Harris, S. "Improved Professional Development through Teacher Leadership." *The Rural Educator*, 2005, 26, (2).

Ho, D., & Tikly, L. P. "Conceptualizing Teacher Leadership in a Chinese, Policy-driven Context: A Research Agenda." *School Effectiveness and School Improvement: An International Journal of Research, Policy and Practice*, 2012, 23 (4).

Holland, J. M., Eckert, J., & Allen, M. M. "From Preservice to Teacher Leadership: Meeting the Future in Education Preparation." *Action in Teacher Education*, 2014, 36 (5–6).

Hord, S. M. "Professional Learning Communities: What Are They And Why are They Important?" *Issues about Change*, 1997, 6 (1).

Howey, K, R. "Why Teacher Leadership?" *Journal of Teacher Education*, 1998, 39 (1).

Ilins, H., & Mulford, B. "Schools as Learning Orgnizations-Effects of Teacher Leadership and Student Outcomes." *School Effectiveness and School Improvement*, 2004, 15 (3-4).

Jakson, T., Burrus, J., Bassett, K., & Roberts, R. D. Teacher Leadership: An Assessment Framework for an Emerging Area of Professional Practices. Educational Testing Service, 2010.

Johnson, S. M., & Donaldson, M. L. "Overcoming the Obstacles to Leadership." *Educational Leadership*, 2007, 65 (1).

Katzenmeyer, M., & Moller, G. *Awakening the Sleeping Giant: Helping Teachers Develop as Leaders*. Thousand Oaks, CA: Corwin Press, 2009.

Krisko, M. E. Teacher Leadership: A Profile to Identify the Potential. Paper Presented at the Biennial Convocation of Kappa Delta Pi, Orlanda, FL, 2001.

Krovetz, M. L., & Arriaza, G. *Collaborative Teacher Leadership: How Teachers Can Foster Equitable Schools*. Thousand Oaks, CA: Corwin Press, 2006.

Lambert, L. A. "Framework for Shared Leadership." *Educational Leadership*, 2002, 59 (8).

Lambert, L. *Building Leadership Capacity in Schools*. Alexandria, VA: Association for Supervision and Curriculum Development, 1998.

Lambert, L., Collay, M., Dietz, M. E., Kent, K. & Richert, A. E. *Who Will Save Our Schools? —Teachers as Constructivist Leaders*. Thousand Oaks, CA: Crowin Press, 1996.

Lambert, L. *Leadership Capacity for Lasting School Improvement*. Alexandria, VA: Association for Supervision and Curriculum Development, 2003.

Lambert, L. "Leadership Redefined: An Evocative Context for Teacher Leadership." *School Leadership & Management: Formerly School Organization*, 2003, 23 (4).

LeBlanc, P. R., & Shelton, M. M. "Teacher Leadership: The Needs of Teachers." *Action in Teacher Education*, 1997, 19 (3).

Lee, J. S., Sachs, D., & Wheeler, L. "The Crossroads of Teacher

Leadership and Action Research." *The Clearing House: A Journal of Educational Strategies, Issues and Ideas*, 2014, 87 (5).

Leithwood, K., & Jantzi, D. "Principal and Teacher Leadership Effects: A Replication." *School Leadership & Management*, 2000, 20 (4).

Liberman, A., & Miller, L. *Teacher Leadership*. New York, NY: Teachers College Press, 2004.

Lieberman, A., Saxl, E. R., & Miles, M. B. "Teacher Leadership: Ideology and Practice." In A. Lieberman (ed.). *Building A Professional Culture in Schools*. New York: Teachers College Press, 1988.

Lieberman, A. "Teacher Leadership: What Are We Learning?" In C. Livingston (ed.). *Teachers as Leaders: Evolves Roles*, Washington, DC: National Education Association, 1992.

Lindahl, R. "Shared Leadership: Can It Work in Schools?" *Educational Forum*, 2008, 72 (4).

Little, J. W. "Assessing the Prospects for Teacher Leadership." In A. Lieberman (ed.). *Building A Professional Culture in Schools*. New York: Teachers College Press, 1988.

Little, J. W. "Constructions of Teacher Leadership in Three Periods of Policy and Reform Activism." *School Leadership & Management*, 2003, 23 (4).

Little, J. W. "Contested Ground: The Basis of Teacher Leadership in Two Restructuring High Schools," *Elementary School Journal*, 1995, 96 (1).

Livingston, C. "Teacher Leadership for Restructured Schools." In C. Livingston (ed.). *Teachers as Leaders: Evolve Roles*. Washington, DC: National Education Association, 1992.

Lo, L. N. K. Teachers as Foot-soldiers Cultural Duties: A Reflection on Teacher Leadership and Learning Community in Chinese Schools. Paper Presented at the Second International Education Conference "Leadership in a Learning Society", Beijing, 2008.

Lord, B., Cress, K., & Miller, B. "Teacher Leadership in Support of

Large-scale Mathematics and Science Education Reform." In M. M. Mangin & S. R. Stoelinga (eds.). *Effective Teacher Leadership: Using Research to Inform and Reform.* New York: Teachers College Press, 2008.

Mangian, M. M. "Facilitating Elementary Principals' Support for Instructional Teacher Leadership." *Educational Administration Quarterly*, 2007, 43 (3).

Mangin, M. M., & Stoelinga, S. R. "Drawing Conclusions about Instructional Teacher Leadership." In M. M. Mangin & S. R. Stoelinga (eds.). *Effective Teacher Leadership: Using Research to Inform and Reform.* New York: Teachers College Press, 2008.

Mangin, M. M., & Stoelinga, S. R. "Teacher Leadership: What It Is and Why It Matters." In M. M. Mangin & S. R. Stoelinga (eds.). *Effective Teacher Leadership: Using Research to Inform and Reform*, New York: Teachers College Press, 2008.

Mangin, M. M., & Stoelinga, S. R. "The Future of Instructional Teacher Leader Roles." *The Educational Forum*, 2010, 74 (1).

Manno, C. M., & Firestone, W. A. "Content Is the Subject: How Teacher Leaders With Different Subject Knowledge Interact With Teachers." In M. M. Mangin & S. R. Stoelinga (eds.). *Effective Teacher Leadership: Using Research to Inform and Reform.* New York: Teachers College Press, 2008.

Merideth, E. M. *Leadership Strategies for Teachers.* Thousand Oaks, CA: Crowin Press, 2007.

Miller, B., Moon, J., Elko, S., & Spencer, D. B. *Teacher Leadership in Mathematics and Science.* Porsmouth, NH: Heinemann, 2000.

Miller, L. "School-University Partnerships and Teacher Leadership: Doing It Right." *The Educational Forum*, 2015, 79 (1).

Moller, G. "Teacher Leadership Emerges Within Professional Learning Communities." *Journal of School Leadership*, 2006, 16 (5).

Muijs, D., & Harris, A. "Teacher Leadership-Improvement through

Empowerment? An Overview of the Literature." *Educational Management & Administration*, 2003, 31 (4).

Muijs, D., & Harris, A. "Teacher Leadership in Action: Three Case Studies of Contrasting Schools." *Educational Management Administration & Leadership*, 2007, 35 (1).

Muijs, D., & Harris, A. "Teacher Led School Improvement: Teacher Leadership in the UK." *Teaching and Teacher Education*, 2006, 22 (8).

Murphy, J. *Connecting Teacher Leadership and School Improvement*. Thousand Oaks, CA: Corwin Press, 2005.

Murphy, J. "Teacher Leadership: Barriers and Supports." In T. Townsend (ed.). *International Handbook of School Effectiveness and Improvement*, The Netherlands: Springer, 2007.

Odell, S. J. "Preparing Teachers for Teacher Leadership." *Action in Teacher Education*, 1997, 19 (3).

Ogawa, R. T., & Bossert, S. T. "Leadership as an Organizational Quality." *Educational Administration Quarterly*, 1995, 31 (2).

O'Hair, M. J., & Reitzug, U. C. "Teacher Leadership: In What Ways? For What Purpose?" *Action In Teacher Education*, 1997, 19 (3).

Patterson, J., & Patterson, J. "Sharing the Lead." *Educational Leadership*, 2004, 61 (7).

Pellicer, L. O., & Anderson, L. W. *A Handbook for Teacher Leaders*. Thousand Oaks, CA: Corwin Press, 1995.

Poekert, P. E. "Teacher Leadership and Professional Development: Examining Links between Two Concepts Central to School Improvement." *Professional Development in Education*, 2012, 38 (2).

Pounder, J. S. "Transformational Classroom Leadership: The Fourth Wave of Teacher Leadership?" *Educational Management Administration & Leadership*, 2006, 1 (34).

Pucella, T. J. "Not Too Young To Lead." *The Clearing House: A Journal of Educational Strategies, Issues and Ideas*, 2014, 87 (1).

Reason, C., & Reason, C. *Mirror Images: New Reflections on Teacher Leadership.* Thousand Oaks, CA: Corwin Press, 2011.

Reeves, D. *Reframing Teacher Leadership to Improve Your School.* Alexandria, VA: Association for Supervision of Curriculum Development, 2009.

Rhoton, J., & McLean, J. E. "Developing Teacher Leaders in Science: Catalysts for Improved Science Teaching and Student Learning." *Science Educator*, 2008, 17 (2).

Richardson, L. M. "Helping Teachers Participate Competently in School Leadership." *The Clearing House: A Journal of Educational Strategies, Issues and Ideas*, 2003, 76 (4).

Robinson, M. A. School Perspectives on Collaborative Inquiry: Lessons Learned form New York, 2009 – 2010. Consortium for Policy Research in Educaiton, New York, 2010.

Rogus, J. F. "Teacher Leader Programming: Theoretical Underpinnings." *Journal of Teacher Education*, 1988, 39 (1).

Sacken, D. "No More Principals!" *Phi Delta Kappan*, 1994, 75 (9).

Sherrill, J. A. "Preparing Teachers for Leadership Roles in the 21st Century." *Theory into Practice*, 1999, 38 (1).

Silva, D. Y., Gimbert, B., & Nolan, J. "Sliding the Doors: Locking and Unlocking Possibilities of Teacher Leadership." *Teacher College Record*, 2000, 102 (4).

Smeets, K., & Ponte, P. "Action Research and Teacher Leadership." *Professional Development in Education*, 2009, 35 (2).

Smeets, K., & Ponte, P. "Footnotes to Teacher Leadership." In L. J. Sara & A. G Dworkin (eds.). *International Handbook of Research on Teachers and Teaching.* Dordrecht: Springer, 2009.

Smile, M. A., Conley, S., & Marks, H. M. "Exploring New Approaches to Teacher Leadership for School Improvement." In J. Murphy (ed.). *The Educational Leadership Challenge: Redefining Leadership for the 21st Century.* Chicago: University of Chicago Press, 2002.

Smylie, M. A., & Brownlee-Conyers, J. "Teacher Leaders and Their Principals: Exploring the Development of New Working Relationships." *Educational Administration Quarterly*, 1992, 28 (2).

Smylie, M. A., & Denny, J. W. "Teacher Leadership: Tensions and Ambiguities in Organizational Perspective." *Educational Administration Quarterly*, 1990, 26 (3).

Smylie, M. A. "New Perspectives on Teacher Leadership." *The Elementary School Journal*, 1995, 96 (1).

Snell, J., & Swanson, J. The Essential Knowledge and Skills of Teacher Leaders: A Research for a Conceptual Framework. Paper Presented at the Annual Meeting of the American Educational Research Association, New Orleans, LA, 2000.

Spillane, J. P. *Distributed Leadership*. San Francisco, CA: Jossy-Bass, 2006.

Steel, C., & Craig, E. "Reworking Industrial Models, Exploring Contemporary Ideas, and Fostering Teacher Leadership." *Phi Delta Kappan*, 2006, 87 (9).

Stegall, D., & Linton, J. "Teacher in the Lead: A District's Approach to Shared Leadership." *The Phi Delta Kappan*, 2012, 93 (7).

Stoelinga, S. R. "Leading from Above and Below: Formal and Informal Teacher Leadership." In M. M. Mangin & S. R. Stoelinga (eds.). *Effective Teacher Leadership: Using Research to Inform and Reform*. New York: Teachers College Press, 2008.

Stone, M., Horejs, J., & Lomas, A. "Commonalities and Differences in Teacher Leadership at the Elementary, Middle, and High School Levels." *Action in Teacher Education*, 1997, 19 (3).

Suranna, K. J., & Moss, D. M. Exploring Teacher Leadership in the Context of Teacher Preparation. Paper Presented at the Annual Meeting of the Educational Research Association, New Orleans, LA, 2002.

Swanson, J. What Differentiates an Excellent Teacher from a Teacher Leader? Paper Presented at the Annual Meeting of the American Educational Research Association, New Orleans, LA, 2000.

Taylor, D. L., & Bogotch, I. E. "Shool-Level Effects of Teacher's Participation in Decision Making." *Educational Evaluation and Policy Analysis*, 1994, 16 (3).

Taylor, M., & Goeke, J. "Changing Leadership: Teachers Lead the Way for Schools That Learn." *Teaching and Teacher Education*, 2011, 27 (5).

Tewel, K. J. "The Transition Period in Restructuring High Schools: Teachers as Leaders." *The Clearing House*, 1994, 67 (6).

Thornton, H. J. "Excellent Teachers Leading the Way: How To Cultivate Teacher Leadership." *Middle School Journal*, 2010, 41 (4).

Toelinga, S. R., & Mangin, M. M. *Examining Effective Teacher Leadership: A Case Study Approach*. New York: Teacher College Press, 2010.

Urbanski, A., & Nickolaou, M. B. "Reflections on Teachers as Leader." *Educational Policy*, 1997, 11 (2).

Walters, S., & Guthro, C. "Leading, Learning, and Leaving," In C. Livingston (ed.). *Teachers as Leaders: Evolving Roles*. Washington, DC: National Educaiton Association, 1992.

Wasley, P. A. *Teachers Who Lead: The Rhetoric and the Realities of Practice*. New York: Teachers College Press, 1991.

Whitaker, T. "Accomplishing Change in Schools: The Importance of Informal Teacher Leaders." *Clearing House*, 1995, 68 (6).

Whitaker, T. "Informal Teacher Leadership—The Key To Successful Change in the Middle Level School." *NASSP Bulletin*, 1995, 79 (567).

Xu, J., & Patmor, G. "Fostering Leadership Skills in Pre-Service Teachers," *International Journal of Teaching and Learning in Higher Education*, 2012, 24 (2).

York-Barr, J., & Duke, K. "What Do We Know about Teacher Leadership? Findings from Two Decades of Scholarship," *Reviews of Educational Research*, 2004, 74 (3).

Zimpeher, N. L. "A Design for the Professional Development of Teacher Leaders," *Journal of Teacher Education*, 1988, 39 (1).

附 录

一 访谈提纲

1. 请您简要介绍自己的工作经历。
2. 您认为什么是领导？在学校中哪些人是领导？
3. 在工作中，是否有一些教师对您起到过引领作用或者对您产生过比较大的影响？他们在哪些方面对您产生影响？
4. 教师除了在课堂上对学生发挥领导作用外，在学校事务中是否发挥影响作用？（在学校决策、促进教学、课程开发、教师发展或指导等方面）。
5. 学校里有哪些支持和阻碍教师对学校事务发挥影响的因素？（请做具体分析，自身原因、与同事（校长）的关系原因、学校文化、国家教育政策等方面）

二 问卷调查

中小学教师领导现状调查问卷

亲爱的老师：

您好！这次调查的目的是真实地了解中小学教师领导的状况，为师资建设提供依据。问卷的填写采用无记名方式，答案无对错之分，希望您按照自己的实际情况作答，我们将会对您的回答进行保密！

我们诚恳地希望得到您的支持和合作。

（一）基本资料

1. 您的性别：A. 男　　　　　　B. 女
2. 您的年龄：A. 30 岁以下　　B. 31—40 岁　　C. 41—50 岁
   D. 50 岁以上
3. 您的学历：A. 中师　　　　　B. 专科　　　　　C. 本科
   D. 硕士
4. 您的教龄：A. 5 年以下　　　B. 6—15 年　　　C. 16—25 年
   D. 26 年以上
5. 您所在的地区：A. 东部地区　　B. 中部地区　　C. 西部地区

（二）中小学教师领导自测问卷

题项	从不	偶尔	有时	经常	总是
6. 我参与制定学校工作计划和发展目标。					
7. 我参与制定课程相关政策。					
8. 我参与制定教学计划和相关政策。					
9. 我参与制定学生管理与评价相关政策。					
10. 我对学校经费使用和分配提出意见。					
11. 我参与制定教师管理与评价政策。					
12. 我反思教学实践，发现教学中存在的问题。					
13. 我引进并尝试新的教学观念。					
14. 我带领其他教师共同改进教学实践。					
15. 其他教师如果愿意，可以随时观摩我的课堂。					
16. 其他教师在教学中遇到问题，我乐于为其提供帮助。					
17. 我为新教师提供指导。					
18. 我指导经验不足的教师。					
19. 我帮助其他教师制定专业发展规划。					
20. 我与其他教师共同评估教师专业发展需求。					
21. 我为其他教师提供专业发展活动。					